China-Marketing

Andreas Tank

China-Marketing

Erfolgsfaktoren für die Marktbearbeitung

2., durchgesehene Auflage

PETER LANG
ankfurt am Main · Berlin · Bern · Bruxelles · New York · Oxford · Wien

Bibliografische Information Der Deutschen Bibliothek
Die Deutsche Bibliothek verzeichnet diese Publikation in der Deutschen Nationalbibliografie; detaillierte bibliografische Daten sind im Internet über <http://dnb.ddb.de> abrufbar.

Lektorat:
Wissenschaftslektorat Gild-Kristen,
Ahnatal/Kassel
gild.kristen@web.de

Die chinesischen Schriftzeichen auf dem Umschlag
(中国市场, zhōngguó shìchăng) bedeuten
„China-Marketing".

Gedruckt auf alterungsbeständigem,
säurefreiem Papier.

ISBN 3-631-55454-0

Printed in Germany 1 2 3 4 6 7

www.peterlang.de

Vorwort zur zweiten Auflage

Der nunmehr lange Jahre bejubelte „Zukunftsmarkt China" wird von der westlichen Wirtschaftswelt zunehmend mit kritischem Auge betrachtet. Markteintrittsbarrieren, der harte und zum Teil ungleiche Wettbewerb, der lange Zeitraum bis zum Break Even, die zähe Bürokratie, dazu Rechtsunsicherheit sowie die gegenwärtig in der Presse stark diskutierten Probleme um Plagiate respektive „geistiges Eigentum" haben nicht wenige Unternehmen veranlasst, ihre vormals so ambitionierten Ziele aufzugeben und den chinesischen Markt wieder zu verlassen. Einst euphorische Pressemeldungen sind von der Realität eingeholt worden.

Bereits 1797 schrieb Johann Christian Hüttner, einziger deutscher Begleiter der englischen Macartney-Gesandschaftsreise durch China: „Unter zwanzig Reisenden findet man kaum einen Beobachter; die mehresten geben Nachrichten, welche völlig unzuverlässig sind." Bis heute mangelt es an Wissen, Antizipation und kulturellem Verständnis. Diesbezüglich sind alte Quellen in ihren Inhalten kaum von aktuellen Berichten zu unterscheiden. Der deutsche Diplomat Max von Brandt schreibt 1898: „Handelt es sich ... um Länder, in denen Chinesen, Japaner, Koreaner und Siamesen ihr Leben treiben, dann macht das geringe Wissen oft einer wahrhaft kindlich rührenden Unwissenheit Platz."

Das kürzlich in China begonnene „Jahr des Hundes" verweist auf eine Gabe, welche heute mehr denn je an Bedeutung gewinnt: die Wachsamkeit. Nachrichten und Zahlenmaterial gilt es zu hinterfragen und sorgsam auf ihre Quellen zu prüfen. Auch Lǎozi lehrte, dass man „durch Leichtnehmen die Wurzel verliert" – China darf für einen Marktakteur keine *Black Box* sein! Um hier Erfolg haben zu können, ist eine kritische Marktanalyse durchzuführen, keinesfalls darf man durch eine „rosa Brille der Euphorie" die wahren Zahlen aus dem Auge verlieren. China erfordert die Bereitschaft, bisheriges bzw. vermeintliches Wissen infrage zu stellen und für das Land, welches vielfach als jenes mit der größten kulturellen Distanz zum Abendland bezeichnet wird, neue Konzepte zu entwerfen. Dieses ist in einem kontinuierlich sich wandelnden Umfeld oft nicht einfach. Als Konstanten sind indes zweifelsfrei kulturelle Einflussfaktoren zu nennen. So möge der Hund des viele Jahrtausende alten Mondkalenders die Marktakteure stets ermahnen, den Markt wachsam zu beobachten und mit Verstand und Mut zu analysieren, um Chancen auszumachen und zu nutzen sowie Risiken frühzeitig zu erkennen und abzuwenden. Dazu soll die zweite Auflage dieses Werkes einen Beitrag leisten.

Andreas Tank — Běijīng, im März 2006

Inhalt

Abbildungsverzeichnis

Abkürzungsverzeichnis

AFAR .... Association For Asian Research
AHK .... Außenhandelskammer
bfai .... Bundesagentur für Außenwirtschaft
BIP .... Bruttoinlandsprodukt
BSP .... Bruttosozialprodukt
BWA .... Business Week Asia
CBBC .... China-Britain Business Council
CBR .... China Business Review
CCID .... China Centre for Information Industry Development
CCTV .... China Central Television
CD .... China Daily
CECC .... Congressional Executive Commission on China
CECT .... Centre d'Etudes de la Culture Taoïste
CEN .... China Economic Net
CI .... China Intern
CIA .... Central Intelligence Agency
CIIC .... China Internet Information Center
CNNIC .... China Internet Network Information Center
CPIRC .... China Population Information and Research Center
DESTATIS .... Statistisches Bundesamt Deutschland
EU .... Europäische Union
IMF .... International Monetary Fund
MfB .... Ministerium für Binnenmarkt
MOFCOM .... Ministry of Foreign Commerce
PBC .... People's Bank of China
PD .... People's Daily
PPP .... Purchase Power Parity (Kaufkraftparität)
RMB .... Rénmínbì (人民币, Volksgeld, Währung der VR China, ¥)
SAIC .... Shànghǎi Automotive Industry Corporation
SARS .... Schweres Akutes Respiratorisches Syndrom
SMS .... Short Message Service
UCLA .... University of California Los Angeles
UNESCO .... United Nations Educational, Scientific and Cultural Organization
VR .... Volksrepublik
WFOE .... Wholly Foreign Owned Enterprise
WTO .... World Trade Organization

Umrechnungskurse

366 Tage – Jahresdurchschnitt 2004

1 RMB ¥ = 0,12101 US$	1 US$ = 8,28723 RMB ¥
1 RMB ¥ = 0,09740 €	1 € = 10,30811 RMB ¥
1 US$ = 0,80510 €	1 € = 1,24386 US$

Quelle: FX Converter, 25.04.2005, Internet

Hinweise zur chinesischen Sprache

Chinesische Namen und Begriffe wurden mit der heute in China üblichen Pīnyīn-Lautschrift (拼音) transkribiert.
Die Tonhöhe (¯ , ´ , ˇ , ` ,) wird bei jeder Silbe angegeben. Das ist in Chinafachbüchern unüblich, verfolgt jedoch den Zweck, die Fremdartigkeit der Sprachkultur zu verdeutlichen. Eine solche Sensibilisierung ist für in China sich engagierende ausländische Unternehmen unabdingbar, denn der Einsatz von Sprache und Schrift (Markenname, Werbespruch etc.) birgt einen Reichtum an möglichen Fehlern und Missverständnissen.
Kantonesische Personennamen oder Ortsbezeichnungen wurden abhängig von der Romanisierung in der Originalquelle übernommen. Es wird – anstatt hochchinesisch „Xiānggǎng“ (香港) – der Name „Hongkong“ verwendet.
Schriftzeichen und – sofern es für das Textverständnis notwendig erscheint – die Übersetzung werden angegeben, wenn ein chinesisches Wort erstmalig im Text vorkommt. Diese werden nur wiederholt, wenn es der Vereinfachung von Zusammenhängen im Text dient.
Ton- und Schriftzeichen entfallen bei Literaturverweisen, Autorenangaben und im Preisanhang. Personennamen werden nach chinesischer Praxis wiedergegeben: Der Vorname folgt auf den Familiennamen.

1. China – Vision und Wirklichkeit

Ein hoher Sättigungsgrad und niedrige Wachstumsprognosen in den Industrieländern veranlasst immer mehr Unternehmen, ihr Augenmerk auf neue Länder zu richten. China, welches mit 1,3 Milliarden Menschen über die weltweit größte Bevölkerung verfügt, scheint attraktiv, zumal der chinesische Markt seit über 20 Jahren mit Wachstumsraten von sich reden macht.

Die 1978 durch den stellvertretenden Ministerpräsidenten Dèng Xiăopíng (邓小平) eingeleitete Reformpolitik und die Öffnung des Landes stellten die Weiche für die zunehmende weltwirtschaftliche Integration der Volksrepublik und beendeten die Phase seit deren Gründung im Jahr 1949 unter Máo Zédōng (毛泽东), in der Handel mit ausländischen Unternehmen als Tabuthema galt. China wurde für die Bundesrepublik Deutschland 2002 zum wichtigsten asiatischen Handelspartner vor Japan. Die Zahl ausländischer Unternehmen in China stieg bis 2003 auf annähernd 420.000[1]. Über 20.000 Unternehmen kamen nach Angaben des Staatlichen Hauptamts für Industrie und Handel allein 2004 hinzu[2].

China wird als Patentrezept für unternehmerischen Erfolg angesehen. Eine große Anzahl von Unternehmen unterschiedlicher Branchen verzeichnet im Reich der Mitte seit langem die weltweit höchsten Zuwachsraten und ist de facto – und nicht allein euphemistischen Pressemitteilungen zufolge – erfolgreich. Die wachsende Liste von Misserfolgen ausländischer Unternehmen zeigt gleichzeitig, dass die Auslobung Chinas zum Patentrezept nicht bedingungslos gilt.

Zwei Hauptursachen sind maßgeblich: Zum einen die Fehleinschätzung des chinesischen Volkswirtschaftspotenzials, zum anderen die Unterbewertung oder Ignorierung, zum Teil Leugnung landesspezifisch-kultureller Faktoren auf die Marktbearbeitungsstrategie, und das, obwohl China vielfach als das Land mit der größten kulturellen Distanz zum Abendland bezeichnet wird.

Für den Markteintritt ist es wichtig, zu wissen, welche Nutzenerwartung chinesische Konsumenten gegenüber ausländischen Produkten haben, welche kulturell manifestierten Faktoren die Preissensibilität bestimmen bzw. wie Letztere beeinflusst werden kann und – nicht zuletzt – wie die Verwendungsgewohnheiten aussehen: Sowohl die Größe der Waren als auch Verpackung, Formen und Farben unterliegen kulturellen Bedeutungsmustern, die auf ihre Unterschiede zu eigenen Usancen und Traditionen geprüft werden müssen. Ein weiterer wesentlicher Faktor, der besonderer Vorbereitung und Sensibilität bedarf, sind Sprache und Schrift in China, was vor allem Auswirkungen auf die Werbeplanung hat, da die im Herkunftsland üblichen Assoziationen und Konnotationen von Produkt- und Markennamen nicht vorausgesetzt, sondern meist völlig neu erarbeitet werden müssen. Hier stellt sich die Frage, mit welchen visuellen und verbalen Gestaltungselementen die größtmögliche Wirkung bei der zu definierenden Zielgruppe der fremden Kultur erzielt werden kann.

Ausländische Führungskräfte müssen sich bei der Bearbeitung des chinesischen Marktes mit diesen Faktoren auseinandersetzen, was angesichts des rasanten Wandels in China und der Überlagerung von traditionellen und modernen Einflüssen schwierig und komplex ist. Dieses Phänomen förderte bei ausländischen Investoren Unsicherheit, welche forciert wird, wenn Führungspersonal für seinen Aufenthalt in der Volksrepublik weder interkulturell noch sprachlich vorbereitet wird. „To send those who have no military training at all to the battlefield is to send them to the graveyard"[3], sagte Konfuzius bereits vor 2500 Jahren.

Marktkenner versuchen die Komplexität des „Wandels“ zu reduzieren, indem sie die Geschichte Chinas und den Einfluss der Tradition auf die Gegenwart beleuchten. Mangelnde Vorbereitung respektive Chinakenntnis ist seit dem 16. Jahrhundert, den Anfängen des europäischen Chinaenthusiasmus, festzustellen und führte bereits bei den Jesuiten, welche 1579 – weniger aus wirtschaftlichen denn aus missionarischen Absichten – nach China gelangten, zum Scheitern ihres Vorhabens. Die Aufmerksamkeit des kaiserlichen Hofes konnten die Mönche erst auf sich ziehen, nachdem sie gelernt hatten, dass ihre Zunft in China einen wesentlich niedrigeren Stand als in Europa vertrat. So passten sie sich in Kleidung und Verhalten den einflussreichen konfuzianischen Gelehrten an, unterrichteten ihr mathematisches und astronomisches Wissen und brachten Technologie wie Messgeräte und Uhren mit. Mithilfe der graduellen Akkomodation bzw. Interkulturation konnten sie Fuß fassen. China verstand sich traditionell als das „Reich der Mitte“ (中国, zhōngguó) und der Kaiser galt als „Sohn des Himmels“ (天子, tiānzi), der über „alles unter dem Himmel" (天下, tiān xià) herrschte.[4] Das chinesische Kaiserreich fühlte sich zudem aufgrund seiner wirtschaftlichen, kulturellen und technologischen Dominanz dem Ausland überlegen. Fremde wurden so lange als Barbaren bezeichnet, bis sie sich den chinesischen Sitten angepasst hatten und folglich nicht mehr als Fremde wahrgenommen wurden. Die Erfolgsmethode der Jesuiten fand hingegen keine Zustimmung der Päpste Clemens XI. und Benedikt XIV. und wurde durch Edikte 1704 und 1742 verboten. Ein Vergleich sei erlaubt: Die Rolle der Jesuiten übernehmen heute die Verantwortlichen vor Ort, die Funktion des Papstes die Führungskräfte im Mutterland.

Ein hoher Anpassungsgrad der Marktstrategien ist auch bei ausländischen Unternehmen zu erkennen, welche sich seit Mitte des 19. Jahrhunderts und Anfang des 20. Jahrhunderts in China niederließen (s. Abb. 1.1). Affe und Pfirsich sind 1908 als visuelle Gestaltungselemente bei Bayer zu sehen. Ein Farbstoffetikett von BASF zeigt 1920 zwei Drachen, und ein Foto aus dem Archiv von Nestlé bildet 1927 Werbeschilder tragende Chinesen ab. Nivea wird 1938 auch in China als Allzweckcreme beworben. Der damalige chinesische Markenname für das

Cremeprodukt, 能维雅 (néng wéi yǎ), kann Assoziationen wie „Fähigkeit, Eleganz zu bewahren“ wecken.

Abb. 1.1: Historische Produktvermarktung: Bayer (o.li.), BASF (o.re.), Nivea (u.li) und Nestlé (u.re.)[5]

Die zweite Hauptursache für Fehler und Misserfolge vieler in China agierender ausländischer Unternehmen ist die Fehleinschätzung der möglichen Zuwachsraten. Der Traum von „1,3 Milliarden neuen Konsumenten“ führt zu irrationalen Vorstellungen und Entscheidungen. Marktforschung ist in China zwar aufgrund der staatlichen Informationsbeeinflussung problematisch, jedoch ist es unumgänglich, das Kaufkraftniveau der Bevölkerung, die geographische Verteilung des Wohlstands und die Zusammensetzung der Konsumausgaben zu untersuchen. Diesbezüglich ist zu erörtern, welche Preisstrategien sinnvoll sind bzw. vom Markt verlangt werden. Chancen und Risiken von unterschiedlichen Markteintrittsformen sind zu überprüfen und eine Analyse der Absatzkanäle sowie der logistischen Infrastruktur im Hinblick auf die Verteilung der Güter durchzuführen. Rechtliche Rahmenbedingungen und die Umsetzung der Konzessionen, welche sich durch den Beitritt in internationale Organisationen wie die Welthandelsorganisation ergeben, sind gleichfalls zu untersuchen. Es gilt, die Bevölkerung in Zielgruppen zu segmentieren und zu definieren, mit welchen Medien diese erreicht werden können, was eine Analyse der medialen Infrastruktur erfordert.

Um den chinesischen Markt realistisch beurteilen zu können, muss sich jeder, der den Markt betritt, zunächst mit der Mentalität auseinandersetzen, welche als

Ursache für vielerlei Selbstdarstellungsstrategien im Einparteienstaat zu gelten hat. Als Beispiel sei hier das von der chinesischen Regierung dienstbar gemachte „Strategem[6] der Scheinblüte" genannt, mittels dessen der Aufbau des Landes forciert wird: „auf einem Baum Blumen blühen lassen" (树上開花, shù shàng kāi huā).[7] Westliche Medien erkennen diese „List" häufig nicht, was dazu führt, dass Potenzial und Realität gleichgesetzt werden. Wirtschaftliche Erfolgsgeschichten, wie China sie seit einem Vierteljahrhundert schreibt, entwickeln „in der Wahrnehmung von außen ihre eigene Dynamik."[8]

Nachrichten wie die „Erweiterung der Produktionskapazitäten" oder der „Bau einer neuen Fabrikhalle" werden publiziert. Nur der Chinakenner ist in der Lage zu hinterfragen, ob hier nicht ein unfreiwilliger Euphemismus entschlüsselt werden muss und ein staatliches Diktat bezüglich der Produktionsbedingungen greift: „... Gewinne müssen im Allgemeinen reinvestiert werden."[9]

Auch die Feststellung, dass sich China in den letzten Jahren zur viertgrößten Handelsnation der Welt entwickelt habe und den dritten Platz im Jahr 2005 anvisiere, bedarf einer Entschlüsselung. Der Wert chinesischer Exporte hat sich zwischen 1994 und 2003 mehr als verdreifacht und stieg von 121 Mrd. US$ auf 438 Mrd. US$. Eine Analyse der Exporte zeigt, dass 65% des Wachstums auf das Konto von Joint Ventures oder 100%-igen ausländischen Tochtergesellschaften gehen. Es handelt sich hierbei zumeist um industrielle Schlüsselbereiche mit hoher Wertschöpfung: Der ausländische Anteil an Chinas Exporten 2003 lag im Computerbereich bei 92%, im Maschinenbau bei 79% und im IT-Sektor bei 74%.[10]

Eine Beleuchtung der gesamtwirtschaftlichen Wachstumsrate zeigt, dass diese über der von westlichen Industrieländern liegt, doch das konkrete Ausmaß, in welchem die chinesische Wirtschaft wächst, ist unklar. Das durchschnittliche Wachstum lag nach offiziellen Statistiken seit 1978 bei jährlich 9,4%.[11] Ökonomen der Weltbank und des Internationalen Währungsfonds gehen indes davon aus, dass das tatsächliche Wachstum um ein bis zwei Prozent niedriger ist. Selbst während der Finanzkrise der Tigerstaaten 1998 und 1999 wurde ein Wirtschaftswachstum von 7% veröffentlicht, da 7% die Rate ist, welche im Fünfjahresplan als nötig betrachtet wird, um die soziale Stabilität des Landes zu gewährleisten.[12]

„True words are not fine-sounding; fine-sounding words are not true"[13], heißt es im Daoismus, einer der drei großen Lehren Chinas. Konfuzius drückt es in den „Gesprächen" (论语, lùnyŭ) ähnlich pointiert aus: „Glatte Worte und einschmeichelnde Mienen sind selten vereint mit Sittlichkeit."[14] Das Resümee lautet folglich: „... the quality of the numbers is extremely poor" und „... in the end we must submit to the tyranny not just of the numbers, but of the logic they express."[15]

Dass die im Westen zur Zeit des Kalten Krieges übliche Infragestellung von Angaben sozialistischer Staaten nicht ausreichend für China zur Geltung kam, geht also auf Schönfärberei der chinesischen Regierung respektive das oben erläuterte Strategem 29 zurück. Eine Folge sind wechselnde Prognosen bezüglich der Frage, wann China die USA als größte Volkswirtschaft ablösen wird. Die Weltbank hatte 1994 das Jahr 2020 prognostiziert, Goldman Sachs (2003) und McKinsey (2004) sehen die Dekade ab 2040 als potenziellen Zeitraum.[16]

Ausländische Investitionen sind neben der niedrigen Ausgangsbasis maßgeblich für das Wirtschaftswachstum des einst durch maoistische Politik geprägten Wirtschaftsraumes verantwortlich. 562 Mrd. US$ wurden nach offiziellen Angaben im Zeitraum 1978–2004 investiert. China konnte 2003 mehr ausländische Investitionen an sich ziehen als die USA. Dies hat sich 2004 wieder zugunsten der USA geändert.[17]

Die Auslandsinvestitionen vermitteln ein Trugbild, denn Teile des verbuchten Kapitals kommen aus inländischen Quellen (sog. „round tripping"), meldete die Bundesagentur für Außenwirtschaft (bfai) 2002. Die Agentur beruft sich unter anderem auf den Weltbankbericht Global Development Finance 2002, in dem der Anteil der umgeleiteten Gelder auf über 25% geschätzt wird.[18]

Dieser Anteil wird angezweifelt. Die Weltbank definiere in ihrem Bericht weder den Begriff „round tripping", noch gebe sie ihre Erhebungsmethode an, kritisiert Xiāo Gěng (肖耿) von der Asian Development Bank. Er geht von einem Anteil zwischen 30 und 50% aus.[19] Das Umlenken des Kapitals ermöglicht chinesischen Investoren die Vorteile, welche ausländischen Investoren gewährt werden, darunter vor allem Steuervergünstigungen. Auch ein Teil der Reinvestitionen von in China tätigen Unternehmen mit ausländischer Beteiligung wird nach Angaben der bfai als Auslandsinvestition verbucht, obwohl diese in der Landeswährung RMB erfolgen. Der chinesischen Regierung ist es folglich möglich, hohe Zuwachsraten bei ausländischen Direktinvestitionen zu verkünden, wirtschaftliche Stärke zu demonstrieren und potenzielle Investoren unter Zugzwang zu setzen. Der Baum gewinnt an Blumen.

Doch gibt die Summe der Investitionen keine Auskunft über den unternehmerischen Erfolg. Bekannte Unternehmen wie Foster's, Kentucky Fried Chicken (KFC), Obi, Peugeot oder Printemps haben den chinesischen Markt – Hongkong eingeschlossen – nach Millioneninvestitionen bereits einmal wieder verlassen.

Die Praxis zeigt, dass ein erster Verlust Unternehmen nicht davon abhält, den Markt erneut zu betreten. Dieser zweite Versuch kann mit Erfolg verbunden sein.

Der deutsche Wella-Konzern ging 1983 nach China. Dessen Geschäftsbericht 1997 meldet:

> China is an important market and has enormous future potential, although it – currently – has low levels of consumer purchasing power. We are engaged in making major capital investments in the Chinese market and incurred losses of 2.5 million in China in 1997. We anticipate that even with continuing investments the Wella brand will only reach break-even in the year 2000.[20]

Dieses Datum wurde im Geschäftsbericht 2000 auf das Jahr 2002 verschoben. Das Ziel wurde 2001 erreicht.[21] Das amerikanische Eiskremunternehmen Wall's verkündete 2002, zum ersten Mal seit Markteintritt 1994 Gewinne zu machen. Nivea verlor in den ersten sieben Jahren Geld. Ähnlich sieht es beim Konkurrenten L'Oréal aus. Dieser verzeichnete erstmals 2003 Gewinne – sechs Jahre nach Markteintritt.[22] Unternehmenschefs benutzen in Interviews häufig die metaphorische Wendung, China sei kein Sprint, sondern ein Dauerlauf.

Der niederländische Milchverarbeiter Friesland verkündete im Oktober 2004, seine Chinaaktivitäten zu beenden[23] und Philips plant seine Handyproduktion einzustellen. Sinkende Gewinne in den vergangenen Jahren werden als Grund genannt.[24]

Lediglich sechs der 23 befragten in China tätigen Dax-30-Unternehmen gaben in einer Untersuchung der Deutsche Bank Research 2004 an, in China Geld zu verdienen. Die Bank nimmt an, dass sich daran in den kommenden Jahren nichts ändern wird. Die Rentabilität bisheriger Investitionen müsse sich oft noch zeigen.[25] Chinas Wachstum beruht primär auf der Ausweitung des Inputs und nicht auf dem Anstieg der Produktivität. Das Wachstumswunder ist damit entmythologisiert.[26]

Die chinesische Regierung legt nach gleichem Prinzip Investitionsprogramme auf. Über 61 Mrd. US$ wurden beispielsweise 2004 veranschlagt. Die Summe beträgt zuzüglich der Ausgaben der Provinzregierungen und Staatsunternehmen 225 Mrd. US$.[27] Diese Investitionen werden hauptsächlich durch Ersparnisse der Bevölkerung bei den Staatsbanken finanziert. Zu den Investitionen zählen folgende kostenintensive Großprojekte mit Aushängecharakter: der Drei-Schluchten-Staudamm in Yíchāng (宜昌), das Weltraumprogramm, der Formel-1-Parcours, der Transrapid und das Stadtviertel Pǔdōng (浦东) in Shànghǎi (上海). Die Hochhäuser in Pǔdōng gelten als Symbol für lokale Nachfrage, dabei handelt es sich um einen Trugschluss, denn 1998 lag die Auslastung lediglich bei 35%, nachdem Mietpreise zwischen 1994 und 1998 von 75 US$ auf 25 US$ pro Quadratmeter gesunken waren.[28] Die Baubranche ist ein Schlüsselbereich, welcher zur Überhitzung der chinesischen Wirtschaft beigetragen hat. Pǔdōng kann als weitere Blume auf dem Baum angesehen werden.

Gleiche Bedingungen für alle Marktteilnehmer, gewinnorientiertes Wirtschaften sowie Deregulierung sind staatliche Zusagen, auf deren Einhaltung ausländische Investoren in China vertrauen. Der Staat fördert unabhängig von wirtschaftlichen Kriterien beispielsweise staatliche Unternehmen und hält diese künstlich aufrecht. Diese Marktakteure arbeiten de facto zumeist unrentabel: „... l'Etat contrôle aujourd'hui les deux tiers des actifs industriels du pays, alors que les deux tiers de ses revenus (les impôts) proviennent désormais du secteur non étatisé.“[29]

Die Wettbewerbsintensität steigt. 42 neue Automobile kamen beispielsweise allein im ersten Halbjahr 2004 auf den Markt.[30] Staatsunternehmen können mit der Gewissheit neuer Kredite Preise tiefer setzen, als es gewinnorientierten ausländischen Firmen möglich ist: „International manufacturers like Henkel, Unilever and Procter & Gamble – all of which lost money in China in the late 1990s – are admant the state companies sell at below cost. With guaranteed bank credit, they can afford to do so.“[31]

Ausländische Firmen fühlen sich benachteiligt, wenn es darum geht, von der landesweit mit über zehn Millionen Bürokraten besetzten Verwaltung Lizenzen zu erhalten. Der US-Pharmakonzern Pfizer bekam erst nach vier Jahren von den staatlichen Behörden die Erlaubnis, sein Potenzprodukt Viagra auf den Markt zu bringen. Das Unternehmen musste zu diesem Zeitpunkt feststellen, dass sich bereits fünfzig chinesische Viagra-Plagiate auf dem Markt befanden. Die Probleme Beziehungsgeflechte, Korruption und Rechtsunsicherheit klingen an.

Ungleiche Marktbedingungen lassen sich auch anhand der Vergabe der UMTS-Lizenzen in China feststellen. Ausländische Anbieter erhalten für China keine Zulassung, obschon in Europa, Japan und Südkorea entsprechende Handys bereits auf dem Markt sind. Das zuständige Ministerium verschiebt den Termin, um chinesischen Unternehmen mehr Zeit für die Entwicklung einzuräumen.[32]

Ein Ziel, welches hinter diesen Eingriffen steht, ist die Kontrolle der Arbeitslosigkeit. Schätzungen westlicher Experten gehen von einer Quote von 10% in städtischen und 20% in ländlichen Gebieten aus. Dieses ergibt eine landesweite Gesamtzahl von über 200 Millionen Arbeitslosen.[33] 12 Millionen neue Arbeitsplätze werden jährlich benötigt, doch selbst 10% jährliches Wachstum können diese nicht einrichten.[34]

Arbeitslosigkeit fördert Armut. Diese ist im Stadt-Land-Vergleich primär auf dem Land zu finden, wo 2003 59,5% der chinesischen Bevölkerung lebten.[35] 350 Millionen Chinesen leben unterhalb des Minimums von einem US-Dollar Kaufkraftparität pro Tag und damit in Armut.[36] Offizielle Statistiken sprechen von 29 Millionen, wobei 2003 erstmals seit 25 Jahren ein Anstieg des Vorjahresniveaus um 800.000 eingeräumt wurde.[37] Aufrufe auf China International Radio wie „Mama, ich habe kein Wasser“[38] verdeutlichen, dass im ländlichen China Hunger und Durst grassieren.

Armut fördert den Gegensatz zwischen Arm und Reich in der Gesellschaft und damit die Einkommensdifferenzen zwischen Stadt- und Landbevölkerung. Das durchschnittliche Pro-Kopf-Einkommen erhöhte sich seit Beginn der Öffnungspolitik auf dem Land von 16 US$ (1978) auf 302 US$ (2003) und in der Stadt im gleichen Zeitraum von 38 US$ auf 930 US$. 58% des Bruttoinlandsprodukts (BIP) werden an der Ostküste von 38% der Bevölkerung erwirtschaftet und das durchschnittliche Pro-Kopf-Einkommen liegt bei 2100 US$. Über 5000 US$ beträgt es in Shànghăi, obwohl 70% der Einwohner dieser Stadt jährlich weniger als 750 US$ verdienen.

Shànghăi liegt im nationalen Vergleich knapp fünf Mal über dem Landesdurchschnitt 2003 von 1100 US$.[39] Mehr als 230.000 US-Dollar-Millionäre nach Kaufkraftparitäten leben nach Angaben von McKinsey in China. 10 Millionen Chinesen verfügen jährlich über mehr als 25.000 US$: „... bis 2010 dürfte die Zahl auf 50 Millionen Menschen ansteigen.“[40] 3,57% entspricht dieser Anteil bei einer für 2010 prognostizierten Gesamtbevölkerung von 1,4 Milliarden.[41] „When taking into account the cost of medical care and education and the level of unemployment allowance, China's urban-rural income gap is the widest in the world.“[42]

Ungleichheit hat sich verstärkt. Der Gini-Koeffizient, ein statistisches Maß zur Messung der Gleichheit der Einkommensverteilung, belegt dieses. Ein Wert von 0 repräsentiert vollkommene Gleichheit und ein Wert von 1 vollkommene Ungleichheit. Der Koeffizient wuchs in China zwischen 1978 und 2001 von 0,15 auf 0,40.[43]

China wird gesamtwirtschaftlich betrachtet aufgrund seiner Bevölkerungsgröße langfristig ein niedriges Pro-Kopf-Einkommen haben. Dieses lag 2003 mit 1100 US$ unter dem von Namibia oder Ecuador und gleichauf mit West Bank/Gaza, obwohl das BIP zwischen 1978 und 1995 sechs Mal schneller wuchs als der Weltdurchschnitt und China 2003 das weltweit sechstgrößte BIP mit 1,409 Bil. US$ verzeichnete. Das Pro-Kopf-Einkommen entspricht 20% des Weltdurchschnitts (2003: 5500 US$) und 2,9% des US-Vergleichswertes (2003: 37.610 US$).[44] Prognosen der Vereinten Nationen sehen ein Sinken der Bevölkerungszahlen erst zwischen 2025 (1,445 Mrd.) und 2050 (1,395 Mrd.). Ein Pro-Kopf-Einkommen von 3874 US$ resultiert aus einem von bhb billiton geschätzten BIP 2025 von 5,598 Bil. US$. Dieses entspricht gut 10% des genannten US-BIP 2003.[45]

Die analysierten Stadt-Land-Disparitäten führen zu Unzufriedenheit, welche sich durch Abwanderung in die Städte äußert. 17,9% der Gesamtbevölkerung lebten 1978 in urbanen Gebieten; 40,5% waren es 2003.[46] Unruhen und Aufstände häufen sich ebenfalls. Ungleichheit fördert Unzufriedenheit stärker als Armut, lehrte Konfuzius. Es besteht bei Unruhen die Gefahr, dass ausländische Investitionen sinken oder ausbleiben und infolgedessen das Wirtschaftswachstum sinkt. Unruhen lassen vor allem die Kommunistische Partei fürchten, dass ihr Machterhalt infrage gestellt wird.

Dieses gilt als Quintessenz, warum der Kreislauf fauler Kredite nicht abbricht und notwendige Reformen beispielsweise im Bereich des Bankensektors oder der Staatsbetriebe auf sich warten lassen. Die chinesische Regierung lässt sich ihren Machterhalt mittlerweile eine Summe uneinbringlicher Forderungen im Wert von 578 Mrd. US$ kosten (2004). Dieses entspricht über 40% des BIP.[47]

Die Regierung gewährte sich mit der Verabschiedung des Konzeptes der „sozialistischen Marktwirtschaft“ 1992 weitere Argumente für Eingriffe in Wirtschaftsprozesse. Der Stromverbrauch erschöpfte die Kapazitäten der chinesischen Energieversorgung im Sommer 2004, und Hotels wurde es bei Strafe verboten, ihre Leuchtwerbung bei Dunkelheit einzuschalten. Ausländische Unternehmen wurden angeschrieben und auf eine Schließung oder Produktion bei Nacht vorbereitet.

Es kann bei diesem Beeinflussungsgrad der Wirtschaft nicht von Marktwirtschaft, geschweige denn „Kapitalismus ‚pur'“[48] gesprochen werden: „... das System entspricht noch immer dem Typus der zentralisierten sozialistischen Parteidiktatur.“[49] China wird lediglich von neun Staaten, darunter Neuseeland und Singapur, als Marktwirtschaft betrachtet. Die USA und die Europäische Union (EU) urteilen entgegengesetzt. Die Beitrittsverträge in die Welthandelsorganisation (WTO) vom 11. Dezember 2001 sehen eine Übergangsfrist bis 2015 vor. Die übrigen WTO-Mitgliedsstaaten dürfen China bis dahin als Nichtmarktwirtschaft behandeln. Dieses hat unter anderem den Vorteil, dass China leichter Strafzölle wegen Dumpings auferlegt werden können, was seit Gründung der WTO 1995 mehr als dreihundert Mal geschah, vornehmlich vonseiten der USA und der EU.[50]

China stellt sich als dynamisches Land im Umbruch dar, das ausländischen Unternehmen Chancen und Potenziale bietet. Risiken machen die Bearbeitung dieses Marktes zur Herausforderung. Es stellt sich die Frage, wie eine Marktbearbeitungsstrategie aussehen muss, um diese erfolgreich zu beantworten. Inwiefern erlaubt der chinesische Markt die Umsetzung weltweit einheitlicher Bearbeitungsstrategien und in welchem Ausmaß erfordert er die Anpassung an lokale Rahmenbedingungen?

2. Produktanpassung – fakultativ oder obligatorisch?

2.1 Nutzenerwartung

Bei der Erarbeitung von Marketingkonzeptionen steht die Eruierung der länderspezifischen Nutzenerwartung der Kunden an erster Stelle, denn gesellschaftlich-kulturelle Faktoren bestimmen maßgeblich das Präferenzsystem im Kundenverhalten. Allgemein wird zwischen Grundnutzen und Zusatznutzen eines Produktes unterschieden. Ersterer bezeichnet die Zweckmäßigkeit und die Funktionalität, Letzterer zielt auf die Befriedigung psycho-sozialer Bedürfnisse ab. Eine Gesetzmäßigkeit lässt sich im internationalen Vergleich feststellen, die auch für China gültig ist:

- Der Zusatznutzen ist erst relevant, wenn der Grundnutzen als ausreichend befriedigt angesehen wird.
- Die Reife, die Kaufkraft und der Sättigungsgrad eines Marktes stehen in positiver Proportionalität zum Zusatznutzen.
- Je höher der Preis und die Qualität eines Produktes sind, desto mehr wird die Kaufentscheidung durch den erwarteten Zusatznutzen determiniert.

Produkteinführungen auf dem chinesischen Markt haben gezeigt, dass in Bezug auf den **Grundnutzen** Faktoren der Nutzensicherung die Kaufentscheidung stärker beeinflussen als Aspekte der Nutznießung. Die folgenden Determinanten sind von Bedeutung:

Nutzensicherung

- Haltbarkeit;
- Lebens-/Nutzungsdauer;
- Zuverlässigkeit;
- Verarbeitungsqualität;
- niedrige Störanfälligkeit;
- Strapazierfähigkeit;
- geringer Wartungsaufwand;
- gute Serviceleistungen.

Nutznießung

- technologischer Stand des Produktes;
- Preis-Leistungs-Ratio;
- Ausstattungsumfang;
- Bedienungskomfort.[1]

Ein Kochtopfset der Marke KERN wirbt beispielsweise mit den Attributen: 1. Qualität, 2. Haltbarkeit, 3. Design und 4. „Easy Wash“.

Ein Wertewandel bezüglich des Zusatznutzens ist seit der Öffnung des chinesischen Marktes zu konstatieren. Die Kaufentscheidung einer Person war in den achtziger Jahren wesentlich durch die Familie bestimmt. Ein junger Chinese agierte nicht als ein für sich selbst entscheidendes Individuum, sondern nahm beim Kauf auf alle Familienmitglieder Rücksicht. Das Konzept der Familie basiert auf der konfuzianischen Lehre. Konfuzius legte fünf grundlegende menschliche Beziehungen fest (五伦, wǔ lún), von denen sich drei auf die Familie beziehen: Eltern und Kind, Mann und Frau sowie älterer Bruder und jüngerer Bruder. Alle fünf Beziehungen hatten anfangs das gleiche Gewicht. Schüler von Konfuzius stellten den Respekt gegenüber den Eltern in den Vordergrund. „Das Verhältnis eines Chinesen zu den Mitgliedern seiner Familie ist von Dauer. Man entwächst dieser Beziehung niemals."[2]

Die Generationen im Alter über 45 verlebten ihre Kindheit in einer geschlossenen Gesellschaft und wurden durch den „Großen Sprung nach vorn"[3] (1957) und die „Große Proletarische Kulturrevolution"[4] (1965) geprägt. Die folgende Generation – etwa 200 Millionen Personen, zwischen 15 und 24 Jahre alt, die im Zuge der Marktöffnung herangewachsen ist – unterscheidet sich in vieler Hinsicht von den vorangegangenen.[5]

Sie werden als „kleine Kaiser" (小皇帝, xiǎo huángdì), „Menschen der neuen Kultur" (新文化人, xīn wénhuà rén) oder „Neue Generation" (新一代, xīn yīdài) bezeichnet. Diese Altersgruppe wuchs in einer Zeit gravierender Veränderungen auf, in der okzidentale Einflüsse Dominanz erlangten: „Les valeurs américaines ont balayé brutalement la tradition chinoise."[6] Prestigewert und Status als Zusatznutzen stehen nunmehr beim Kauf eines Produktes an erster Stelle. Unilever dekorierte für die Seifenmarke Lux Anfang Juli 2004 in einem Carrefour in Běijīng (北京) einen Kassenbereich entsprechend um: roter Teppich, goldener Bogen mit Sternen und VIP-Betreuung (s. Abb. 2.1).

Konsumenten erwerben sich durch den Kauf von Luxusmarken vor allem Status und Macht, was sich auch im Straßenverkehr zeigt. Das kaufkräftige Konsumentensegment ist die Zielgruppe unter anderem von DaimlerChrysler: „Our customers are China's new elite, the entrepreneurs and young professionals who want a car that shows their status and success."[7] Der Transrapid in Shànghǎi, in dem es für die achtminütige Fahrt zum Flughafen bzw. in die Innenstadt Abteile erster Klasse gibt, ist ein weiteres Beispiel.

Wohlstand wird mit dem Wunsch verbunden, dass andere diesen wahrnehmen. „Le consommateur achète parfois plus la marque que le produit, laquelle marque est destinée plus à la manifestation sociale qu'à la satisfaction personnelle."[8] In China ist es chic, bei McDonald's Aktenordner durchzusehen oder in Starbucks Cafés mit dem Notebook zu arbeiten und ggf. den drahtlosen Internetzugang zu nutzen. Gleiches gilt für Handys: „Today, most people buy the mobile phone that looks the best, and many have a habit of showing it off."[9] Es kommt schließlich vor, dass neureiche Besitzer von kleinen Geschäften ihre Kassenabrechnung vor Angestellten und Kunden machen.

Ein ähnliches Statusbedürfnis lässt sich in den USA finden, wo eine Mercedes-Werbung für das Modell ML 1999 mit den Worten warb: „You'll do more than social climbing!"[10]

Abb. 2.1: Status und Prestige: Lux Seife „VIP-Kasse"

Produkte werden durch die Käufer zunehmend mit Vor- und Leitbildfunktionen verknüpft. Insbesondere junge Chinesen haben das Bedürfnis, als dynamisch-modern zu gelten. „Once a brand has the reputation of being powerful and ‚good', people will wish to be associated with it."[11] National durchgeführte Konsumentenerhebungen in 2001 kamen zu dem Ergebnis, dass 38% der Konsumenten Coca Cola kaufen, da es eine bekannte Marke sei.[12]

Die Kleinen Kaiser streben danach, über Produkte zu verfügen, die im Ausland, vor allem in den USA und Europa, populär sind. Chinesen orientieren sich stark an den in ihrem Land lebenden Ausländern. Im Supermarkt werden deren Einkaufsgewohnheiten scharf beobachtet und kopiert; ein Nachfragesog entsteht für die Hersteller der präferierten Produkte. Dieses kann anhand von Nestlé verdeutlicht werden: „Chinese people believed that having a canned coffee on hand was a trendy symbol. As Chinese people perceived canned coffee as a status symbol, canned coffee was introduced to take advantage of this opportunity."[13]

Ein Ruf, welcher nicht auf Fakten basiert, ist hingegen eine fragile Komponente des Markterfolges: „Pabst Blue Ribbon was long the leading Western-style beer, albeit brewed in China. That rested on the belief that it was also a major brand in the US. When the word got around that it was small in the US, sales tumbled."[14]

Einige ausländische Unternehmen machen sich die Orientierung am Westen zunutze. So wirbt die spanische Toastmarke Panrico auf ihren Packungen mit „Europe's Leading Brand", obgleich eine Recherche von Natexis Banques Populaires 2002 zu dem Ergebnis kam, dass Panrico mit 300 Millionen Umsatz (2001) zu den kleinsten Unternehmen der europäischen Backbranche zählt.[15]

Die Nachfrage nach populären Marken macht den Wandel bezüglich der Konsumwünsche und die Annäherung an westliche Konsumgesellschaften deutlich: Nähmaschine, Armbanduhr oder Fahrrad standen 1970 auf der Wunschliste; 1980 waren es Kühlschrank, Farbfernseher und Waschmaschine. Heutzutage ist aus den jeweils drei Wünschen eine lange Liste geworden, die von Auto oder Klimaanlage über DVD-Spieler bis Handy reicht. Recherchen von ACNielsen bestätigen das Entstehen von „consumer lifestyle" und bezeichnen China offiziell als Konsumgesellschaft.

„Le matérialisme a remplacé l'idéalisme, et l'individualisme le culte de l'intérêt général."[16] Das erste in China ansässige internationale PR-Unternehmen, Hill&Knowlton, führte im April 2004 in Zusammenarbeit mit dem Seventeen-Magazin und Sinomonitor International eine Umfrage unter 1200 achtzehn- bis zweiundzwanzigjährigen Studenten in Běijīng und Shànghǎi durch. Diese belegt, dass ein Produkt als „cool" angesehen wird, wenn es die Individualität und den eigenen Stil fördert sowie ermöglicht, „unique" und „anders" zu sein. „The most individualistic is the most cool"[17], äußerte ein Student aus Běijīng. Diamantunternehmen wie das niederländische De Beers wittern darin eine Chance: „... the Chinese female consumer is keen to purchase diamonds for herself as an expression of individuality."[18] Kredite bieten dem Bedürfnis zur Avantgarde und zum Materialismus keinen Einhalt.

Der Wunsch, sich aus der Masse abzuheben, hat die Bedeutung der Familie nicht geschmälert. Sie gilt für die Konsumenten weiterhin als Einfluss nehmendes soziales und hierarchisches Beziehungsgeflecht. Gleiches konnte für den Freundeskreis entdeckt werden: Generell bestimmen die Personen, welche den Käufer umgeben, die Kaufentscheidung maßgeblich mit, denn sie sind die ersten, bei welchen der Konsument nach Kauf des Produktes Bestätigung sucht: „Group conformity (...) has a strong implication on consumer behaviour as the product/ fashion or lifestyle must reflect the values and norms deemed by the group as acceptable."[19]

Das Ergebnis einer in Shànghǎi durchgeführten Umfrage manifestiert den Wertewandel und zeigt, dass die Werte der chinesischen Jugendlichen denen von westlichen Jugendlichen ähnlich sind. Die Befragten wurden gebeten, auf die Frage nach dem Sinn von Arbeit vier vorgegebene Antworten mit den Attributen

„sehr wichtig" oder „wichtig" zu versehen. Die Antwort „für den täglichen Bedarf" blieb über drei Generationen relativ konstant. Eine klare Differenzierung lässt sich bei den drei anderen Antworten erkennen. Nur 60,7% der Jugendlichen sehen den Sinn der Arbeit darin, einen Beitrag für ihr Land zu leisten, wohingegen „Selbstverwirklichung" (81,9%) und „Persönliches Vergnügen" (58,2%) an Bedeutung gewinnen. Die Antworten der Über-50-Jährigen unterscheiden sich davon: 89,4% sehen den Sinn der Arbeit darin, einen Beitrag für ihr Land zu leisten. Die Antwort „Selbstverwirklichung" kommt auf 54,6% und „Persönliches Vergnügen" auf 38,5%. Die mittlere Generation – die Eltern der Kleinen Kaiser – liegt mit ihren Antworten jeweils zwischen diesen Werten (s. Abb. 2.2).

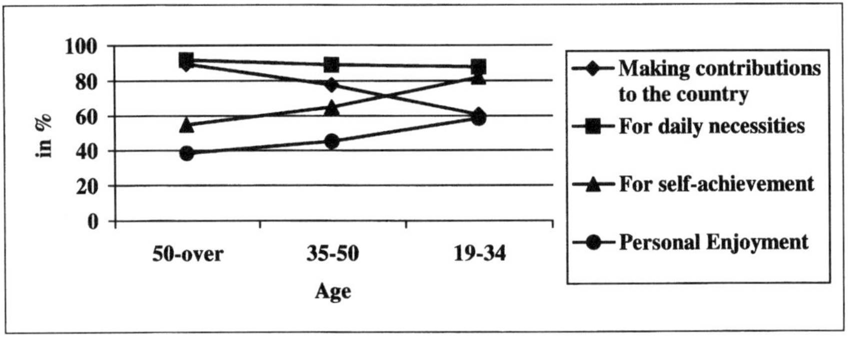

Abb. 2.2: Shànghǎi-Wertestudie 1997[20]

Konsumentenanalysen nehmen in China eine Dreiteilung der Gesellschaft in Generationen bzw. Altersgruppen vor. Die Intervalle sind divergent. Die Landbevölkerung ist nicht im Fokus dieser Nutzenanalysen, weil sie im Gegensatz zur Stadtbevölkerung nicht als primäre Zielgruppe für ausländische Güter gilt. Generell ist ein dynamischer Wandel zu unterstellen: „... the consumer is a constantly moving and changing target."[21] Einen prototypischen „chinesischen" Konsumenten kann es ebenso wenig geben wie – Chinas geographische Größe auf europäische Verhältnisse bezogen – gleiches Konsumverhalten zwischen Danzig und Bilbao.

Die obige Grafik verdeutlicht die Schere zwischen Gewinnern und Verlierern in China. Das Wohlergehen des Einzelnen hängt von seinen persönlichen Fähigkeiten ab. Chinesen aller Altersstufen arbeiten hart, um sich gegen die millionenfache Konkurrenz durchzusetzen und sich vor den eingangs genannten Problemen zu schützen. Der hohe Druck hat psychosoziale Konsequenzen.

> (…) la montée du matérialisme, qui abolit le sens de l'effort; le nombre d',enfants uniques' trop gâtés (…); la compétition de plus en plus intensive à l'Université et sur le marché du travail. Ce dernier facteur fait des ravages chez des jeunes, en général psychologiquement mal armés face à l'adversité.[22]

Ernährungsstörungen und eine steigende Selbstmordrate, vor allem in der Altersgruppe 15–34, sind zu verzeichnen. Nach Angaben des chinesischen Gesundheitsministeriums nehmen sich jährlich 250.000 Chinesen das Leben. Die Rate ist 2,3 Mal höher als der Weltdurchschnitt.[23]

2.2 Verwendungsgewohnheiten

In China ist es aufgrund der Heterogenität des Marktes und der erläuterten mangelhaften Verfügbarkeit von Informationen schwierig, die lokalen Nutzungsgewohnheiten von verschiedenen Konsumentengruppen zu eruieren. Folglich ist einigen Unternehmen die Antizipation nicht gelungen, z. B. dem Schwarzwälder Befestigungsspezialist Fischer, welcher mit seinen Kunststoffdübeln keinen Erfolg hatte, denn Chinesen bevorzugen zum Fixieren Holzstöckchen.[24]

Andere Produkte waren erfolgreicher. Der französische Konzern Danone ermittelte, dass Joghurt in China nicht, wie im Westen üblich, mit dem Löffel gegessen wird, sondern als Getränk gilt und im Kühlregal mit Strohhalmen angeboten wird. Hersteller haben also die Möglichkeit, ebenfalls Strohhalme zu liefern oder ihre Verpackung zu modifizieren, da nicht vorausgesetzt werden kann, dass chinesische Haushalte über kleine Löffel verfügen. Infolgedessen brachte Danone einen Trinkjoghurt namens Wéishuǎng (维爽) auf den Markt.

Milchprodukte sind Schätzungen nach für 90% der Chinesen unverträglich, da ihnen das zum Milchzuckerabbau benötigte Enzym Laktase fehlt.[25] Probleme der Kühlkette kommen hinzu, sodass Milch auf dem Land kaum erhältlich ist. Ovomaltine hat dieses berücksichtigt: „Mixes easily in hot & cold water", heißt es auf der Verpackung des Getränkes „Ovaltine 3 in 1".[26] Nestlés Eagle Brand, eine gesüßte Kondensmilch, ist ebenfalls darauf ausgelegt. Die Marke wurde 1856 erfunden, um Lebensmittelvergiftungen und Krankheiten aufgrund mangelnder Kühlung und Konservierung von Produkten zu bekämpfen.[27]

Uncle Ben's Reis ist ein weiteres Beispiel aus dem Lebensmittelbereich. Dieser wird in westlichen Ländern als „besonders locker" und „körnig" vermarktet. Diese Produkteigenschaften wären in China aufgrund der Nahrungsaufnahme mittels Essstäbchen unvorteilhaft, sodass hier der Werbeslogan entfällt.

Lipton-Tee, welcher in westlichen Ländern mit Teebeuteln in Verbindung gebracht wird, bietet auch losen Tee an, denn die Zubereitung des Tees läuft in China nach Zeremoniell ab. Viele Chinesen brühen daher losen Tee auf. Ein

Blick in die Ära vor Máo zeigt, dass Lipton damals eine starke Marktposition hatte. Lipton-Teebeutel wurden aufgrund der Praktikabilität in Zügen eingesetzt und waren zu Zeiten der Goldenen Zwanziger in den wohlhabenden Schichten beliebt, schrieb der chinesische Schriftsteller Lín Yǔtáng (林語堂) 1938: „When Lord Lytton visited Shanghai he was entertained at the home of a prominent rich Chinese. He asked for a cup of Chinese tea, and he could not get it. He was served Lipton's, with milk and sugar."[28]

Chinesische Haushalte verfügen nicht über die technischen Möglichkeiten wie westliche Haushalte, was bezüglich der Verwendungsgewohnheiten berücksichtigt werden muss. Gut 34% der landesweiten Haushalte besaßen 2003 eine Waschmaschine. Die Zahl liegt in den Städten höher: in Běijīng bei 94%, in Tiānjīn (天津,) bei 84% und in Shànghǎi – entgegen der Annahme – nur bei 75%.[29] Große Teile der Bevölkerung waschen daher mit der Hand. Unilever und Henkel bieten Omo- und Sky-Clean-Kernseife im Stück zu 135g bzw. 125g an.[30]

Produktmodifikation ist auch im Automobilsektor angebracht: Teure Automobile werden in westlichen Industrienationen vom Besitzer gefahren, in China vornehmlich von Chauffeuren. Es gilt somit, die Ausstattung und den Komfort im Fond zu erhöhen. Ein Telefon gehört in Limousinen der Oberklasse ebenso zum Standard wie Unterhaltungselektronik. Westliche Limousinen sind hingegen in Komfort und Bedienungselementen eher auf den Fahrer zugeschnitten: „Das Cockpit des Audi A6 rückt den Fahrer in den Mittelpunkt"[31], heißt es bei Audi. Solcherart Fahrzeuge fänden in China noch wenig Zuspruch. Ein Besuch auf der Automesse Auto China 2004 in Běijīng (10.–16. Juni 2004) zeigt nicht zuletzt, dass Autohersteller wie VW und Audi ihre Modelle je nach Zielgruppe den chinesischen Bedürfnissen angepasst haben. Die Innenräume der Modelle Audi A8 und VW Passat wurden um 90mm bzw. 100mm verlängert.[32] Bildschirme in den Kopfstützen der Vordersitze und „Champagner-Kühlschränke" in der Rücksitzbank eines Audi A6 runden das Bild ab.[33]

Ein anderes Bild zeigt sich in den unteren Preissegmenten. Ein Auto muss für diese Kunden in erster Linie praktisch sein, wozu unter anderem die Ausstattung mit vier Türen zählt.[34] Fahrzeuge der VW-Marke Gol, die aus finanziellen Gründen anfangs mit nur zwei Türen ausgestattet waren, sind mittlerweile auch mit vier Türen erwerblich. Kleinwagen müssen darüber hinaus über einen geräumigen Kofferraum verfügen. Eine entsprechende Stufenheckvariante wurde beispielsweise für den Peugeot 307 entwickelt (s. Abb. 2.3).

In China, einem Land, in dem drei Jahrzehnte vornehmlich Parteimitglieder und Unternehmen Autos besaßen, heißt Auto fahren im Sprachgebrauch „zuò qìchē qù" (坐汽车去), wörtlich übersetzt: „sitzen, Dampfwagen, hingehen". Mit dem Anstieg der Privatautoanzahl in den letzten zwei Jahrzehnten änderte sich der

Sprachgebrauch: Auto fahren heißt – abgesehen von Reichen mit Fahrern – zunehmend „kāichē“ (开车), wörtlich „steuern, Wagen“, und ist gleichbedeutend mit „selber fahren“.

Abb. 2.3: Anpassung an lokale Verwendungsgewohnheiten: Peugeot 307 in China und Europa[35]

Die hohe Verkehrsdichte in chinesischen Metropolen[36] verstärkt nicht nur das Bedürfnis nach entsprechender Innenausstattung, sondern stellt auch Anforderungen an die technischen Fahrzeugeigenschaften. Die Batterie- und Lichtmaschine muss den Energieverbrauch der elektrischen Ausstattung bei Verkehrsbehinderungen kompensieren. Ausländische Dieselmotoren erwiesen sich in China als nicht marktfähig: Sie waren aufgrund des höheren Schwefelgehaltes im chinesischen Treibstoff nach sechsmonatiger Nutzungsdauer defekt.

Nachdem die Handybranche beobachtete, dass Chinesen häufig SMS verschicken, wurden neue Modelle erfunden, welche die Eingabe von chinesischen Schriftzeichen ermöglichen. Desgleichen wurde eruiert, dass Chinesen aufklappbare Handys bevorzugen. Geräte wie das 6108 GSM des finnischen Herstellers Nokia erfüllen beide Kriterien.

Wenn Produkte für den chinesischen Verbraucher neu und unbekannt sind, ist häufig Erklärungsbedarf vonnöten. Brot ist in China „neu“, so verwundert die Geschichte nicht, dass ein Chinese, der bei IKEA auf einem der Betten oder Sofas eine Pause einlegte, einen Brotkorb als Kopfkissen benutzte.[37] Auch war den Chinesen unklar, wozu die gelben Tüten am Eingang bei IKEA dienten. Ein mehrsprachiges Schild erklärt heute: „Dear customer, for easy shopping, use the yellow bag!“ Weitere Hinweisschilder sind „Guide to the care and cleaning symbols” und „Shopping at IKEA is easy!”

Der amerikanische Rasierklingenhersteller Gillette macht es ähnlich: In Supermärkten hängt eine Fotoserie, welche den männlichen Kunden eine Nassrasur erklärt. Desgleichen waren Tupperbehälter eine Neuheit auf dem chinesischen Markt, sodass den Kunden beim Kauf der Gebrauch vorgestellt wird. Die Behälter enthalten weiterhin einen Zettel, welcher in drei Schritten erklärt, wie der Deckel auf dem Behälter angebracht werden muss (s. Abb. 2.4).

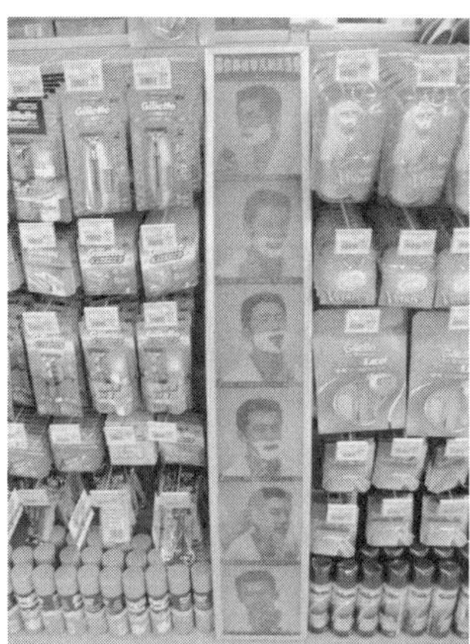

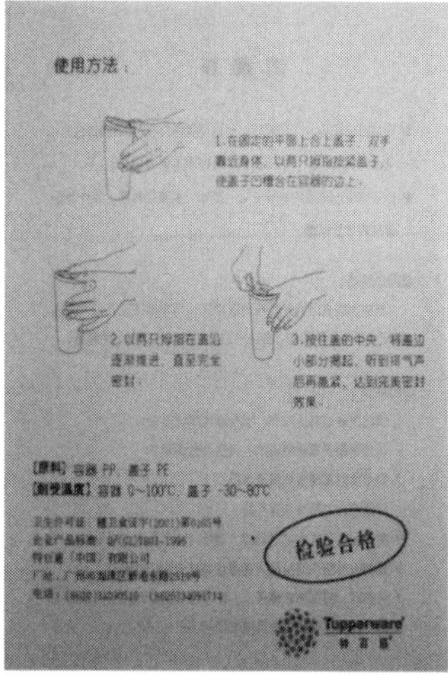

Abb. 2.4: Anwendungserklärungen: Gillette und Tupperware

Damit die Erklärungen in dem fremden Kulturkreis verstanden werden, schreibt Knorr auf seinen Tütensuppen: 将600毫升 (约3饭碗); jiāng 600 háoshēng (yāo 3 fànwǎn), was soviel heißt wie dass 600ml dem Inhalt von drei Reisschalen entsprechen. Die Dosierung von Heinz-Babynahrung wird mittels eines chinesischen Suppenlöffels verdeutlicht.

2.3 Konsumgröße

Der Aspekt Packungsgröße ist bei der Analyse der lokalen Nutzungsgewohnheiten relevant, weil unterschiedliche Haushaltsgrößen, Kaufkraftniveaus oder die Größe des zur Verfügung stehenden Wohnraums das länderspezifische Bevorratungsverhalten beeinflussen. So gelten Waschmittelpakete zwischen 4,5kg und 10kg, welche in Europa oder den USA erhältlich sind, in China als unverkäuflich. Packungsgrößen à 250g oder 500g würden konsumiert, hieß es 1995.[38] Daran hat sich zehn Jahre später nicht viel geändert, auch wenn die Größen leicht gestiegen sind. Im Vergleich zu westlichen Packungen sind sie klein. Die Markteinstiegsgröße ist 350g. Unilever bietet das Waschmittel Omo in den Größen 350g, 750g, 1,2g und 2kg an. Procter&Gamble (P&G) bietet das größte Produkt mit einer 5-kg-Packung des Reinigers Tide.

Die quantitative Analyse der 305 in China erworbenen ausländischen Markenartikel zeigt auf, dass bei 11,8% die Verkaufseinheit im Vergleich zu Deutschland kleiner ist bzw. der kleinsten in Deutschland verfügbaren Größe entspricht. Die folgende Tabelle 2.5 enthält weitere Beispiele.

Produkt	Größe
Esberitox N	20 Tabletten
Heinz Babybrei	225g
Kellogg's Frosties	175g
Kinder Schokolade (4 St.)	50g
Miracle Whip	237ml
Nesquik Kakaopulver	400g
Nestlé Eiscreme Erdbeere	255g
Nutella	220g
Pritt-Stift	10g
Wall's Eiscreme-Dose	270g

Abb. 2.5: Kleine Produktmengen

Ein Vergleich der Haushaltsgrößen aus dem Jahr 2003 zeigt, dass in einem durchschnittlichen chinesischen Stadthaushalt 3,13 Personen lebten, die deutsche Haushaltsgröße lag bei 2,13 Personen. Die Haushaltsgröße spricht folglich nicht für die Notwendigkeit kleinerer Produktmengen.[39]

Der Kaufkraftfaktor fließt im Zusammenhang mit der Konsumgröße als psychologische Komponente ein: Kleinere Packungen sind absolut gesehen günstiger als große Einheiten und suggerieren ein minimales Fehlkaufrisiko. Maßgeblicher ist der verfügbare Wohnraum, die durchschnittliche Pro-Kopf-Wohnfläche betrug nach Angaben der staatlichen Nachrichtenagentur Xīnhuá (新华) 2003 22,8m² in den Städten und 26,5m² auf dem Land. Andere Quellen sehen den städtischen Wohnraum pro Kopf derzeit bei 14m² und weisen darauf hin, dass er 1980 bei 6m² lag. 22m² sei das Planziel für 2008. Ein Vergleich mit Deutschland verdeutlicht unabhängig von Quelle und Abweichung den Unterschied: Der entsprechende Wert für 2002 betrug nach Angaben des Bundesamts für Statistik 41,6m².[40]

Die aufgeführten Faktoren können nicht allein für kleinere Konsumeinheiten verantwortlich sein. Es gilt, die Liste um zwei weitere, chinaspezifische Faktoren zu ergänzen: die „Marktneuheit eines Produktes" und „Politische Vorgaben".

„Marktneuheit eines Produktes": Ausländische Unternehmen bieten in China anfangs kleine Größen an, um den Markt für ein Produkt zu testen. Größere Einheiten werden dann eingeführt, wenn das Produkt vom Markt angenommen wird. Produkt-Minis sind für das Testen der Marktakzeptanz wichtig: Nestlé bietet zum Beispiel Nescafé-Sachets à 1,8g und Maggi-Fläschchen à 18ml an. Perfetti van Melle verkauft Mentos in einer Kleinstverpackung von 20mg (2 x 10mg), und m&m's gibt es in neun verschiedenfarbigen, pyramidenförmigen Tütchen à 4,5g (s. Abb. 2.6). Internationale Haarwaschmittel der Marken Vidal Sassoon, head&shoulders, Pantene Pro-V, Rejoice sowie die chinesische Marke Slek sind in Nachbarschaftsläden oder U-Bahn-Kiosks in Sachets à 5ml erwerblich.

Abb. 2.6: Mini-Packs: z.B. m&m's (4,5g)

„Politische Vorgaben": Die Eindämmung des Bevölkerungswachstums hat in China seit 1982 Verfassungsrang. Ehepaare werden angehalten, nur ein Kind zu bekommen. Familienpackungen können von Herstellern folglich nur auf drei Personen ausgelegt werden. Colgate-Palmolive hat dieses berücksichtigt und verkauft in einer Familienpackung nebst Zahnpasta zwei große und eine kleine Zahnbürste.

2.4 Physiognomische Bedingungen

Asiaten kommen ausnahmslos mit schwarzen Haaren zur Welt. P&G hat sein Produkt Pantene Pro-V dieser Realität angepasst. Das Haarwaschmittel gibt es in China speziell für schwarzes Haar: „dunkel-schwarz-glänzend-leuchtend" (乌黑莹亮, wū hēi yíng liàng).

Die durchschnittliche Körpergröße eines chinesischen Mannes lag 2002 bei 1,69m und einer chinesischen Frau bei 1,58m.[41] Die amerikanischen Vergleichswerte lagen 2002 bei 1,75m (♂) und 1,62m (♀).[42] Damit sind auch die Körperproportionen unterschiedlich. Der amerikanische Sportmarkenhersteller Nike hatte anfangs US-Größen auf den chinesischen Markt gebracht. Diese erwiesen sich als zu groß, und asiatische Größen wurden entworfen. Ähnlich klingt es aus dem Hause der Dessousfirma Triumph: „... we also redesign our products to meet the local needs."[43]

Kleinere Körpergrößen sind weiterhin die Ursache, dass die Standardlänge von Betten kürzer ist als beispielsweise in Deutschland. Ein durchschnittliches chinesisches Bett hat nach Angaben von IKEA Běijīng eine Länge von 1,85m und ist damit 15cm kürzer als ein deutsches Standardbett.

Ein unterschiedliches Referenzsystem ist notwendig. Die Umsetzung wird anhand der Windelmarke Pampers dargestellt. Verschiedene Modelle und Gewichtsintervalle sortiert, ergeben folgendes Bild:

China		Deutschland		USA	
Größe	**Gewicht (kg)**	**Größe**	**Gewicht (kg)**	**Größe**	**Gewicht (kg)**
S, NB	3–8	1, NB	2–5	1	4–6
M	6–11	2, Mini	3–6	2	5–8
L	9–14	3, Midi	4–9	3	7–13
XL	12+	4, Maxi	8–15	4	10–17
		5, Junior	11–25	5	12+
		6, Extra Large	16+	6	16+

Abb. 2.7: Internationaler Vergleich: Pampers-Größen

Amerikanische Neugeborene erscheinen im internationalen Vergleich der drei Länder mit mindestens vier Kilogramm am schwersten zu sein. Diese Tabelle lässt jedoch mehr auf die Reife des Marktes schließen, als dass sie einen Gewichtsvergleich erlaubt. Es gibt in den USA und Deutschland mehrere Marken, welche jede Wachstumsstufe von Neugeborenen und Kleinkindern begleiten (New Baby, Active Fit, Baby Dry etc.). Die Gewichtsintervalle sind bei chinesischen Pampers-Modellen vor allem für die ersten beiden Kategorien S und M größer. Dieses kann als weiteres Beispiel für kleine Produktgrößen bzw. Sortimente bei Markteintritt gelten und darüber hinaus als Indiz, dass der chinesische Markt in diesem Segment noch nicht so reif und anspruchsvoll ist wie westliche Märkte, wo eine hohe Produktdiversifikation zu finden ist.[44]

Klare Vorstellungen sind in westlichen Ländern mit den Größenbezeichnungen S, M, L etc. verbunden und Wörter der Landessprache fördern dieses zum Teil (z.B. M für mittel, middle, moyen, medio etc.). In China wird auf der Pampers-Packung neben dem Buchstaben „M" auf Chinesisch indiziert, dass es sich um eine mittlere Größe handelt (中號, zhōng hào).

2.5 Geschmacksempfinden und Ernährungsphilosophie

Das durch klimatische Faktoren und traditionelle Verhaltensmuster geprägte Geschmacksempfinden in China unterscheidet sich stark und in vielerlei Hinsicht von dem westlicher Zungen. Auch hier muss eine gründliche Eruierung vor dem Verkauf ausländischer Lebensmittel vorgenommen werden. „It is dangerous to assume anything about China"[45], warnt das US-Landwirtschaftsministerium. Divergierende Präferenzen können anhand der Kategorie Snacks verdeutlicht werden. Traditionelle Snacks in China sind u. a. Trockenobst, Nüsse, getrocknetes Fleisch, Fisch oder Shrimps. Im Westen sind mit dem Begriff Schokoladenriegel, Chips, Kekse, Bonbons, Popcorn oder Eiskreme verbunden.

Erwachsene sind in China die Zielgruppe für salzige Produkte. Kinder und Jugendliche gelten als Hauptkonsumenten für Süßes. Die regionalen Küchen können in vier Himmelsrichtungen aufgeteilt werden: „Im Norden isst man salzig, im Westen sauer, im Süden süß und im Osten scharf."[46]

Die Mehrheit der Chinesen hat mit den Geschmacksrichtungen der westlichen Küche Probleme; zumindest mit dem, was sie als westliches Essen versteht. Die Chinesen unterteilen westliche Küchen so wenig, wie Europäer oder Amerikaner die lokalen Unterschiede in der chinesischen Küche wahrnehmen: Alles vom amerikanischen Hamburger bis zu französischem Baguette oder italienischer Pizza wird unter „xīcān" (西餐, Westen, Essen) subsummiert. Studien kommen allerdings zu dem Ergebnis, dass Chinesen zu 90% dieselben Zutaten verwenden, welche auch auf westlichen Märkten angeboten werden. Hauptunterschiede liegen in der Kombination und Zubereitung.

Ernährung und Medizin werden in China in einen engen Zusammenhang gebracht (Diätetik). Dieses zeigt sich in dem Terminus für gesunde und ausgewogene Ernährung: „yàoshàn“ (药膳) – eine Wortkombination aus „Medizin“ und „Essen“. Das chinesische Sprichwort 药补不如食补 (yào bǔ bùrú shí bǔ) wird oft frei mit „Wer einen guten Koch hat, spart sich den Arzt“ übersetzt. Jede Mahlzeit sollte nach den Prinzipien der Medizin aus mehreren Speisen bestehen, damit der menschliche Organismus als organische Einheit im Gleichgewicht bleibt. Die Harmonie des gesamten Körpers gerät aus der Balance, sobald ein Körperteil in seiner Funktion eingeschränkt ist.

Kaltgetränke wurden in China vor 1978 kaum konsumiert. Chinesen tranken und trinken auch heute noch warmen grünen Tee, welcher sich auf das körperliche Wohlbefinden auswirkt und die Verdauung begünstigt. Haferbrei wird im Winter gegessen, denn diesem werden wärmende Eigenschaften zugesagt. Dies zeigt, dass Speisen nicht nur aufgrund ihres Geschmacks, Duftes oder ihrer Farbe konsumiert werden, sondern auch in Anbetracht ihrer positiven Wirkung.[47]

Eigene Erhebungen weisen auf, dass 16,4% der Lebensmittel ausländischer Hersteller den Gesundheitsaspekt aufgreifen. Nestlé hat die Getränkeserie Vitality im Sortiment, die Getränke in den Geschmacksrichtungen Chrysantheme, Aloe Vera und Blaubeere beinhaltet. Eine Hi-Calcium Low Fat Milk ist ebenfalls im Nestlé-Sortiment. Danone verkauft in mehreren Variationen 3-Layer Hi-Calcium Soda Cracker und Hall's bietet sein Bonbonprodukt Vita-C an. nimm2 wird wie in Deutschland als „The multi-vitamin sweet for the whole family“ angepriesen und das an Nährstoffen und Vitaminen reiche Ovomaltine gibt es in Form von Pulver, als Fertiggetränk und als Bonbons. Nahrungsergänzungsmittel wie Additiva, Centrum oder Supradyn sind auf dem Markt erhältlich.

Bei 4,8% dieser Produkte wird versucht, als Trittbrettfahrer von der chinesischen Einstellung zu gesunden Produkten zu profitieren. Eine Untersuchung der Zutaten zeigt indes, dass sie nicht unbedingt einhalten, was sie versprechen. Red Bull wird in China als „Super Vitamin Drink“ verkauft, obwohl 100ml nur 4mg Vitamin PP, 0,4mg Vitamin B_6 und 1,2µg Vitamin B_{12} enthalten. nimm2-Bonbons weisen demnach einen höheren Vitaminanteil auf als Red Bull. Die Angaben bei dem Getränk Minute Maid sind gleichfalls unzuverlässig. Der Vitamin-C-Anteil auf 100ml wird mit dem Intervall „4–43mg“ angegeben.

Chinesen ziehen, der Ernährungsphilosophie folgend, Frischwaren gegenüber Fertigprodukten oder Tiefkühlkost vor. Diese Tendenz wird durch die derzeitige technische Ausstattung vieler chinesischer Haushalte verstärkt: Nur knapp 16% der landesweiten Haushalte besaßen 2003 einen Kühlschrank. Das Bild ist in den Städten invers. Der Anteil liegt in Běijīng bei 96,9% und in Shànghǎi – an zweiter Stelle – bei 81,2%.[48]

Ausländische Supermärkte bieten in China im Vergleich zu ihren Herkunftsländern ein erweitertes Frischwarensortiment an, welches sich zum Teil an den lokalen Geschmackspräferenzen orientiert. Bäcker- und Konditorengeschäfte, welche oft in die Märkte integriert sind, backen den ganzen Tag über frische Ware. Der Bäcker im CRC-Supermarkt im Kenzo Plaza Běijīng wirbt mit „Our homemade dough is prepared and baked here with filtered water". Der Grund liegt darin, dass Leitungswasser in China stark mit Schwermetallen kontaminiert ist.

Lebensmittel werden in China zum Teil anders klassifiziert und zubereitet: Tomaten gelten beispielsweise als Obst und werden mit Zucker gegessen. Einige westliche Unternehmen haben ihre Produkte an den chinesischen Geschmack angepasst. Deren Anteil an den 256 überprüften Lebensmitteln beträgt 14,1%. Die Speisen der amerikanischen Fast-Food-Kette KFC sind schärfer als im Herkunftsland; neben Pommes Frites können Reisbeilagen gewählt werden. TUC-Kekse des französischen Danone-Konzerns sind nicht nur weniger salzig, sondern auch in der Geschmacksrichtung „Seemoos" (海苔, hǎitái) erhältlich; Oreo-Kekse des amerikanischen Herstellers Nabisco enthalten in China 12,3%[49] weniger Zucker als in den USA; Cadbury Schokolade hat einen niedrigeren Milch- und Zuckeranteil; die P&G-Zahnpastamarke Crest gibt es mit Teegeschmack (茶爽, chá shuǎng) und Lipton-Tee wird in den Sorten Máofēng (毛峰), Iron Buddha (铁观音, tiě guàn yīn) und Jasmin angeboten. Auflistung 2.8 enthält weitere Beispiele.

Unternehmen	**Geschmacksanpassung**
Carrefour	Klebreisbällchen zum Frühjahrsfest (元宵, yuánxiāo)
Danone	TUC „salzige Melonenkekse"
Heinz	Babybrei „Fish & Vegetable Cereal"
Knorr	Black Pepper Hot & Sour Soup
Lay's	Chips-Geschmack „Beijing Duck", „Cool Cucumber"
McDonald's	Shrimp Nuggets, Vegetable Seafood Soup, Taro Pie
Nestlé	Frozen Confection with Sesame; Nestea „Lemon Green Tea Drink"
Pizza Hut	Seafood-Pizza: „Seafood Mix, Crab Sticks, Green Pepper, Pineapple"
Wall's	Red-Beens-/Green-Tea-Icecream „ZigZag"

Abb. 2.8: Anpassung an lokale Geschmackspräferenzen

90,3% der importierten Lebensmittel werden eigenen Erhebungen nach auf dem chinesischen Markt in standardisierter Form angeboten. Haribo, Kühne Salatessig, nimm2, Ritter Sport oder Bahlsen aus Deutschland, Ferrero Rocher und Kinder Bueno aus Italien, Ricola aus der Schweiz, Fisherman's Friend aus England, Miracle Whip aus den USA, Nutella aus Australien oder Häagen-Dazs aus Frankreich gehören dazu.

Die Bedeutung anderer Marketingmixelemente wie Verpackung, Preis oder Promotiontechniken erhöht sich, wenn Produkte nicht angepasst werden. Der Verzehr ausländischer Markenprodukte wie Coca Cola oder Häagen-Dazs dient – wie in den Nutzenerwartungen erläutert – der persönlichen Imageförderung. Geschmackspräferenzen sind bei globalen Artikeln sekundär, was sich anhand von Kaffee aufzeigen lässt, welcher nach der chinesischen Ernährungsphilosophie als ungesund gilt, da er das „innere Feuer" (内火, nèi huŏ) zu sehr steigere. Kaffeeketten wie Starbucks haben dennoch Erfolg, da sie als „Eintrittskarte in die Welt des amerikanischen Glamours"[50] dienen. Auch frische Croissants und Baguettes aus dem örtlichen Carrefour erfreuen sich großer Beliebtheit – in einem Land ohne Brottradition. Es ist hingegen fraglich, ob der Slogan „Makes a traditional fresh loaf of bread" für eine Brotbackmaschine der Marke Home Enjoyment ausreicht, um Chinesen zum Kauf zu bewegen.

Marktneuheit und Konkurrenz sind wesentliche Kriterien, welche die Frage nach Standardisierung oder Anpassung beeinflussen. Nestlé versuchte zunächst, sein Eiskremsortiment standardisiert auf dem chinesischen Markt anzubieten. 700 verschiedene Eiskremprodukte, welche hauptsächlich von lokalen Wettbewerbern produziert wurden, gab es 2000 in Shànghăi. Über 4000 Eishersteller kämpften um Marktanteile im Jahr 2004.[51] Diese Konkurrenz hatte Nestlé 2002 zu einem Strategiewechsel veranlasst: „Nestle's China operation announced a plan to renew 90 per cent of its ice cream products on the Chinese market (...) to suit Chinese consumers' tastes."[52]

McDonald's hatte sein Produktsortiment am Anfang seiner Chinaaktivitäten 1990 ebenfalls nicht lokal angepasst, sondern – im Gegenteil – Anstrengungen unternommen, um die weltweite Standardisierungskonzeption zu stützen. Der US-Konzern förderte über einen Zeitraum von zehn Jahren die Anstrengung lokaler Bauern, die Kartoffelgröße zu steigern, denn diese erwies sich für die Herstellung von Pommes Frites als zu kurz.[53] Die Faszination und die Neugier von Chinesen an McDonald's sank. Der Konkurrent KFC hatte sein Sortiment 2001 um chinesische Speisen erweitert. McDonald's rückte schließlich 2003 von seiner Standardisierungsstrategie ab und versucht seitdem durch stärkere Anpassung die Distanz zu KFC zu verringern. KFC verfügte 2004 mit 1000 Restaurants über knapp 400 mehr als McDonald's.

Marktanpassung wird bei McDonald's nicht im Sinne von Anpassung globaler Produkte wie des Big Macs gesehen, sondern als Ausweitung des bestehenden Sortiments: Das Produktportfolio enthält globale und lokale Produkte. Auch der Coca-Cola-Konzern aus Atlanta verfolgt diese Strategie. Es werden auf dem chinesischen Markt neben den international standardisierten Marken Coca Cola oder Sprite Getränke angeboten, die speziell auf der Grundlage lokaler Geschmackspräferenzen entwickelt wurden. Die 1996 eingeführte Getränkemarke Tiānyǔdì (天与地; Heaven and Earth) gibt es in den Geschmacksrichtungen Lychee, Oolong oder Jasmin.[54]

Ausweitung ist durch den Kauf von chinesischen Marken möglich. Danone, dessen globale Wassermarken Evian und Volvic in China standardisiert angeboten werden, akquirierte 1996 die Anteilsmehrheit des chinesischen Getränkeherstellers Wáhāhā (娃哈哈; Baby, lachen). Dieser hat auch die Marke Future Cola (非常可乐; fēicháng kělè) im Sortiment. Future Cola enthält den lokalen Präferenzen entsprechend weniger Zucker und mehr Kohlensäure. Der französische Konzern versucht damit seinen Einfluss im chinesischen Getränkesektor zu verstärken.

2.6 Anmutungsqualität

> Farben sind pure Energie, die direkte und indirekte energetische Wirkungen auf den Menschen ausüben (...). Wenn die Wirkungsweisen der einzelnen Farben beherrscht werden, können diese Kenntnisse zur Harmonisierung bestimmter Gestaltungselemente verkaufs- und präsentationswirksam eingesetzt werden.[55]

Farben und Formen beinhalten soziokulturelle Bedeutungsmuster, welche die jeweilige ästhetische Produktdarbietung beeinflussen. Die Präsentation in anderen Kulturkreisen ruft folglich ganz andere, nicht mehr steuerbare Assoziationen beim Betrachter – und potenziellen Käufer – ab, worüber sich die Konzerne bei der Marketingplanung bewusst sein müssen, denn der kulturspezifische Bedeutungsgehalt eröffnet ein weites Feld für gravierende Fehlentscheidungen.

Ein Exkurs in die chinesische Geschichte ist notwendig, der unweigerlich zum yì jīng (易经), dem „Buch der Wandlungen" und zur bis heute bedeutsamen Lehre von den fünf Elementen Wasser, Metall, Erde, Holz und Feuer führt. Alle Phänomene, darunter Farben und Formen, befinden sich mit den fünf Elementen in einem System von Wechselwirkungen.[56] Das chinesische Denken wird grundsätzlich von der Zweiteilung der komplementären Kräfte Yīn (阴) und Yáng

(阳) beherrscht, die Körper, Geist und Seele konstituieren. In der Fünf-Elementen-Lehre wurden diese Analogien zur Darstellung gebracht.

Kriterium	Elemente				
	Wasser 水	**Metall** 金	**Erde** 土	**Holz** 木	**Feuer** 火
Farbe	**Blau/ Schwarz**	**Weiß**	**Gelb**	**Grün**	**Rot**
Form	irregulär	Kuppel	Quader	Zylinder	Pyramide
Wandlung	starkes Yīn	schwaches Yīn	Ausgleich	schwaches Yáng	starkes Yáng
Jahreszeit	Winter	Herbst	6. Monat	Frühling	Sommer
Auslegung	Hoffnung, Vertrauen, Ursprung, aber auch: Verbrechen, Leid	Klarheit, Erleuchtung, aber auch: Tod, Trauer, Zorn	Macht, Intellekt, Sonne, Wohlstand, Geld, Qualität, Neid	Leben, Natur, Schöpfung, Glück	Energie, Vitalität, Freude, Abwehr gegen das Böse, Leben

Abb. 2.9: Wechselwirkungen nach der Fünf-Elementen-Lehre[57]

Die in China allerorten sichtbare Vorliebe für die Farbe Rot kann nach der Fünf-Elementen-Lehre folgendermaßen erklärt werden:

> Sie ist „(…) das Äquivalent zum Sommer, zum Mittag, zum Feuer, zum Herzen, zur Freude und zum Regierungsleitgedanken des ‚Anfeuerns'. Rot ist darüber hinaus die Farbe der heiteren Feste (Neujahr!) und der Abwehr gegen das Böse sowie nicht zuletzt auch das klassische Hochzeitsattribut. Rot bemalt sind die Wände der Verbotenen Stadt in Beijing: ‚Süden, Sonne, Glück und Yang' – all diese positiven Grundierungen des Lebensglücks werden damit wachgerufen und beschworen. Gleichzeitig schreckt die Farbe auch noch Dämonen ab."[58]

Der amerikanische Petrochemiekonzern Amoco analysierte die Farbpräferenzen und -konnotationen vor Eintritt in den chinesischen Markt 1981 und wählte bewusst die Farben Rot, Purpur und Gold, da diese für „Leben", „Qualität" und „Perfektion" stehen.[59] Die Farbe Gelb wird mit Geld und Wohlstand in Verbindung gebracht. Gelbe Hinweisschilder machen den Kunden bei IKEA auf günstige Preise aufmerksam: „YELLOW means low price!"

Ein Wandel lässt sich bezüglich der Farbe Weiß konstatieren. Traditionell wird sie mit Tod und Trauer in Verbindung gebracht. Die klassische Hochzeitsfarbe ist Rot. Chinesinnen tragen heute zunehmend weiße Hochzeitsgewänder. Dieses gilt als chic, da in den USA oder Europa ebenfalls in dieser Farbe geheiratet wird. Weiße Hochzeitskarten mit chinesischen Bräuten wurden noch 1999, als Hallmark den chinesischen Markt betrat, als kulturell unangemessen bezeichnet.[60] Die Kleinen Kaiser ändern Konventionen.

Auch das weiß geschminkte Gesicht des McDonald's-Werbeträgers Clown Ronnie wird nicht mehr mit einer Totenmaske in Verbindung gebracht. Im Gegenteil: Eine Bank mit der Ronnie-Figur, auf der sich Chinesen jeden Alters mit dem Clown ablichten lassen, steht in vielen McDonald's-Restaurants in China (s. Abb. 2.10).

Abb. 2.10: Farben – Bedeutung, Präferenz und Wandel: z.B. McDonald's-Clown

Farbwirkungsanalysen spielen eine primäre Rolle in der Modebranche. Das Hongkonger Modehaus Giordano eruierte im Jahre 2001, dass die Farbpräferenz zwischen chinesischen Konsumenten und Hongkong-Chinesen stark divergiert. Ein Ergebnis der Studie ist, dass Erstere farbenfreudige Designs bevorzugen.[61] Diese Erkenntnis ist auf weitere Warengruppen übertragbar.

Bei den 305 untersuchten ausländischen Markenprodukten wurde die Farbe bis auf eine Ausnahme (0,3%) nicht an die chinesische Tradition angepasst. So ist die Nivea-Dose blau, obwohl diese Farbe Erinnerungen an Máo-Anzüge aufkommen lässt und die bösen Charaktere in der traditionellen chinesischen Oper blau geschminkt sind. Die Red-Bull-Dose ist die einzige Ausnahme, sie trägt in China die Hintergrundfarbe Gold und nicht Silber.

Ausländische Unternehmen berücksichtigen chinesische Farbpräferenzen vor allem an Feiertagen oder für besondere Anlässe. 70% der untersuchten Geschenkpackungen bestätigen dieses. Die Farben Gold/Gelb und Rot werden vorrangig eingesetzt: Die sonst blaue Pepsi-Dose ist zu Zeiten des chinesischen Neujahrsfestes gold. Gleiches gilt für die Valentinspackung der Schokoladenmarke Dove. Coca Cola brachte eine Sonderedition „Olympic Torch Relay" heraus und gestaltete sie mit goldenen Elementen, als die olympische Fackel für die Olympischen Spiele in Athen am 09. Juni 2004 durch Běijīng gelangte. Kaffee der Marke Maxwell House wurde zum Neujahrsfest in rot-goldenen Papiertüten verkauft. Ferrero-Rocher-Verpackungen erhielten die gleichen Farben zum Neujahrsfest und Valentinstag.

Anpassung kann auch durch den Kauf von lokalen Marken vollzogen werden. Bei Danone heißt es: „Danone's (...) acquired firms continue to thrive and reinforce market appeals with a local color."[62] Dieselbe Strategie ist bei Unilever zu erkennen: Die Zahnpastamarke Zhōnghuá (中華, China) wird in einer goldenen Verpackung mit roter Schrift angeboten.

Farbpräferenzen können je nach Produktkategorie wechseln. Weiß und Silber sind die beliebtesten Farben für Autos. Bei Haushalts- oder Elektrogeräten wie Staubsaugern oder Waschmaschinen – im Deutschen und Englischen sprichwörtlich „Weißgeräte" oder „white goods" – gilt Weiß als Ladenhüter. Die Waschmaschine Siemens Color 2000XS gibt es in der Farbe Mint.

International divergierende Form- und Designvorstellungen haben ebenfalls einen Einfluss auf die Frage, ob Produkte standardisiert oder modifiziert auf einem Markt angeboten werden können. Anhand des Automobilsektors kann verdeutlicht werden, dass Fahrzeuge ausländischer Hersteller, vor allem im Hochpreissegment, mit standardisiertem Design vermarktet werden. Grundsätzlich ist zwischen Fahrzeugmodellen (Kombi, Stufenheck etc.) und Design zu unterscheiden. Das Beispiel des Peugeot 307 (s. Abb. 2.3) hat gezeigt, dass der Markt lediglich ein neues Modell verlangte. Das Designkonzept wurde auch hier nicht verändert. Designabweichungen sind bei Fahrzeugen zu erkennen, welche in den Ursprungsländern nicht existieren (z.B. Mercedes Minibus 100, VW Santana). Eher fließen die in 2.1 erläuterten Bedürfnisse Status und Prestige in die Designbeurteilung ein: „Das auffällig-üppige Design des BMW-7er (...) ist bei der Hautevolee der chinesischen Jungunternehmer besonders beliebt: Je wuchtiger das Heck, desto besser."[63]

Auch zahlreiche Designs von Hallmark-Grußkarten sind – Unternehmensangaben zufolge – standardisiert. Der Text hingegen wird lokal entworfen. Eine

Kombination aus traditionellen westlichen Bildern und chinesischen Motiven ist das Resultat. Eine Beschreibung einer Weihnachtskarte verdeutlicht dieses: „... the company has introduced a card fronted by a die-cut Christmas tree that – when pulled away – reveals a richly painted Chinese vase.“[64]

2.7 Die Übersetzung des Markennamens

Unternehmen müssen bei Eintritt in den chinesischen Markt ein Pendant zu dem ausländischen Unternehmens- und Markennamen entwickeln, welches in den wichtigsten chinesischen Sprachen verständlich ist. In einem Land kontinentaler Ausmaße kann es nicht verwundern, „dass die verschiedensten Dialekte gesprochen werden, die sich untereinander so weit unterscheiden, dass Sprecher unterschiedlicher Regionen oft kaum, manchmal gar nicht mündlich kommunizieren können.“[65]

Die Schriftzeichen sind das verbindende Element, welche, unabhängig von Dialekt respektive Aussprache, überall das Gleiche bedeuten. Im Fernsehen wird daher zum Teil mit Schriftzeichen untertitelt.

Zur Vereinfachung der Schrift wurden in der Volksrepublik 1956 die so genannten Kurzzeichen eingeführt. Hongkong und Táiwān (台湾) behielten die Langzeichen bei. Schriftzeichen können in Kurz- und Langschreibweise identisch sein, sodass beispielsweise bei der viersilbigen chinesischen Übersetzung für Coca Cola in Hongkong nur das letzte Zeichen unterschiedlich ist: Dort steht nicht 乐, sondern 樂. Ausländische Unternehmen können bei der Übersetzung auf Langzeichen zurückgreifen, um Bildung zu zeigen und Respekt gegenüber der Tradition Chinas auszudrücken. Dieses ist bei Namen im Gegensatz zu Werbesprüchen erlaubt. Weitere Respektbezeugung wird durch die Verwendung von Kalligraphien gezeigt. Anlasskarten eignen sich dafür genauso wie Produkte. Das Nestlé-Eis „China-Schatz“ (中华珍宝, zhōnghuá zhēnbǎo) ist mit kalligraphischen Kunstwerken verziert.

Die gewählten chinesischen Namen wollen zumeist, wie in China üblich, zugleich positive Assoziationen wecken, so sind in den Namen beispielsweise die Zeichen für Glück, Freude, ein langes Leben oder Wohlstand enthalten. Auf in der chinesischen Sprache konzentriert auftretende Homonyme – aufgrund von gut 50.000 Schriftzeichen, 400 Silben und vier Tonhöhen – muss besonders geachtet werden. Der chinesische Sprachwissenschaftler Yán Fù (嚴復, 1854–1921) hat für die Übersetzung drei Kriterien aufgestellt: 1. vertrauensvoll (信, xìn), 2. aussagekräftig (达, dá) und 3. elegant (雅, yǎ).[66]

Unternehmen müssen überprüfen, dass der chinesische Name noch nicht in Verwendung ist, und beurteilen, in welchem Ausmaß ein Produkt Qualitäts- und

Ausstattungsunterschiede aufweisen kann, um auf supranationaler Ebene den gleichen Markennamen zu tragen.

Ausländische Unternehmen haben die Möglichkeit, den Namen ihres Unternehmens und die Bezeichnung ihrer Produkte a) phonetisch, b) auf Grundlage der Bedeutung oder c) aus einer Kombination beider Elemente zu übersetzen. Eine phonetische Übertragung ist bei 70% der Übersetzungen zu finden, wobei darauf geachtet wurde, den Marken- und Produktnamen eine positive Bedeutung zu verleihen. Coca Cola heißt „kě kǒu kě lè" (可口可乐), zu Deutsch: „schmackhaft und macht froh". Der chinesische Name für die Dr. Scheffler Brausetabletten Additiva – „ài dé tiān wéi" (爱德天维) – kann Assoziationen wie „Liebe, Tugend und den Himmel bewahren" wecken. Der erste Teil von Oral-B wurde phonetisch in „ōu lè" (欧乐, europäische Freude) übersetzt; der Buchstabe „B" blieb unverändert: 欧乐-B.

Siemens wählte „xī mén zi" (西门子), was mit „Westen, Tor, Sohn" ebenfalls eine positive Bedeutung hat. Der Name des Protagonisten des 1610 erschienenen chinesischen Klassikers „jīn píng méi" (金瓶梅), „xī mén qìng" (西门庆), ähnelt dem chinesischen Namen von Siemens. Diese Hauptperson verkörpert die Rolle eines tollkühnen Frauenhelden.

Peugeot sorgte mit seinem Namen „biāozhì" (标致, hübsch) für Schlagzeilen, denn leicht abgewandelt wird daraus „biāozi" (标子): Prostituierte. Der Werbespruch „Peugeot aus Kanton bietet Ihnen den besten Service" erhielt damit eine entsprechend zweideutige Bedeutung.[67] Lactogen soll als abschließendes Beispiel genannt werden. Dieses Produkt hieß auf Chinesisch anfangs „lēi tù jīng" (勒吐精). Das Produkt „bringt dich dazu, die Lösung zu erbrechen". Der Name lautet heute „lì duō jīng" (力多精): „Lösung großer Stärke".

Bei 8,9% hat die Silbenkombination der phonetisch übersetzten Markennamen keine besondere Bedeutung. McDonald's heißt „mài dāng láo" (麦当劳, Weizen, gleich, Arbeit). Chinesen ist in diesem Fall bewusst, dass es sich um eine phonetische Übertragung handelt. Sämtliche Namen, beispielsweise von Personen des Weltgeschehens, erhalten schließlich auf diese Weise Einzug in die chinesische Sprache. Gleichwohl sollten Schriftzeichen mit positiver Bedeutung gewählt werden.

Eine phonetische Übertragung ist nicht immer möglich und ein Name wird gewählt, der von der Bedeutung des Wortes herrührt. Volkswagen heißt auf Chinesisch „dà zhòng" (大众): „Volk". 28,8% der untersuchten Namen wurden anhand dieser Transfermethode übertragen. nimm2 wurde in „zwei Schätze" (二宝, èr bǎo) übersetzt und Nestlé – ursprünglich die süddeutsche Verkleinerungsform von „Nest" – in „Spatzennest" (雀巢, què cháo). m&m's, ein Markenname ohne Silben, wurde nach einem Produktcharakteristikum benannt: „cuì cuì“ (脆脆) bedeutet „knusprig, frisch“. Die amerikanische Getränkemarke 7 Up wurde wortwörtlich in „qī shàng“ (七上) übersetzt. Dieses weckte bei den Chinesen pikante Assoziationen (七上床, qī shàngchuáng: sieben Mal ins Bett gehen). Daraufhin wurde das Getränk in „Sieben Freuden“ (七喜, qī xǐ) umbenannt.[68]

Eine Kombination aus phonetischen und bedeutungsbasierenden Elementen kommt nur ein Mal vor (1,2%): Der Apfelkuchen von McDonald's, Englisch „Apple Pie“, heißt auf Chinesisch „píngguǒ pài“ (苹果派); „píngguǒ“ bedeutet Apfel, „pài“ ist homophon mit „pie“.

Irritierend ist, wenn sich Namen ausländischer Produkte im Chinesischen stark ähneln: Pedigree heißt beispielsweise „bǎo lù“ (宝路) und Marlboro „wàn bǎo lù“ (万宝路), die inverse Reihenfolge der Schriftzeichen taucht bei Ford „fú tè“ (福特) und Tefal „tè fú“ (特福) auf. Zudem kann verwirrend sein, wenn ein Produkt weltweit unterschiedliche Markennamen trägt und diese wiederum mit anderen Produkten in Verbindung gebracht werden: Die Haselnusspraline von Ferrero trägt in Deutschland den Namen „Ferrero Küsschen“, in China wie auch den USA „Mon Cherie“. Ferrero verwendet diesen Markennamen in Deutschland wiederum für eine Piemont-Kirsch-Praline.

Auflistung 2.11 enthält Unternehmen des „Best Global Brand Rankings 2004“ von Interbrand/BusinessWeek sowie eine Auswahl von Marken aus dem AC-Nielsen Report 2001 „Reaching the Billion Dollar Brand“.[69]

Die darin aufgeführten Markennamen von Toyota und Microsoft zeigen, dass ein Beibehalten der ursprünglichen Silbenzahl bei der Übersetzung in die chinesische Sprache kein notwendiges Kriterium ist. Chinesische Markennamen bestehen selten aus mehr als zwei oder drei Zeichen. Markennamen aus dem Ausland werden mitunter aus über drei Zeichen gebildet, wie mittels der chinesischen Bezeichnung von Aspirin (阿司匹靈, ā sī pǐ líng) und Maxwell (麥斯威爾, mài sī wēi ěr) verdeutlicht werden kann. Ausländische Marken- und Unternehmensnamen lassen sich anhand dieses Kriteriums wiederholt von chinesischen unterscheiden.

Ein Blick auf die Seite chinesischer Marken und Unternehmen zeigt, dass auch diese die Verwendbarkeit vor Marktaktivitäten im Ausland überprüfen müssen. Marken wie „Bùlěimǎ“ (布蕾玛) oder „Bùsēn“ (步森) sind prädestiniert, beispielsweise in Deutschland ungewollte Assoziationen zu wecken. Die Namenstauglichkeit des Baumaterialherstellers „Superego“ (舒心, shū xīn) ist ebenso fraglich. Hǎiěr (海尔) ist ein positives Beispiel, denn es ist phonetisch dem englischen Wort „higher“ ähnlich.

Name	Zeichen	Umschrift	Bedeutung
Carrefour	家乐福	jiā lè fú	Familie, Freude, Glück
Coca Cola	可口可乐	kě kǒu kě lè	schmackhaft und macht froh
Danone	达能	dá néng	mitteilen, Können
Duracell	金霸王	jīn bà wáng	Gold, Oberherr, Prinz
Gatorade	佳得樂	jiā dé lè	schön, erhalten, Freude
GE	通用电气	tōng yòng diàn qì	allgemein, Elektrizität
IBM	国际商用机器	guójì shāngyòng jīqì	International Business Machines
Kleenex	舒洁	shū jié	entfalten, rein
Marlboro	万宝路	wàn bǎo lù	Straße der 10.000 Schätze
McDonald's	麦当劳	mài dāng láo	Weizen, gleich, Arbeit
Microsoft	微软	wēi ruǎn	mikro, weich
Nescafé	雀巢咖啡	què cháo kāfēi	Spatzennest (Nestlé) Kaffee
Nivea[70]	妮维雅	nī wéi yǎ	hält Mädchen elegant
Pampers	帮宝适	bāng bǎo shì	hilft dem Schatz richtig
Pepsi	百事可乐	bǎi shì kě lè	hundert Sachen machen froh
Sprite	雪碧	xuě bì	Schnee, Jade
Toyota	丰田	fēng tián	üppiges Feld

Abb. 2.11: Mögliche assoziative Bedeutung von Marken- und Unternehmensnamen

Veränderungen des Markennamens oder des Schriftzuges sind an den Konsumenten zu kommunizieren. Eine Scheuermilch von Unilever, welche in

Deutschland unter dem Namen Viss bekannt ist, hieß in anderen Ländern Cif, Jif, Vif oder Vim. Die Marke wurde in China zunächst unter dem englischen Namen Jif und dem chinesischen Namen 洁而亮 (jié ér liàng; sauber und glänzend) verkauft. Jif wurde 2001 zu Cif („Jif is now Cif"). Die englische Version der chinesisch-englischen Erklärung des Markenwechsels lautete: „Jif has changed its name to Cif throughout the world. Only one letter has changed and nothing else. Cif is still the powerful cleanser you know and trust." Verpackungen mit diesem Hinweis wurden in China noch 2004 verkauft. Der englische Name wechselte, doch der chinesische blieb bestehen. In Deutschland heißt das Produkt weiterhin Viss. Die Kosten der Umstellung dieses Markennamens stünden momentan in keinem Verhältnis zum erwarteten Nutzen, hieß es auf Anfrage bei Unilever. Unternehmen verfolgen Standardisierung nicht mehr als absolute Maxime. P&G hatte in den Jahren 2000 bis 2002 mit dem Wechsel von Fairy Ultra zu Dawn und zurück zu Fairy Ultra bereits illustriert, dass eine Vereinheitlichung nicht zwangsweise einen Kosten senkenden Effekt bewirkt.

Es gilt, den Konsumenten nicht nur bei Änderungen des Markennamens „mitzunehmen" und nicht als Käufer zu verlieren, sondern auch bei Veränderungen am Schriftzug oder der Verpackung. Coca Cola wechselte 2003 den Schriftzug seiner Cola-Dose. Dieses wurde werbetechnisch umfangreich publiziert. Colgate stellte den Designwechsel auf der Verpackungsseite dar und bekräftigte, dass die Qualität so gut sei wie zuvor (一样的好品质, yíyàng de hǎo pǐnzhì).

2.8 Verpackungsgestaltung

Die Verpackung, der dominante Träger des Markennamens, hat zweierlei Funktionen: Promotion sowie Schutz wahrzunehmen. Diese beiden Aspekte müssen bei der Frage, inwiefern ganze Verpackungen oder einzelne Elemente in verschiedenen Ländern variiert werden können bzw. müssen, miteinander abgewogen werden.

Eine Anpassung der äußeren Produktverpackung über das aus rechtlichen Gründen obligatorische Maß hinaus wird unterlassen, wenn die Promotionfunktion im Vordergrund steht. Markenartikler sind bestrebt, ihre Verpackungen so wenig wie möglich zu adaptieren, um die internationale Identifizierbarkeit und Markenidentität zu steigern. Dieses gilt insbesondere für Marken, die auf einer innovativen und originellen Verpackungs- und Designidee beruhen wie Maggi Würze oder Pringles. Änderungsbedarf ergibt sich in China durch die Integration der Schriftzeichen, welche bei der Übersetzung des Namens gewählt wurden. 53,8% der Verpackungen werden auf der Produktfront doppelt gekennzeichnet: Der Markenname ist sowohl in chinesischen Schriftzeichen als auch in lateinischer Schrift appliziert. Dabei ist nicht einheitlich zu beurteilen, welcher

Sprache Priorität gegeben wird bzw. ob beide in gleicher Wertigkeit abgedruckt werden. Abbildung 2.12 verdeutlicht dies anhand der Produkte Pedigree und Cornetto.

Abb. 2.12: Doppelte Schriftkennzeichnung: Pedigree und Cornetto

Auf 33,4% der Verpackungen steht auf einer Seite der chinesische und auf der anderen der ausländische Markenname (z.B. Nestea, Ovomaltine). Die Aufmachungen sind nicht immer gleichwertig. Bei Volvic und Evian etwa steht der chinesische Name über dem Barcode und den Herstellerangaben. In diesem Fall müssen Konzepte entwickelt werden, dass das Produkt bei der Regalplatzierung am Ort des Kaufes von der ansprechenden bzw. von beiden Seiten gezeigt wird.

Wenn eine Verpackung lediglich eine chinesische Front hat wie Lipton oder Gatorade rücken markenspezifische Farben, die Verpackungsgestaltung, der Schriftzug oder das Logo zur Gewährleistung internationaler Wiedererkennung stärker in den Vordergrund (s. Abb. 2.13).

Abb. 2.13: Gestaltung chinesischer Verpackungsfronts: z.B. Lipton

Verpackungsdesigns weichen in Ausnahmefällen stark voneinander ab. Die Big-Mac-Kartons sind ein Beispiel. Ein Vergleich zwischen China, der USA und Deutschland zeigt, dass die Form der Box gleich ist, doch Design und Material z.T. unterschiedlich sind.

Rechtliche Auflagen können eine standardisierte Verpackungsübertragung in andere Länder behindern. Änderungen können in Einzelfällen vorgenommen werden, ohne den Wiedererkennungsfaktor zu schmälern. Der deutsche Schokoladenhersteller Ritter Sport musste seine mehrsprachige Verpackung Mitte 2004 ändern und den chinesischen Markennamen und die Geschmacksrichtung zusätzlich zur Rückseite auch auf der Vorderseite platzieren. Das Unternehmen hat dieses durchgeführt, indem es die auf Englisch angegebene Geschmacksrichtung auf der Vorderseite mit einem der Verpackungsfarbe entsprechenden Aufkleber überlabelte, der die vorgeschriebenen Informationen enthält.

Produktinformationen sind in China sehr wichtig, zum einen da die Chinesen i.A. sehr wissbegierig sind, zum anderen aufgrund des bereits angesprochenen Aspekts der unterschiedlichen Verwendungsgewohnheiten. Das Bedürfnis nach Unsicherheitsvermeidung tritt hinzu: „To a Chinese consumer, any uncertainty, ambiguity and risky or undefined situation is viewed as threatening and must be avoided.“[71] Der Inhalt oder die piktografische Darstellung der Benutzung ist auf 110 der untersuchten 305 Produkte abgebildet. Dieses entspricht einem Anteil von 36,1%. nimm2 zeigt auf seiner chinesischen Verpackung beispielsweise zwei Bonbons ohne Verpackung, eines davon im Querschnitt. Dieses hilft Chinesen zu verstehen, was sie sich unter einem nimm2-Bonbon mit Füllung vorstellen sollen. Ein Abschnitt auf der Produktrückseite ist transparent, sodass Kunden den Inhalt sehen können.[72] Lipton zeigt einen Zwei-Kammer-Teebeutel, und auf einer 5er-Packung Snickers ist ein Riegel im Querschnitt mit entsprechenden Erläuterungen zu sehen (s. Abb. 2.14). Eine Lego-Verpackung geht soweit, dass die Abbildungen auf dem Produkt nicht dem Inhalt entsprechen. Hier heißt es: „Images on pack may not reflect all the contents.“

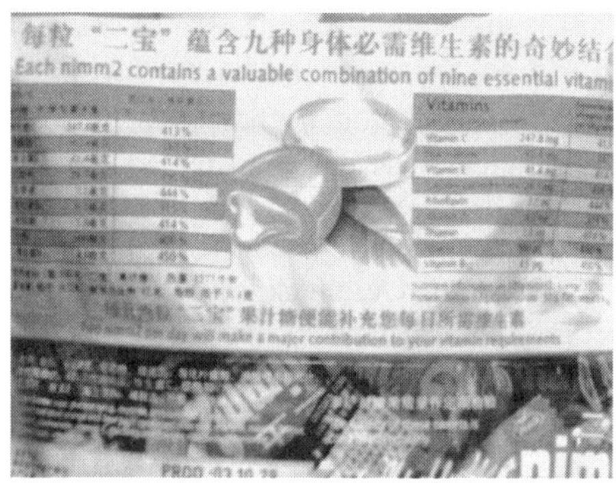

Abb. 2.14: Erklärung des Verpackungsinhaltes: Snickers und nimm2

Unternehmen benutzen die Verpackung auch, um werbewirksam auf das Herkunftsland hinzuweisen (vgl. Kapitel 5.3) sowie um für weitere Produkte ihres Sortiments zu werben. Dieses wird auf 4,6% der Verpackungen umgesetzt. Sieben zusätzliche Kellogg's-Produkte sind auf der Kellogg's-Cornflakes-Verpackung abgebildet; ein Verweis auf weitere Teesorten erfolgt bei Lipton-Tee.[73] Weitere Produkte sind auch auf Nestlé-Frühstückscerealien und einer Nescafé-Verpackung abgebildet.

Internationale Konsumentenerhebungen zeigen auf, dass chinesische Verbraucher dazu tendieren, mehr Geld für attraktive Verpackungen auszugeben. Auffällige Farb- und Formgestaltung ist erwünscht, denn ansprechend verpackte Produkte eignen sich zum Verschenken. In China herrscht eine ausgeprägte Geschenkekultur, die auf das Tributsystem in der Kaiserzeit zurückgeht, wobei andere Produkte als im Ausland als Geschenk gelten können. Dieses stimmt vor allem in ländlichen Regionen, wo beispielsweise auch Haferflocken ein wertvolles Geschenk sind.

> Beim Kauf von Produkten für andere (...) ist das Involvement sehr hoch. Denn diese Produkte haben große symbolische Bedeutung. Sie drücken Respekt, Dank oder Anerkennung gegenüber Mitgliedern der Gesellschaft aus und sollen der Pflege der gesellschaftlichen Harmonie dienen.[74]

Unternehmen reagierten auf diesen kulturellen Aspekt z.T. mit speziellen Geschenkpackungen: Nescafé wird ganzjährig zusätzlich zu den normalen Verpackungen in rot-goldenen Geschenkboxen mit Kalligraphieverzierungen angeboten, Gillette hat ein Rasiergeschenkset herausgegeben, Montrose eine Zusammenstellung von Premiumweinen und Nivea eine Schönheitsbox. Spezielle Verpackungen kommen für Feiertage wie das Frühjahrsfest, den Valentinstag oder an Weihnachten auf den Markt. Nescafé brachte eine Neujahrsfestverpackung heraus, welche neben Kaffee und Weißer einen goldenen Löffel und zwei Gehänge mit je drei chinesischen Laternen enthält. Die Laternen hängen an Chinaknoten und auf ihnen prangt das Zeichen für Glück (福, fú). Die Zeichen für Frühjahr (春, chūn) und nochmals für Glück stehen auf gelben Plättchen, welche am unteren Ende der Gehänge appliziert sind. Die Laternen sind zu öffnen und darin befinden sich Proben für weitere Produkte aus dem Nestlé-Sortiment (s. Abb. 2.15). Ferrero und KitKat machten es einfacher und funktionierten ihre Produkte zu Geschenkpackungen um, indem aufklappbare Kartonhüllen darüber gestülpt wurden.

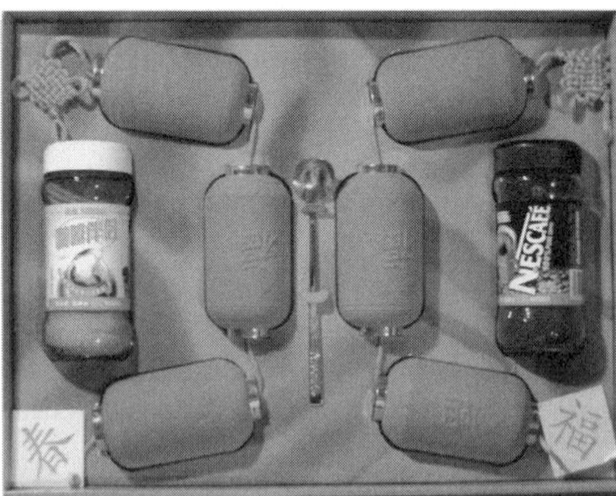

Abb. 2.15: Frühjahrsfest-Geschenkboxen: z.B. Nescafé

Auch Le-Conté-Schokolade benutzt für seine Weihnachtsbox eine variable Kartonhülle. Dazu muss die gestülpte Hülle entfernt, ein Geschenkbändchen aufgeschnürt, der Deckel eines kleinen Kartons aufgemacht, ein durchsichtiger Zettel entfernt, eine Kunststoffbox entnommen und wiederum ein Deckel geöffnet werden, um schließlich die in Folie eingewickelten Assorted Chocolate Eggs zu finden.

Weihnachtsangebote sind auch von Braun und Lego auf dem Markt. Braun gestaltete seine Rasiererangebote nicht im klassischen Rot und Gold, sondern entwarf eine dunkel gehaltene Schatulle mit silberner Hülle. Je ein Geschenk – Kugelschreiber oder Taschenmesser – ist einem Rasierer beigefügt. Die Weihnachtspackung von Lego enthält die Figur eines Weihnachtsmannes und auf der Kartonrückseite einen Jahreskalender.

Spezielle Verpackungen kommen desgleichen für den Valentinstag Mitte Februar in den Handel. Eine Nestlé-Schokoladenverpackung mit roter Schleife zeigt zwei sich küssende westliche Menschen. Golden eingepackte Schokoladenherzen in goldener Herzform befinden sich innerhalb der roten Umhüllung und ein kurzer Liebestext auf Chinesisch und Englisch steht auf der Innenseite des aufklappbaren Deckels. Rocher und Dove benutzen herzförmige Verpackungen, wobei Erstere mit einer roten Schleife geschmückt ist. Eine blaue und eine rosa Zahnbürste küssen sich auf der Oral-B-Valentinspackung. Die rechte Seite wird dem weiblichen Yīn und die linke dem männlichen Yáng zugeordnet. Die beiden Zahnbürsten sind entsprechend arrangiert: rosa rechts und blau links (s. Abb. 2.16).

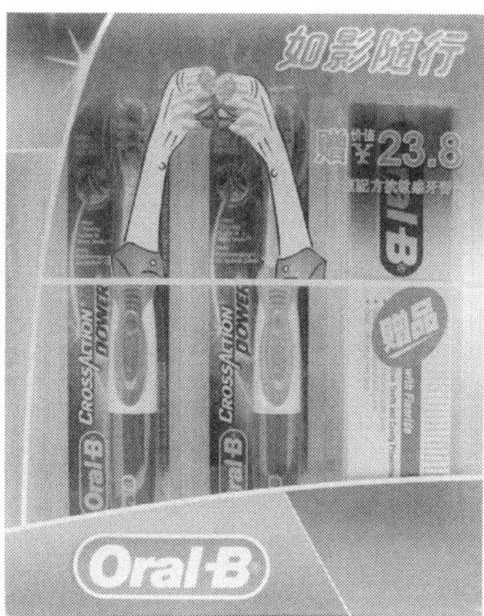

Abb. 2.16: Geschenkpackungen: Gillette und Oral-B

Die Schutzfunktion, welche die Verpackung neben der Promotionfunktion einnimmt, muss lokalen, nationalen und bei Importartikeln zusätzlich internationalen Distributionsverhältnissen und Klimata genügen. Mehrere, teilweise extreme Klimata herrschen im Jahreslauf in China: von Trockenheit und Kälte bis zu Feuchtigkeit und Hitze. Eigenen Erhebungen zufolge werden 10,8% der Verpackungen entweder an die chinesischen Bedingungen anpasst oder Utensilien mitgeliefert, welche die Produktqualität sichern (s. Abb. 2.17). So fügte Lipton seiner Teebeutelpackung eine kleine Blechdose bei, und die 25 Teebeutel befinden sich innerhalb der Kartonumhüllung in einer klimaresistenten Aluminiumhülle. Mentos Fruchtdragees werden seit Mitte 2004 in einer zusätzlichen Schutzhülle verpackt, und nimm2 gibt es auch im Kunststoffbehälter à 454g. Die Bonbons sind nicht wie in Deutschland in Kunststoffpapier eingewickelt, sondern in luftdichte Hüllen eingeschweißt. Ein extra Karton schützt einige Magnum-Sorten sowie Häagen-Dasz-Eiskrem, sodass die Produkte nicht deformiert werden oder die Schokoladenumhüllung bricht. Fisherman's Friend werden nicht in Beuteln, sondern in einem zusätzlichen Umkarton verkauft. Auch Dosen sind erhältlich.

Magazine und Zeitungen werden mit transparenten Kunststoffhüllen geschützt. Gleiches gilt für Scotch-Kleber, der in den USA hergestellt und in eine Umhüllung auf Chinesisch eingetütet wird. Sony-Videokassetten werden nach dem gleichen Prinzip verpackt. Kimberly-Clark schützt die Toilettenrollen seiner Marke Kleenex mit einer separaten Schutzhülle, um dem Feuchtwerden vorzubeugen. Eigene Beobachtungen haben bei Haribo-Goldbären ergeben, dass die Produktqualität nur im Beutel mit mehreren separat verpackten Tüten gewährleistet ist. Eine einfache Umhüllung schützt das Produkt nicht vor den landesspezifischen Anforderungen. Ein Kunststoffdeckel auf Gemüsebrühedosen von Knorr genügt ebenso wenig. Dieser hält nicht die Feuchtigkeit ab, und der Inhalt verklumpt. Nescafé wird in robusten Dosen verkauft, welche sich mit einem Blechdeckel luftdicht verschließen lassen (s. Abb. 2.17).

Abb. 2.17: Sicherung der Produktqualität: Mentos und Nescafé

Die Verwendung von Glas ist mit einem Anteil von 1,6% gering. Fünf Produkte, darunter Miracle Whip, kleine Fruchtsäfte von Dole oder Maggi Würze, haben ihre Glasverpackung beibehalten. Nutella wird hingegen in einem Kunststoffbehälter verkauft.

Eine Schwierigkeit für Unternehmen liegt darin, ihre Verpackungen auf die Anforderungen hin zu prüfen und trotz Änderungen den Preis niedrig zu halten, um in dem wettbewerbsintensiven Umfeld für die Kunden attraktiv zu bleiben. Unternehmen sehen die Produktqualität bei 12,1% der angepassten Produkte auch in preiswerteren Verpackungen gewährleistet. Nesquik wird in China ebenso wie in den USA in einem Kunststoffbehälter angeboten, obwohl das Kakaopulver in Mexiko, wo es wie in China tropische und subtropische Zonen gibt, in Dosen verkauft wird. Die von innen beschichtete deutsche Verpackung wäre für diese Märkte zu teuer. Auch Nivea hat Abstand von der Aluminiumdose genommen und füllt die Creme in Kunststoffbehälter ab.

89,2% der Verpackungen sind weltweit einheitlich bzw. marginal verändert einsetzbar; das Produkt wird trotz unterschiedlicher äußerer Bedingungen geschützt, z. B. der Capri-Sonne-Karton, die tictac-Schachtel oder das Pringles-Rohr.

Eine standardisierte Verpackungsübertragung ist vor allem bei importierten Waren festzustellen (z.B. Bahlsen-Kekse, Vichy-Kosmetik etc.). Der Anteil beträgt 94,6%.

Es bietet sich an, mehrere Sprachen zu kombinieren, wenn Verpackungen länderübergreifend nutzbar sind. Lediglich 3,9% der Produkte verfügen über regionale Aufmachungen. Die chinesische Pringles-Verpackung wird von Belgien als einheitliche Version nach Singapur, Malaysia und zu den Philippinen exportiert. Eine in Deutschland hergestellte Version für Kühne Salatfix ist für den chinesisch- und koreanischsprachigen Raum bestimmt. Kraft produziert in Australien eine Philadelphia-Verpackungsvariante, welche in Hongkong, Malaysia, Singapur und Brunei verkauft wird; Kraft Food Australia stellt für Japan hingegen eine eigene sprachliche Aufmachung her. Kinder Schokolade, Whiskas-Katzenfutter und Ritter-Sport-Schokolade sind weitere vielsprachige Beispiele.

Von einigen Herstellern wurde auch berücksichtigt, wie chinesische Konsumenten die Produkte nach Hause befördern – Super-, Bau- oder Einrichtungsmärkte haben in den Innenstädten gar keine oder im Vergleich zu den USA nur wenige Parkplätze. So werden kostenfreie Tragetaschen für schwere und hochpreisige Produkte wie Wein oder Spirituosen angeboten. Die Nestlé-Geschenkpackungen haben Kordeln zum Tragen. Die amerikanische Getränkemarke Great Lakes hat an ihren Saftbehältern Halterungen angebracht, sodass diese an einen Fahrradlenker gehängt werden können. Busse und Taxen sind neben Fahrrädern Hauptverkehrsmittel. Knapp 80.000 Taxen fahren in der Hauptstadt; zwischen 40.000 und 50.000 sind es in Shànghǎi.

2.9 Produktfälschung

Das Standardisierungsziel kann durch lokale Produktpiraterie gefährdet werden. Der Plagiatanteil unter den analysierten Produkten beträgt 5,6%. Die Ursache liegt unter anderem darin, dass das europäische oder nordamerikanische Verständnis von „geistigem Eigentum" in China relativ neu ist, da der Begriff im fernen Osten jahrhundertelang völlig anders interpretiert wurde. Das Kopieren von alten Meistern gilt im konfuzianischen Sinn als Ehrerbietung: „If one is able to acquire new knowledge by reviewing old knowledge, he is qualified to be a tutor."[75] Eine Geschichte von einem Meister des Gōngfū (功夫, Kung Fu) besagt, dass dessen Nachfolge nur derjenige Schüler antreten darf, der den Goldfisch des Meisters am besten kopiert. Chinesen vertreten den Standpunkt, dass „Standardtechnik" von jedem nachgemacht werden kann. „... the Chinese are very ingenious at imitation. They have imitated to perfection whatsoever they have seen brought out of Europe"[76], schrieb bereits Domingo Navarette, ein spanischer Dominikanermönch, der China zwischen 1659 und 1664 bereiste.

Dieses Prinzip erhielt nach 1949 universellen Charakter, da es in den sozialistischen Ländern üblich war, untereinander technische Kenntnisse im Sinne eines Erfahrungsaustausches unentgeltlich zu vermitteln. Ausländische Unternehmen müssten Technologie als Reparationszahlungen – als Ausgleich für die Unterdrückung Chinas vor allem zwischen dem Opiumkrieg und der Gründung der Volksrepublik (1842–1949) – transferieren. Die Chinesen lasteten damit den inferioren Stand ihrer Wirtschaft der kolonialen Vergangenheit an und stellten aufgrunddessen die Existenz eines Immaterialgüterrechts grundsätzlich infrage.[77]

Der chinesische Ministerpräsident Zhōu Ēnlái (周恩来) stellte 1976 in Bezug auf ausländische Technologien folgende Prinzipien auf: „Man muss sie erstens studieren, zweitens anwenden, drittens ihre Vorzüge und Mängel kritisch analysieren und viertens sie verbessern."[78] Der Import fortschrittlicher Technologie sollte der chinesischen Industrie als Initialzündung dienen und Impulse „für den eigenen Vorstoß zum Welthöchststand"[79] geben.

Alles, von der Technologie bis zur Farbe, dem Slogan oder Internetauftritten, unterliegt der möglichen Fälschung. Ritter-Sport-Schokolade wird in gleichem Verpackungsdesign von Bǎinuò (百诺) als „Sports Chocolate" verkauft. Die Keksmarke Oreo wurde ebenfalls komplett nachgemacht. Hierbei erstaunt allerdings, dass das Plagiat noch süßer ist als das amerikanische Original.[80]

Ein Pampers-Konkurrent übernahm die Farbe des amerikanischen Wettbewerbers, und das Unternehmen Huīzhēn (辉真) brachte unter dem Namen „Milka" Karamellbonbons heraus. Der chinesische Autoproduzent Geely hatte offensichtlich Gefallen am Design des Mercedes-Kühlergrills und am Skoda-Logo. Der Goldbär von Haribo ist in China ein beliebtes Objekt: Er ist nicht nur auf Nuckelflaschen von Shuàibǎo (帅宝) zu finden, sondern ihm ist eine ganze Verpackung gewidmet, die von der Aufmachung an den deutschen Gummibärchen-Beutel angelehnt ist (s. Abb. 2.18). Das Produkt gibt vor, deutsche Ware zu sein: „Germany Gummy Candy", heißt es vorderseitig. „Ursprüngliches Herstellungsland: Deutschland" (食品原产国:德国; shípǐn yuán chǎnguó: déguó), steht auf der Verpackungsrückseite.

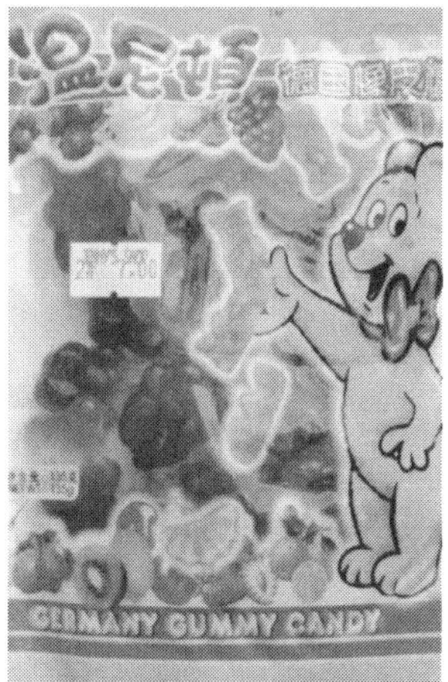

Abb. 2.18: Plagiate: z.B. Haribo-Goldbären

Die chinesische Firma Dálìyuán (达利园), deren Logo dem von Danone farblich ähnelt, übernahm für sein Chipsprodukt copico (可比克) das Pringles-Rohr. Der amerikanische Wettbewerber FritoLay tat dieses ebenfalls. Ein Einschub sei an dieser Stelle erlaubt: Ähnlichkeiten aufweisende Produkte werden in China pauschal als Fälschung bezeichnet, in den USA können diese als wettbewerbskonform gelten. Auf der Verpackung für ein Walmart-Shampoo z.B. wird explizit angegeben, dass Verwechslungsgefahr mit dem head&shoulders-Produkt von P&G besteht: „This product is not manufactured or distributed by Procter & Gamble, owner of the registred trademark Head and Shoulders®."

Die grüne Perrier-Flasche trägt in China den Namen 五大连池 (wǔ dà lián chí) und auf dem Lipton-Logo steht die Bezeichnung für einen Darmtee: 肠请松

(cháng qīng sōng). Die chinesische Sportmarke Àilè (爱乐) wiederum hat ihr Logo durch Kombination der drei Adidas-Streifen und des Nike Swoosh kreiert.

Drei Geschäfte, deren Kennzeichen in Anlehnung an Lacoste ein Krokodil war, gab es im August 2004 auf der Haupteinkaufsstraße von Shànghăi, Nánjīng Lù (南京路). Ähnlich geht es der Bekleidungssparte von Playboy. Zwei weitere Geschäfte mit ähnlichem Logo und/oder Namen befinden sich neben dem Original auf der genannten Einkaufsmeile: Pearlboy und „Gentlemen“ (男士, nán shì).

Der Werbeslogan von Adidas lautet „Impossible is nothing”; der chinesische Konkurrent Lĭ Níng (李宁) propagiert „Anything is possible“.

Volkswagens Joint-Venture-Partner SAIC erlaubte dem Autohersteller Anhui Chery Automotive 2001, an dem es mit 20% beteiligt ist, für einen Kleinwagen Originalteile von VW zu benutzen. VW protestierte und SAIC entschied, Chery mit Teilen von GM zu beliefern. Auch GM ist Joint-Venture-Partner von SAIC. Chery baute ein Auto, welches dem Miniauto Matiz des koreanischen GM-Partners Daewoo ähnlich sieht. GM beschwerte sich, doch Chery erhielt Unterstützung durch den stellvertretenden chinesischen Handelsminister Zhāng Zhìgāng (张志刚): „Ähnlichkeiten im Design sind kein Beweis dafür, dass das Unternehmen schuldig ist“.[81]

> Will man die (...) chinesische Grundeinstellung zum Technologietransfer zusammenfassen, könnte man zugespitzt sagen, daß an technischen Kenntnissen soviel wie möglich zu erwerben und sowenig wie nötig zu bezahlen sei. Diese Maxime beherrscht alle Aktivitäten in dem bisweilen gefährlich weiten Wirkungsbereich der chinesischen ‚Technologiesaugnäpfe'.[82]

Die chinesische Nachrichtenagentur Xīnhuá meldete am 01. Oktober 2004, SAIC habe seine Chery-Anteile verkauft, um weitere Spannungen mit beiden Joint-Venture-Partnern VW und GM zu vermeiden. SAIC, einst maroder Staatsbetrieb, kann es sich mit einem Netz von 60 Tochter- und Gemeinschaftsunternehmen leisten – der Partner mutiert zum Wettbewerber.[83]

Nicht die Produkte, sondern auch die Importaufkleber werden zum Teil gefälscht. Eigene Recherchen ergaben, dass eine deutsche Haribo-Tropifrutti-Packung in China auf dem Markt war. Nachfragen in der Bonner Exportabteilung kamen zu dem Ergebnis, dass die Produkte auf unbekannten Kanälen nach China transportiert worden sind und mittels eines falschen Importaufklebers in den Handel gelangten. Die Qualität der angebotenen Ware war minderwertig und schadete dem Ansehen des Unternehmens. Gleiches gilt umso mehr, wenn nachgebaute Motoren explodieren oder gar jährlich 200.000 Menschen durch gefälschte Medikamente sterben. 50.000 Fälle von Produktfälschung oder minderwertigen Medikamenten sollen im Jahr 2000 offiziell verfolgt worden sein.[84]

Die betroffenen Unternehmen haben neben dem Imageschaden mit finanziellen Einbußen zu kämpfen. Die Internationale Allianz für geistiges Eigentum weist in ihrem China-Report 2004 in den Industriebereichen Film, Musik, Unternehmenssoftware, Privatsoftware und Bücher einen Handelsverlust von 2,58 Mrd. US$ für 2003 aus. Die Allianz geht davon aus, dass im Filmbereich 95% aller auf dem Markt angebotenen Produkte gefälscht sind. Der Anteil bei Unterhaltungssoftware wird auf 96% geschätzt. Im Jahresüberblick zeigt sich, dass der prozentuale Anteil trotz Eintritt in die Welthandelsorganisation gestiegen ist. In den beiden genannten Industrien lag dieser 2001 bei 88% und 92%.[85]

Patentschutz bleibt prekär. Lacoste gelingt es seit Jahren nicht, sich gegen Unternehmen gleichen Logos in Asien gerichtlich durchzusetzen. Ein Gericht in Shànghǎi verurteilte Lacoste sogar, sich bei Crocodile Int. aus Singapur zu entschuldigen. Dieses Unternehmen benutzt ebenfalls ein Krokodil als Markenträger. „The French company is reportedly considering pulling out of the market entirely."[86]

Toyota hatte in erster Instanz ebenso wenig Erfolg gegen den chinesischen Autobauer Geely, der ein Toyota-ähnliches Modell auf den Markt brachte und mit dem Slogan „Powered by Toyota" warb. Das zuständige Gericht vertrat die Meinung, Kunden könnten aufgrund des Bekanntheitsgrades von Toyota selbst sehr kleine Unterschiede zwischen Original und Plagiat erkennen.[87]

Das britisch-chinesische Kondom-Joint-Venture von SSL (Durex) in Qīngdǎo (青岛) hatte im Mai 2002 mehr Glück. Es erreichte gegen das Unternehmen Jissbon[88] aus Wǔhàn (武汉) ein Gerichtsurteil auf Einstellung unlauterer Wettbewerbsmaßnahmen. Jissbon hatte damit geworben, eine aus England stammende internationale Marke und weltweit die Nr. 1 zu sein. Beides erwies sich als falsch – Durex ist Weltmarktführer und in England war die Kondommarke Jissbon unbekannt.[89]

Nachahmer gehen zum Teil so weit, dass sie ihre Produkte auf der gleichen Messe zeigen, wo auch die Originalhersteller ausstellen. Ein chinesischer Produzent musste auf der Frankfurter Messe Paperworld 2003 seinen Stand räumen und wurde mit einer Geldstrafe belegt, da er gefälschte Faber-Castell-Produkte darbot.

Mangelnde gesetzliche Durchsetzbarkeit macht die Aktion der betroffenen Unternehmen erforderlich. IKEAs Konzept gegen Plagiate sind Volumenerhöhung und Preissenkung. Dieses reduziere nicht nur die Attraktivität des Fälschens, sondern werbe auch neue Kundenschichten an.[90] Coca Cola führte vor der Eröffnung eines neuen Abfüllwerkes eine Kampagne durch, welche verdeutlichte, „was eine registrierte Marke ist, wofür Coca Cola steht, dass der Sinn darin liegt, Qualität zu sichern und dass Imitationen illegal und minderwertig sind."[91]

Antizipation ist auch beim Registrieren der Marke angebracht. Es ist Usus, dies zu tun, bevor die Marken auf dem Markt angeboten werden. Der englische Autohersteller Land Rover hatte versäumt, seinen chinesischen Namen eintragen zu lassen. Ein chinesisches Unternehmen ließ diesen registrieren und zwang Land Rover, seinen Namen zu wechseln.[92]

Einige Unternehmen produzieren in China nur Produkte der unteren Preiskategorie, um ihre Technologie zu schützen. Die teureren Modelle werden weiterhin in den heimischen Märkten hergestellt. Ein Beispiel ist Philips. Der Philishave 8825 wird in den Niederlanden, der Philishave 30 in China angefertigt.

Die Chinesen selbst unterschätzen die Kopiertüchtigkeit ihrer Mitbürger. Die Stadtverwaltung in Běijīng hatte versäumt, die olympischen Insignien rechtlich schützen zu lassen mit der Folge, dass diese seit Ernennung der Stadt auf fremden Tassen, Tellern, Mützen oder T-Shirts abgedruckt und verkauft werden.

Einige chinesische Traditionsmarken, „lǎozìhao“ (老字号) genannt, haben Insolvenz angemeldet.[93] Die 1651 gegründete Messerfabrik Wángmázi (王麻子) gehört dazu. Mittlerweile gebe es zahlreiche Plagiathersteller von Wángmázi-Messern, deren kumulierter Umsatz dreimal über dem der Originalfabrik liegt.

„Aftertaste without end, Unable dispute“, steht auf den gefälschten Milka-Karamellbonbons.

3. Distribution als Engpass mit Hoffnung

3.1 Markteintrittsformen für ausländische Unternehmen

Artikel 18 der Verfassung der Volksrepublik China regelt die ausländischen Investitionen und ist die Grundlage für ausländische Unternehmensaktivitäten. Die ausländischen Rechte und Pflichten liegen zusammengefasst darin, gemäß den Vorschriften zu investieren und das Recht der Volksrepublik zu befolgen.

> **Article 18**
>
> The People's Republic of China permits foreign enterprises, other foreign economic organizations and individual foreigners to invest in China and to enter into various forms of economic cooperation with Chinese enterprises and other Chinese economic organizations in accordance with the law of the People's Republic of China. All foreign enterprises, other foreign economic organizations as well as Chinese-foreign joint ventures within Chinese territory shall abide by the law of the People's Republic of China.[1]

Unterschiedliche Unternehmensformen stehen ausländischen Investoren je nach Branche bei der Etablierung von Wirtschaftsbeziehungen mit China zur Auswahl. Dazu gehören Joint Ventures, Repräsentanzen und 100%-ige Tochtergesellschaften.

Die Unternehmensform des **Joint Ventures** nimmt beim Aufbau chinesisch-ausländischer Geschäftstransaktionen einen besonderen Stellenwert ein. Eine Ursache ist, dass diese Unternehmensform zu Beginn der Öffnungspolitik die einzige von staatlicher Seite erlaubte „Eintrittskarte“ für internationale Unternehmen zum chinesischen Markt war und trotz Öffnung und Beitritt in die WTO weiterhin für bestimmte Branchen wie Investmentbanking sowie Nachrichten- und Verlagswesen gilt. Ein Gesetz, welches ausländischen Investoren erlaubt, Minderheits-Joint-Ventures ($\leq$49%) mit chinesischen Fernsehfirmen einzugehen, trat am 28. November 2004 im Zuge der Erfüllung der WTO-Konzessionen in Kraft.[2] „It should come as no surprise that a country that has given so much attention on people-influencing through advertising and propaganda was extra careful in opening up television.“[3]

Die bfai publizierte am 10. Juni 2004, dass die Attraktivität der Joint Ventures ungebrochen ist. Joint Ventures können sowohl für den chinesischen als auch für den ausländischen Handelspartner Vorteile bieten. Die chinesische Seite profitiert von der Technologie, die in ein Joint Venture eingebracht wird, und die ausländische Seite von den lokalen Marktkenntnissen, Netzwerken und Distributionskanälen des chinesischen Partners. Dies sind Faktoren, die sich für ausländische Unternehmen im Regelfall als Markteintrittsbarrieren erweisen.[4]

Die Dialektik des Daoismus kann auf die Unternehmensform Joint Venture übertragen werden: „Wer verkauft, muss zunächst kaufen, wer kauft, verkauft zuerst.“[5] Gründungsvater dieser Lehre, Lǎozi (老子), schreibt im Hauptwerk, dào dé jīng (道德經), in Kapitel 63: „Deals with the hard while it is still easy, With the great while it is still small.“[6] Praxisbeispiele belegen, dass sich die Unternehmen heute in vorteilhafter Situation sehen, welche trotz Risiken und Unsicherheiten früher als ihre Wettbewerber in China investiert haben.

Je später ein ausländisches Unternehmen den Markt betritt und je mehr ausländische Unternehmen bereits Akteure auf dem chinesischen Markt sind, desto einfacher hat es die chinesische Seite, Druck auf den ausländischen Interessenten auszuüben – ganz im Sinne des Strategems 28: Der Chinese lockt den ausländischen Verhandlungspartner auf ein Dach und zieht dann die Leiter weg (上屋抽梯; shàng wū chōutī).[7] Sich selbst sehen sie als Schlüssel zum chinesischen Markt, und ihre Verhandlungsmacht wird durch die im Westen vorherrschende Chinaeuphorie gestärkt. Dies kann sich nicht nur in dem Anteilsverhältnis ausdrücken, sondern auch in der Blockade ausländischer Lieferanten in Ausschreibungsverfahren oder der Verwerfung von Bauplänen und damit einem Verzug des Planvorhabens.

Die möglichen Gründe für das Scheitern eines Joint Ventures sind zahlreich: Interkulturelle Probleme mit dem chinesischen Partner, Technologieabwanderung, unterschlagene Gelder, divergierende Zielvorstellungen oder fehlende Unterstützung des Mutterhauses werden angegeben. Im Chinesischen heißt es: „In einem Bett schlafen, aber unterschiedliche Träume haben.“[8]

Die Unternehmensform der **100%-igen Tochtergesellschaft** (WFOE[9]) entwickelte sich Ende der neunziger Jahre zur beliebtesten Investitionsform bei deutschen Unternehmen. Die Zahl der neu gegründeten WFOE in der Volksrepublik war 1997 erstmals höher als die Zahl der im selben Zeitraum gegründeten Joint Ventures. 60% der realisierten deutschen Investitionen fielen 2002 auf diese Unternehmensform.[10]

Die graduelle Öffnung des Marktes und die Tatsache, dass ausländische Unternehmen in Joint Ventures erste Kenntnisse und Erfahrungen erworben haben und Beziehungen aufbauen konnten, veranlassen diese, sich ohne chinesischen Partner selbstständig zu machen. Dazu zählt die französische Bank BNP Paribas. BNP ist seit Herbst 2003 mit einer eigenen Niederlassung in China vertreten. Diese ist Nachfolgerin eines 1992 gegründeten Joint Ventures mit der Industrial&Commercial Bank of China.[11] Avon ist ein weiteres Beispiel. Das amerikanische Kosmetikunternehmen gab im Mai 2004 bekannt, die Anteile seines chinesischen Joint-Venture-Partners aufzukaufen.[12] Die Kooperation mit einem Joint-Venture-Partner ist hingegen oft so beschaffen, dass die Marktöffnung an den bisherigen Geschäftsbeziehungen nichts ändert.

Die Gründung sowohl eines Joint Ventures als auch eines WFOE ist im Einzelfall angebracht: Coca Cola stellt die Konzentrate für seine Getränke in einem WFOE her und liefert diese für die Weiterverarbeitung an seine Joint Ventures.

100%-ige Töchter lassen sich durch Akquise erwerben. Internationale Bierbrauer haben beispielsweise nach misslungenen Versuchen beim Markteintritt, Marktanteile mit eigenen Produkten zu gewinnen, ihre Strategie gewechselt: „They don't set up their own factories, but rather buy the existing factories of competitive domestic brands."[13]

Das **Repräsentanzbüro** ist eine dritte Niederlassungsform, die dazu dient, den Markt zu beobachten und zu testen, bevor ein Engagement mit höherem finanziellen Aufwand eingegangen wird. Die größeren chinesischen Städte, insbesondere Běijīng und Shànghǎi, werden im Regelfall für die Standorte gewählt. Die Repräsentanz muss vor Aufnahme der Geschäftstätigkeit genehmigt und registriert werden und darf kein operatives Direktgeschäft betreiben. Diese Unternehmensform empfiehlt sich auch für Unternehmen, die ihre Produkte über Lizenz in China vertreiben. Es hilft den Markt aus ausländischer Sicht besser zu verstehen und steigert die Bedeutung nicht zuletzt im Kampf gegen Plagiate.

Die Wirtschaftsabteilung der Deutschen Botschaft veröffentlichte im Frühjahr 2000 eine Untersuchung über die Struktur von 1551 deutschen Firmen in China. Die Tatsache, dass 45% Repräsentanzbüros sind, verdeutlicht das zunehmende Interesse deutscher Investoren. 23% der ansässigen Firmen operieren als Joint Ventures, und 19% der deutschen Unternehmen in der Volksrepublik sind als 100%-ige Tochter deklariert.[14]

3.2 Guānxì – 关系

Der Terminus „Guānxì" bezeichnet ein kulturelles Phänomen und nimmt in Wirtschaftsbeziehungen auf dem chinesischen Markt eine besondere Rolle ein: „Business may flow out of friendship whereas, in the West, friendship may flow out of business."[15] Der Begriff stammt vom Wort „guān" (关) ab, welcher „Zollhaus, Tor oder Grenze" bedeutet. Sinngemäß kann Guānxì mit „enges, dichtes Netzwerk", „zwischenmenschliche Beziehungen" oder „Tor, Zugang" übersetzt werden.

China ist, anders als westliche Gesellschaften, kollektivistisch geprägt. Das soziale Umfeld beeinflusst das Individuum: „... self-individualisation is possible only through a process of engagement with others within the context of one's social roles and relationships (...) the self is always a relational self, a relational being."[16]

Der Beziehungsbegriff im Konfuzianismus wurde in 2.1 erläutert. Beziehungen stehen im Kontext hierarchischer Ordnung und gesellschaftlicher Stabilität (五伦, wǔ lún). Das Ziel bei Guānxì ist dagegen, die Ordnung im Sinne von Gesetzen zu umgehen: „Neben den Beziehungen gibt es Gesetze. Sie gelten für die, die keine Beziehungen haben.“[17]

Guānxì beeinflusst analog zum chinesischen Sprichwort „Regeln sind fest, Menschen flexibel“[18] nicht nur die Interaktionen zwischen ausländischen und chinesischen Geschäftspartnern, sondern auch zwischen Unternehmen und staatlichen Behörden. Guānxì umgeht den in westlichen Gesellschaften zwingenden Dienstweg und beschleunigt Genehmigungsprozesse. „Chinesen haben (…) jahrtausendelang die Erfahrung gemacht, dass sie sich kaum auf ihre staatlichen Institutionen verlassen können, wenn es um das Durchsetzen von Spielregeln geht. Deshalb sind Beziehungsnetze in China so eminent wichtig.“[19]

Die Triebkräfte von Guānxì sind Austausch und gegenseitige Verpflichtung. Die bereits erläuterte Bedeutung des Schenkens ist ein Bestandteil. Allerdings ist in diesem Zusammenhang wichtig, zwischen Korruption und Geschenken aufgrund von Guānxì zu unterscheiden. Ein grundsätzliches Merkmal ist, dass Korruption keine Beziehungen voraussetzt.

China hat gleichwohl ein hohes Korruptionsniveau. Sein Wert auf der 2004 von Transparency International publizierten Korruptionsindexliste liegt auf der Skala von inkorrupt (10) bis korrupt (0) bei 3,4.[20] McDonald's ist ein Exempel für ein Korruptionsopfer. Die amerikanische Kette eröffnete 1992 ihr erstes Restaurant – die weltweit größte Niederlassung mit 700 Plätzen – auf der Haupteinkaufsstraße der Hauptstadt gegenüber des Běijīng Hotels. Die Stadtverwaltung unter Bürgermeister Chén Xītóng (陈希同) kündigte trotz Abschluss eines für 20 Jahre geltenden Pachtvertrages 1993 den Kontrakt. Das Konsortium von Immobilienspekulanten unter dem Hongkonger Milliardär Li Ka-shing (李嘉誠) plante den Bau von Asiens größtem kommerziellen Komplex Oriental Plaza und hatte nicht nur „die Grundstücke, sondern die Stadtverwaltung gleich mit“[21] gekauft. Über zwei Milliarden US$ waren an die Stadtoberen überwiesen worden. Der amerikanische Konzern protestierte so lange gegen die Enteignung, bis um den Restaurantstandort sämtliche Gebäude abgerissen waren. McDonald's zog 1996 in einen alternativen Standort um und bekam eine Abfindung von 12 Mio. US$.[22]

„Recht zu bekommen ist keine juristische Frage (…). Ausschlaggebend sind einzig und allein die Beziehungen.“[23] Eine Redewendung aus der Kaiserzeit legt nahe, dass dieses in China Tradition hat: „Das Tor des Gerichts- und Amtssitzes ist weit geöffnet, doch komme nicht herein, wenn du nur im Recht, aber ohne Geld bist“[24]. Korruption ist nicht allein in China verankert: In der Bibel heißt es, die Söhne des Propheten Samuel „nahmen Geschenke und beugten das Recht.“[25]

Die chinesische Regierung ist offiziell bestrebt, Korruption einzudämmen, da Bestechlichkeitsvorwürfe vor allem gegen Parteioffizielle immer öfter in Aufstände der Bevölkerung resultieren und die systemische und gesellschaftliche Stabilität gefährden. Doch ist fraglich, ob die Verurteilung Einzelner – Strategem Nr. 13[26] folgend: „Auf das Gras schlagen, um die Schlange aufzuschrecken" (打草惊蛇, dǎ cǎo jīng shé) – zur Lösung des Problems ausreicht.

Der Aufbau von Guānxì ist eine Vorbedingung für langfristige Geschäftsbeziehungen. Er ist zeitintensiv, schafft aber eine solide Basis. Die Vertragsanbahnung für das Volkswagen-Joint-Venture in Shànghǎi zog sich über sieben Jahre. Zwölf Jahre dauerte es zwischen Shell und der China National Offshore Oil Corporation.[27] Dieses erscheint lang, doch sowohl das chinesische Sprichwort des Zen-Buddhismus „Wenn du es eilig hast, gehe langsam" als auch die deutsche Redewendung „Was lange währt, wird gut" manifestieren, dass im Osten und Westen der Gedanke verwurzelt ist, für Geduld entschädigt zu werden.

Die Wahl des Handelspartners ist eine kritische Komponente des Chinaengagements, was dadurch verstärkt wird, dass die chinesische Regierung auf die Partnerwahl Einfluss nimmt. Ziel ist, in vertrauensvollem Umgang nach einer Win-win-Situation zu streben. Unternehmensberater empfehlen, besser länger nach einem adäquaten Partner zu suchen, als eine Kooperation mit vielen Kompromissen einzugehen. Der französische Telekommunikationshersteller Alcatel schloss sich nach siebenmonatigen Verhandlungen mit Shànghǎi Bell zusammen. Marktbeobachter zeigen auf, dass bereits die duale Namensfindung für das neue Joint Venture auf Probleme zwischen den Partnern hinweist: Der englische Name lautet „Alcatel Shanghai Bell" und der chinesische „Shanghai Bell Alcatel".[28]

Die Tatsache, dass Guānxì eine conditio sine qua non ist, bedeutet nicht, dass es wirtschaftlichen Kriterien genügt. Ausländische Führungskräfte haben oft kein Verständnis dafür, dass chinesische Mitarbeiter Guānxì höher bewerten als Effizienz. Letztere nehmen beispielsweise in Kauf, wenn die Bestellung von Rohstoffen bei Angehörigen des persönlichen Netzwerkes mehr Zeit in Anspruch nimmt, als wenn ein Unternehmen beauftragt wird, welches nicht zum persönlichen Beziehungskreis gehört. Dieses geht im Extremum bis zum Boykott. Beispiele liegen vor, bei denen versucht wurde, die Realisierung einer Vereinbarung von zwei ausländischen Geschäftsführern zu verhindern. Die chinesischen Mitarbeiter hatten sich schon vorher für einen Guānxì-Partner entschieden, der sie finanziell beteiligt hätte.

Der Verkauf – vor allem im Business-to-business – ist stark beziehungsorientiert. Wettbewerbsanreize, Rotation oder die Kundenbetreuung durch Angestellte verschiedener Abteilungen sind Instrumente, welche verhindern sollen, dass sich das Guānxì der Angestellten gegen die Interessen des Unternehmens wendet. Eine „familiäre" Beziehung zwischen Vorgesetzten und Angestellten kann helfen, Loyalität aufzubauen, welche sich über Guānxì hinwegsetzt.

3.3 Vertikale und horizontale Absatzkanalgestaltung

Entscheidungen in der Distributionspolitik betreffen die Komponenten Absatzkanalgestaltung und Logistik, wobei erstere in vertikale und horizontale Absatzkanalgestaltung unterteilt wird. Das Unternehmen trifft bei der vertikalen Absatzkanalstruktur eine Auswahl zwischen den Absatzstufen und bei der horizontalen Struktur zwischen den Absatzmittlern innerhalb der einzelnen Absatzstufen.

Privater Handel war ab 1949 in China praktisch verboten und spielte in der Distribution der produzierten Güter bis 1979 keine Rolle. Sämtliche Absatzkanalentscheidungen waren staatlich vorgeschrieben und basierten auf dem vorhandenen Verteilungssystem. Die Organisation des Staatshandels oblag dem Ministerium für Binnenmarkt (MfB), welches wiederum der staatlichen Kommission für Wirtschaft und Handel unterstand. Letztere entschied über Strukturfragen des Handels. Das MfB befasste sich lediglich mit der Rahmenpolitik. Über 70 Gesellschaften waren dem MfB für die Geschäftsabwicklung zugeordnet. Daneben gab es Gesellschaften für Groß- und Einzelhandel, welche den Ämtern für Handel und Finanzen der Provinzregierungen zugeteilt waren. Handelsgesellschaften der Fachministerien, die für Fachhandel (v.a. Industriegüter) zuständig waren, kommen hinzu. Die Fachministerien verfügten über eigene Import- und Exportgesellschaften und Outlets.[29]

> Maoist doctrine encouraged each province and city to be self-reliant, which created considerable industrial overcapacity, few logistical synergies and a vast bureaucracy. Foreign firms had little choice but to use state distribution networks, which were organized along rigid vertical command-and-control lines.[30]

Die chinesische Regierung setzte seit 1979 auf graduelle Liberalisierung und Privatisierung. Ausländische Investitionen in chinesische Handelsunternehmen wurden 1996 erstmals erlaubt.[31] Chinesische und ausländische Unternehmen haben die gleichen Distributionsprobleme. Sie üben gemeinsam Druck auf die lokalen Verteiler und Serviceanbieter aus und fordern ein höheres Maß an Integration in die Wertschöpfungskette. Das Problem der staatlichen Verteilungsorgane ist, dass sie Schwierigkeiten haben, ihre „Zuteilungsmentalität" abzulegen und abzuwarten, bis Kunden zu ihnen kommen. Diese Mentalität steht im Gegensatz zu steigenden Handelsvolumina und Wirtschaftsaktivitäten lokaler und ausländischer Unternehmen und blockiert die Distribution des Produktes vom Hersteller zum Endverbraucher.

Ausländische Unternehmen haben bei der **vertikalen Absatzkanalgestaltung** mehrere Vertriebssysteme zur Option: Direktvertrieb, Großhandel, Einzelhandel, Franchising, E-Commerce und Versandhandel gehören dazu.

Der **Direktvertrieb** wird vornehmlich für Industriegüter gewählt. Ausländische Unternehmen standen in China oft vor dem Problem eines lückenhaften Distributoren- und Agentennetzes, welches zudem regional eingeschränkt war. Es empfahl sich, die Outlets der Handelsgesellschaften der Fachministerien zu nutzen, um die Barrieren des innerchinesischen Regionalprotektionismus zu überwinden. Heute ist eine Kombination aus chinesischen Distributoren, einem unternehmenseigenen Außendienstmitarbeiternetzwerk und regional verteilten Repräsentanzbüros üblich.

Direktvertrieb im Sinne von Haustürverkäufen oder privat organisierten Produktvorstellungen wie bei Amway, Avon oder Tupperware sind in China seit 1998 verboten. Die offizielle Begründung war der Schutz der Konsumenten und die mangelnde Differenzierbarkeit zwischen Netzwerkmarketing und illegalen Pyramidensystemen. Das Verbot drückt vielmehr die Angst der chinesischen Regierung aus, dass sich antistaatliche Zellen bilden, welche nicht Produkte, sondern Ideologien verkaufen und in einer unvorhergesehenen Kettenreaktion der Partei gefährlich werden könnten. Derartige Eingriffe in Marktmechanismen zeigen, dass China weit davon entfernt ist, als Marktwirtschaft gelten zu dürfen.

Die neue Gesetzgebung verursachte für die betroffenen Unternehmen, welche wie in anderen Ländern ihr Von-Haus-zu-Haus-System bereits aufgebaut hatten, einen temporären Stillstand der Verkaufsaktivitäten und führte zu Umsatzeinbußen. Diese lagen bei dem amerikanischen Kosmetikunternehmen Amway bei 79%. Verhandlungen mit der Zentralregierung endeten in der Regulation, Verkäufe durch den Aufbau von eigenen Geschäften unter der Auflage zu genehmigen, dass das Personal eine von lokalen Behörden autorisierte Prüfung ablegt. Amway investierte 29 Mio. US$ in den Aufbau von 112 Verkaufslokalen und 90.000 hauptsächlich Teilzeitangestellten, welche für die Vermarktung, den Verkauf und die Auslieferung der Ware zuständig sind. Konkurrent Avon hat zusätzlich Geschäfte in großen Warenhäusern, Supermärkten oder Kosmetikboutiquen etabliert. Die Geschäfte vermitteln dem Konsumenten eine höhere Glaubwürdigkeit, potenzielle Käufer haben die Möglichkeit, das „neue" Produkt anzufassen, zu riechen oder zu testen.[32]

Die betroffenen Unternehmen sehen weiterhin eine Chance im Internethandel und hoffen auf die Aufhebung des Verbotes, welche laut WTO-Vertrag im Dezember 2004 vollzogen werden sollte. Die bereits etablierten Geschäfte werden dennoch nicht aufgegeben. Da Direktverkaufssysteme einen hohen Bedarf an

Arbeitskräften haben, wäre die Aufhebung des Verbotes für die chinesische Regierung ebenfalls positiv. Die folgende Abbildung 3.1 zeigt ein Tupperware-Geschäft in Běijīng.

Abb. 3.1: Auswirkung des Verbotes von Von-Haus-zu-Haus-Verkäufen: Tupperware

Die Distribution von Konsumgütern ist im Gegensatz zu Industriegütern schwieriger, da mehrstufige Absatzwege üblich sind. Der Hersteller liefert an einen Großhandel, dieser an den Einzelhandel und Letzterer an den Endverbraucher. Coca Cola vertreibt die Mehrzahl seiner Produkte durch **Großhändler**. Das Unternehmen aus Atlanta bietet ihnen technische Hilfe und finanzielle Anreize, um Probleme zu reduzieren und die Verkäufe zu erhöhen. „... the company that ensures the highest distributor benefit gets the strongest support.“[33]

China verringerte im Zuge der Umsetzung der WTO-Konzessionen mit Wirkung vom 01. Juni 2004 die Auflagen für Joint Ventures mit chinesischen Großhandelsunternehmen. Geographische und quantitative Restriktionen wurden aufgehoben, Bedingungen bezüglich Kapitaleinbringung und Genehmigungsverfahren vereinfacht. Die Gründung von 100%-igen Tochtergesellschaften ist ausländischen Investoren in dieser Branche seit 11. Dezember 2004 erlaubt. Handel mit chemischen Düngern soll ab 2006 erlaubt sein.[34]

Ausländische Unternehmen gründeten 1995 Joint Ventures im **Einzelhandel** und eröffneten 1996 erste Supermärkte. Dazu zählen Metro, Carrefour und Walmart. Derartige Geschäfte waren neu für den chinesischen Verbraucher. Diese führten im Vergleich zu lokalen Supermärkten die höchste Prozentzahl an importierten Waren, was sie als Verkaufsort für Produkte ausländischer Hersteller interessant machte. Der Anteil lokaler chinesischer Produkte überwiegt und liegt beispielsweise in den Cash&Carry-Läden von Makro bei 98%.[35] Die Zahl unabhängiger Einkaufsgeschäfte in China wird auf über neun Millionen geschätzt.[36] Der Einzelhandel hat für Nicht-Einzelhandelsunternehmen eine strategische Bedeutung: „You must control the end-outlets in order to increase your sales. Controlling end-outlets is costly, but not controlling them is even more costly. If you lose a prospective buyer, he is not likely to come back.“[37]

Einschränkungen bezüglich der Anzahl zugelassener Unternehmen, der Größe (Fläche) sowie des Niederlassungsstandortes wurden für Einzelhändler am 11. Dezember 2004 aufgehoben. Ein ausländisches Unternehmen darf in einem Joint Venture allerdings keinen Mehrheitsanteil tragen, wenn die Gründung einer Filialkette mit mehr als 30 Läden beabsichtigt wird. Diese Regelung ist zeitlich unbegrenzt.[38]

Der Ort einer Niederlassung kann zu kontroversen Auseinandersetzungen führen. Das Starbucks-Café in der Verbotenen Stadt, welches im September 2003 eröffnet wurde, ist ein bekanntes Beispiel. Bei der aufgekommenen Diskussion ging es weniger um das Café selbst als um nationale Ressentiments, welche Starbucks als amerikanischen „Eindringling“ in eines der stolzesten chinesischen Monumente sahen. Starbucks blieb (s. Abb. 3.2). Auch Kodak hatte Erfolg und richtete eine Servicestelle in dem hauptstädtischen Museum Prinz-Gōng-Residenz ein (恭王府). KFC hingegen wurde 2002 aufgefordert, seine Niederlassung in der kaiserlichen Parkanlage Běihǎi (北海) in Běijīng zu räumen.[39]

Abb. 3.2: Standortwahl mit Aufschrei: Starbucks in der Verbotenen Stadt

In der Architektur der Verkaufsniederlassungen ist festzustellen, dass die Konzepte zum Teil standardisiert übertragen werden, wie sich bei Fiat, Volkswagen und Viessmann zeigte.

Für Hersteller, beispielsweise von Elektroartikeln oder Fototechnik, ist es auf der Ebene des Einzelhandels wichtig, Kunden produktbezogene Dienstleistungen wie Reparatur, Instandsetzung oder Pflege anzubieten: „The service business in China means mainly repair service and customer support (…). Maintenance is an unknown expression. A machine works until it breaks down and then needs to be repaired."[40]

Unternehmen können Kunden nicht an sich binden, wenn der Fokus nur auf den Verkauf gerichtet wird. BMW-Käufer müssen in der chinesischen Hauptstadt derzeit zwei Monate warten, um einen Werkstatttermin zu bekommen.[41] „Le service après-vente fait partie des contraintes pratiques qui ne favorisent pas l'achat des produits européens par les Chinois."[42]

Zuwächse sind beim **Franchising** zu verzeichnen. Ein Absatzmittler (Franchise-Nehmer) erhält dabei gegen Gebühr Zugang zu spezifischem Dienstleistungs- und Technologie-Know-how und wird beim Betriebsaufbau und der Betriebsabwicklung durch den Hersteller (Franchise-Geber) unterstützt. Fast-Food-Konzerne wie KFC oder Subway, das Eisunternehmen Dairy Queen oder die Supermarktkette 7-11 betreiben Franchise-Systeme, von denen es im Jahr 2004 1900 in China gibt.[43]

Chinesen bevorzugen analog zu dem Sprichwort „Lieber den Kopf eines Hahnes als den Schweif eines Phoenix"[44], ihr eigener Chef zu sein. Die bereits zitierte Studie von Hill&Knowlton unter 1200 Studenten in Běijīng und Shànghăi (April 2004) unterstreicht diese Präferenz auch in der jüngeren Generation. 64% der Befragten stimmten der Aussage zu: „... sooner or later it would be better to work for myself than be employed by a company."[45] Das folgende Bild einer „Fotoservicestelle" auf der Großen Mauer ist ein Beispiel für den „Sprung ins Meer" (出海, chūhăi), wie die Chinesen sprichwörtlich selbstständiges unternehmerisches Engagement bezeichnen (s. Abb. 3.3).

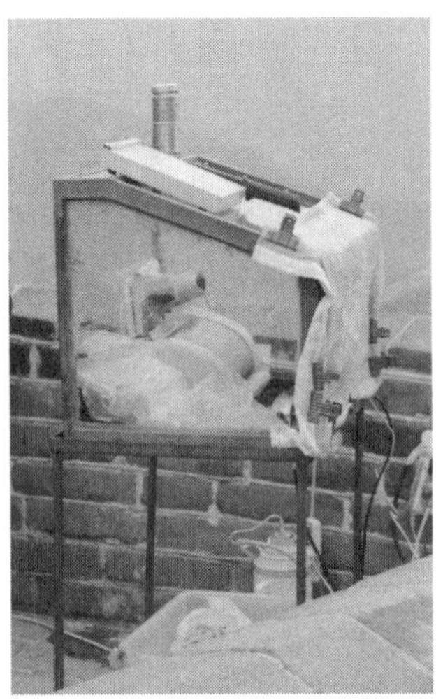

Abb. 3.3: Selbstständigkeit – 出海: „Fotoservicestelle" auf der Großen Mauer

E-Commerce (Internethandel) befindet sich in China noch auf einem geringen Niveau. Vor allem kleinere Unternehmen weigern sich, in elektronische Ausrüstung zu investieren, wenn sich dadurch keine kurzfristigen Gewinne erzielen lassen. Lediglich größere und einige ausländische Unternehmen verfügen über virtuelle Marktplätze. Die häufigste Nutzung des elektronischen Handels liegt im Bereich von Informationsaustausch. Vertragsabschlüsse und Rechnungsbegleichungen sind noch nicht möglich. Guānxì ist eine psychologische Barriere für den Handel via Internet, denn dieses verringert die persönlichen Kontakte und schränkt die Möglichkeit für spezielle Abmachungen ein – Guānxì bedeutet bessere Geschäfte. Dieses gilt auch für den **Versandhandel**.

Dennoch wächst die Bedeutung, und zur Zeit der SARS-Krise erlebten Internetkäufe eine starke Nachfrage. Der Umsatz ist bislang niedrig: 64,6% der Internetnutzer gaben nach Angaben des China Internet Network Information Center im zweiten Halbjahr 2003 monatlich weniger als 100 ¥ aus. Die Zahl der Internetuser wird im Juli 2004 mit 87 Millionen angegeben. Die chinesische Regierung will den Internethandel mittelfristig durch Sicherheitszertifikate und die Vereinfachung von Geldtransaktionen fördern.[46] 25% ausländischer Beteiligung an Telekommunikations-Joint-Ventures sind seit dem 11. Dezember 2004 zugelassen.[47] Ausländische Banken erhielten zudem die Erlaubnis, Handel in Rénmínbì zu betreiben.[48] Dieses gibt dem Internet- und Versandhandel weitere Impulse.

Auf der niedrigsten Stufe des Absatzkanals, dem Ort der Kaufentscheidung, gilt es im Rahmen der **horizontalen Absatzkanalgestaltung**, die Einkaufsstättenpräferenz der Konsumenten zu eruieren, damit Angebot und Nachfrage aufeinander treffen. Städtische Verbraucher haben in China die größte Auswahl an unterschiedlichen Einkaufsstätten. 30,6% der städtischen Konsumenten bevorzugen große Kaufhäuser und 16,6% die Filialen großer Ketten. 13,6% der Käufer gehen bevorzugt in mittelgroße und kleine Kaufhäuser, 12,8% zum Grossisten und 6,6% in Einkaufsmalls.[49]

Nachforschungen von CTR Market Research und dem Magazin „China International Business“ ergaben, dass Chinesen Einzelhändler nach den Kriterien a) große Produktauswahl, b) attraktive Preise und c) hoher Bekanntheitsgrad auswählen. Ein Angebot an Hochqualitätsprodukten und eine Auswahl an lokalen sowie ausländischen Marken soll erhältlich sein.[50] Aus der PR-Abteilung von Carrefour China heißt es: „As an international company operating in local markets, we try our best to readjust ourselves to suit the local environment wherever we go, instead of forcing the customer to accept what we are.“[51]

Makro, welches sein Management in vier geographische Gebiete aufgeteilt hat, sieht es ähnlich: „We had to understand that allowance for regional differences in demand and supplier structures has to be made in order to be successful in business.“[52] Für ausländische Unternehmen reicht es nicht aus, ihre Produkte nur in ausländischen oder chinesischen Supermärkten zu vertreiben, denn 60 bis 70% der Konsumentenausgaben werden in Tante-Emma-Läden getätigt.[53]

Der Verkaufsort muss das Produkt unterstreichen. Veuve-Cliquot-Champagner werden in China nur in Edelrestaurants, Bars oder Hotels angeboten. Produkte der Kosmetikmarke Estee Lauder, eingestuft als „klassisch" und „luxuriös", werden ausschließlich in gehobenen Kaufhäusern verkauft.

3.4 Logistik als „kontinentale" Herausforderung

Die Distribution des Produktes vom Produzenten zum Endverbraucher wird durch Logistik bestimmt, in deren Rahmen es um die Erreichung eines bestimmten Lieferserviceniveaus geht, determiniert durch die Parameter Lieferzeit, Lieferqualität, Lieferbereitschaft sowie Lieferflexibilität.

Die Dimension Chinas als viertgrößtem Flächenstaat der Erde (knapp kleiner als die USA) macht die Logistik zur „kontinentalen" Herausforderung, die es bei vielfach inadäquaten infrastrukturellen Rahmenbedingungen zu bewältigen gilt (s. Abb. 3.4). Das Ziel der chinesischen Regierung ist es seit Beginn der Reformpolitik, das **Straßennetz** auszubauen und die Qualität der Straßenbeläge zu verbessern. Das Straßennetz bestand 2003 aus 1,81 Mio. Kilometern, von denen im Jahr 2000 noch 1,08 Mio. Kilometer ungepflastert waren. Geschwindigkeiten über 120 km/h sind lediglich auf 30.000 km erlaubt. Die **Eisenbahn** ist mit einem Netz von 73.100 km das Hauptbeförderungsmittel. Über 50% des Güter- und 40% des Passagieraufkommens wurden 1997 in China per Bahn befördert. Die **Schifffahrt** spielt für den Binnenverkehr eine geringe Rolle. Die Häfen in Hongkong, Shēnzhèn (深圳) und Shànghăi sind im internationalen Handel von Bedeutung. Waren werden zunehmend mit dem **Flugzeug** transportiert. 2,19 Mio. t wurden 2003 befördert – 40 Mal mehr als 1978.

Kriterium	**China**	**USA**
Staatsfläche (in Mio. km²)	9,571	9,631
Straßennetz (in Mio. km)	1,81 ('03)	6,4 ('02)
- davon unbefestigte Straßen (in Mio. km)	1,08 ('00)	2,2 ('02)
- davon Schnellstraßen (in km)	30.000 ('00)	74.898 ('03)
Eisenbahnnetz (in km)	73.100 ('03)	218.464 ('04)
Flughäfen (Anzahl)	507 ('03)	14.807 ('03)

Abb. 3.4: Logistischer Infrastrukturvergleich China-USA[54]

Die zwei Fallbeispiele McDonald's und Coca Cola sollen darstellen, wie Unternehmen unter diesen Bedingungen logistische Problemlösungen implementieren.

McDonald's buchte am Anfang seiner Chinaaktivitäten für den Transport von Produkten über weite Distanzen Cargoraum auf staatlichen Eisenbahnen. Die Buchung musste aufgrund mangelnder Kapazitäten weit im Voraus geschehen. Dieses sicherte nicht, dass die Ware tatsächlich transportiert wurde. Das amerikanische Unternehmen richtete eine Flotte von Lastkraftwagen ein, nachdem es mehrmals von der staatlichen Eisenbahn versetzt wurde. Das hat den zusätzlichen Vorteil, dass verderbliche Lebensmittel während des Transportes gekühlt werden können. Rohstoffe wie Kartoffeln werden von lokalen Bauern mit Traktoren oder Eselskarren zu einem vereinbarten Treffpunkt transportiert, dort in die Trucks geladen und zur Weiterverarbeitung in die lokalen Fabriken gebracht. Lebensmittel mit geringer Lebensdauer wie Salat werden mit dem Flugzeug transportiert. Bis heute hat es nach Angaben des Unternehmens keinen Versorgungsengpass gegeben. Lokale Führungskräfte betonen, dass nicht Distribution das Problem ist, sondern die Kosten.

Coca Cola hat für die Bewältigung der logistischen Aufgabe eine Vielzahl lokaler Netze aufgebaut. Der amerikanische Softdrinkkonzern unterhält in jeder chinesischen Stadt mit über einer Million Einwohnern ein Verkaufszentrum mit integriertem Lagerhaus. Diese verfügen über eine Flotte von Lastkraftwagen. Die Anzahl variiert, wobei in größeren Städten bis zu 20 Trucks zum Einsatz kommen. Außendienstmitarbeiter operieren von diesen Zentren aus und besuchen die lokalen Einzelhändler regelmäßig, um neue Aufträge entgegenzunehmen und Guānxì aufzubauen. Das Unternehmen baute 1999 in der Provinz Hēilóngjiāng (黑龙江) schließlich ein Netz von Straßenverkäufern auf, welches 2001 von der Provinzregierung verboten wurde.[55] Coca Cola gab im März 2004 bekannt, in Westchina zwei neue Abfüllfabriken zu bauen, um den ländlichen Markt besser abzudecken.[56] Der Konzern erreichte zusammen mit dem Vertrieb über staatliche Großhandelsunternehmen 2001 über 215.000 Einzelhändler.

Die Probleme „Kühlkette" und „räumliche Abdeckung des Marktes" treten hervor. Eine unterbrochene Kühlkette mindert im Lebensmittelbereich die Warenqualität bzw. führt zum Verderben des Produktes. Die betroffenen Unternehmen müssen in China nicht nur die Kühlung während des Transports sicherstellen, sondern auch am Verkaufsort. Supermärkte oder Nachbarschaftsläden waren oft nicht mit Kühlaggregaten ausgestattet, als ausländische Unternehmen mit Eis oder Kaltgetränken auf den Markt kamen. Auf dem Land hat sich da vielerorts noch nichts geändert. Ausländische Unternehmen haben dieses Problem gelöst. Dole hat einen Kühlschrank in markenspezifischer Verpackungsform entworfen, Coca Cola und Wall's Kühltruhen.

Die Sicherstellung der Produktqualität kann nicht immer bis zum Kauf gewährleistet werden, vor allem wenn aufgrund der Energieknappheit auch Supermärkte vom Stromkreis abgeschaltet werden und Produkte nicht die notwendige Kühlung erfahren. Geschmolzene oder erwärmte Produkte wurden in untersuchten Fällen nicht ausgetauscht. Kühltruhen sind oft zu hoch temperiert, um Kosten zu sparen. In den folgenden Jahren wird eine Zunahme der Engpässe in der Stromversorgung erwartet.

Die räumliche Abdeckung des Marktes betrifft nicht nur die angesprochenen landesweiten Distanzen und topographischen Straßenverhältnisse, sondern kann auch ein innenstädtisches Problem sein. Alte Stadtgebiete, beispielsweise in Běijīng (胡同, hútòng) oder die Gassenhausviertel in Shànghǎi (里弄, lǐlòng; 弄堂, lòngtáng), bieten zum Teil keinen Platz für Lastkraftwagen. Waren werden auf Fahrräder oder motorisierte Dreiräder umgeladen, um die kleinen Geschäfte zu erreichen. Die Verpackungen müssen entsprechend robust sein. Die folgende Abbildung 3.5 zeigt ein Wall's-Fahrrad mit Kühlaggregat.

Abb. 3.5: Alternative Transportmittel: z.B. Wall's-Fahrrad

Da in China Waren oft erst nachbestellt werden, wenn das letzte Produkt verkauft wurde, ein konstanter Bestand beim Aufbau von Kundenloyalität aber entscheidend ist, müssen ausländische Konsumgüterunternehmen chinesische Supermärkte in logistischen Fragen unterstützen.

Die exemplarisch beschriebenen Maßnahmen erklären, warum Transportkosten hier höher sind als in westlichen Industrienationen. Der Anteil der logistischen Ausgaben an den Gesamtkosten der Produkte lag 2000 in China zwischen 25 und 30% und in den USA zwischen 5 und 7%. Die logistischen Kosten entsprachen 2004 in China ca. 19% des BIP. Dieser Anteil lag in den USA bei ca. 7%.[57]

Die Hoffnung liegt auf der Liberalisierung des Marktes durch die Umsetzung der WTO-Konzessionen, was allerdings mit Verunsicherung einhergeht.

> China made no overarching commitment to open its logistics sector. Distribution, transportation, freight forwarding, and shipping are all addressed separately within China's WTO commitments, causing confusion and frustration among foreign investors because of overlapping business license and registration procedures. This fragmentation reflects the greatest challenge facing foreign investors in logistics: China's lack of infrastructure, both physical and regulatory.[58]

61% der 2004 in einer Recherche von A.T. Kearney befragten Logistikunternehmen in China gaben an, über keine IT-Systeme zu verfügen. 75% verwendeten keine Barcodierung und mehr als 97% keine Logistiksoftware.[59] Derzeit gibt es 510.000 Anbieter. Ausländische Investoren sind an 680 dieser Unternehmen beteiligt. Dieses entspricht 0,13% der Gesamtunternehmen, hingegen 8% des Marktanteils.[60]

Ausländische Unternehmen dürfen seit 11. Dezember 2003 in Form eines 100%-igen Tochterunternehmens Warenlagermanagement (Warehousing) anbieten. Gütertransport per Lastkraftwagen (Trucking) ist in gleicher Rechtsform ab 11. Dezember 2004 möglich. Speditionsdienste sollen Dezember 2005 als 100%-iges Tochterunternehmen zugelassen werden; ein Mehrheitsanteil in Joint Ventures ist seit 2003 erlaubt. Gütertransport auf dem wichtigsten Verkehrsmittel Eisenbahn dürfen ausländische Unternehmen ab 2007 als WFOE durchführen.[61]

Die Effizienz der logistischen Systeme wird schrittweise erhöht. Dieses bewirkt zum einen eine Kostensenkung und eine zunehmende Ausgliederung von logistischen Aufgaben (Outsourcing). Zum anderen besteht die Hoffnung, dass die grassierende Rechtsunsicherheit im Logistikbereich sinken wird. Praxisbeispiele belegen, dass der Spediteur nur marginal zur Haftung herangezogen werden konnte und Sorgfalt beim Gütertransport eine auf Vertrauen basierende Zusicherung war. Doch eine Veränderung des Status Quo ist fraglich: „The new regulatory environment will remain complex, with new regulations lacking clarity and creating uncertainty.“[62]

4. 贵不贵? Guì bù Guì? Teuer oder günstig?

4.1 Kaufkraftniveau

Das Kaufkraftniveau ist ein grundlegendes Kriterium bei der Preisfestsetzung, denn es informiert darüber, welche durchschnittliche Geldsumme einem Wirtschaftssubjekt zu einer bestimmten Zeit zur Verfügung steht. Vor allem der wachsende Mittelstand gilt für viele ausländische Unternehmen als Zielgruppe. Die Chinesische Akademie der Sozialwissenschaften bezeichnet Haushalte mit einem jährlichen Einkommen zwischen 150.000 und 300.000 ¥ als Mittelstand. 19% der Bevölkerung fielen 2003 in diese Kategorie; circa 250 Millionen Menschen.[1] Ein Report der französischen Bank BNP Paribas Peregrine (2004) setzt andere Grenzen. Danach gelten Chinesen mit einem jährlichen Einkommen und Vermögen zwischen 25.000 und 30.000 ¥ und Haushalte mit einem durchschnittlichen Jahreseinkommen von 75.000 ¥ als Mittelstand. Obwohl diese Einkommensgrenzen tiefer ansetzen als die der Chinesischen Akademie, kommt das Finanzinstitut zu dem Ergebnis, dass 2002 nur 50 Millionen Haushalte zum Mittelstand zählten. Das entspräche 13,5% der Bevölkerung (175 Millionen Personen). BNP Paribas geht davon aus, dass sich der Mittelstand bis 2010 auf 100 Millionen Haushalte und das durchschnittliche Haushaltseinkommen auf 150.000 ¥ verdoppeln werden.[2] Es zeigt sich ein weiteres Mal, dass Zahlen und Prognosen divergieren.

Produkte, die im Westen zur Standardausrüstung eines Haushaltes gehören, gelten in China als Luxusartikel und sind wohlhabenden Personengruppen vorbehalten. Dieses wurde anhand der Ausstattung chinesischer Haushalte mit Kühlschränken deutlich. Selbst Kaffee gilt als Luxusgut: Die Nescafé-Dose à 500g wird in chinesischen Supermärkten z.T. angekettet.

Die Zusammenstellung der durchschnittlichen Konsumausgaben pro Kopf zeigt, dass für den Kauf von Luxusgütern – im westlichen Sinn – nur wenig Einkommen zur Verfügung steht. Die Posten „Lebensmittel“ (42,6%), „Kleidung“ (10,4%) und „Wohnen“ (10,3%) nehmen 63,3% der durchschnittlichen jährlichen Ausgaben von 5288 ¥ (2002) ein.[3] Unterschiede ergeben sich im Stadt-Land-Vergleich. Eine Umfrage der China Association of Consumers unter ländlichen Bauern ergab 2004, dass diese in den nächsten drei Jahren 44,3% ihrer Ausgaben für die „Erziehung des Kindes“, 19% für den Erwerb „landwirtschaftlicher Güter“ und 16% für den „Hausbau“ einplanen.[4]

Kaufkraftparitäten („purchase power parity“, PPP) werden herangezogen, um die Kaufkraft im internationalen Rahmen zu vergleichen. China ist nach Angaben der Weltbank danach die zweitgrößte Volkswirtschaft der Welt. Wird indes die Bevölkerungszahl in die Betrachtung integriert, liegt China auf dem Niveau

Perus und El Salvadors.[5] Wie bereits aufgezeigt, sieht ein Pro-Kopf-Vergleich nationaler Leistungserbringung durch Wechselkursverhältnisse China als Entwicklungsland.

Die Problematik, in China zuverlässige Daten zu erheben, führt dazu, dass die Berechnung der Kaufkraftparität zum Teil auf Annäherungen und Schätzungen basiert. Marktpreise gab es in der planwirtschaftlichen Volksrepublik bis zur Öffnungspolitik nicht, sondern lediglich vom Staat festgelegte Preise. Der Vergleich von Markt- und Staatspreisen vermittelt ein falsches Bild. Das System staatlicher Preisbestimmung wurde schrittweise reformiert.

Güter und Dienstleistungen werden bei der Erhebung der Kaufkraftparität mit einer Vergleichswährung, meist US$, gewichtet. Der Quotient aus dem RMB-Preis und dem zugeordneten Preis in US$ ergibt den Umtauschkurs für die Kaufkraftparität.

Die Vergleichbarkeit der Qualität erweist sich als problematisch. Ein Haarschnitt ist in Běijīng für einen US-Dollar zu bekommen; in New York ist es schwierig, weniger als 15 US$ auszugeben. Dennoch kann nicht daraus geschlossen werden, dass Chinas Kaufkraft für Haarschnitte fünfzehn Mal so hoch ist wie die der USA. Die Kaufkraftparität wird vor allem bei teureren und hochverarbeiteten Gütern infrage gestellt. Es kann nicht fünf Mal mehr gekauft werden, ist die Kaufkraftparität angenommen fünf Mal höher als der durch Wechselkursverhältnisse ermittelte Wert. Es ist nicht möglich, fünf Turbinen mit dem Geld zu kaufen, welches, in die Vergleichswährung umgetauscht, nur den Wert hätte, eine Maschine zu kaufen. Je stärker verarbeitet und hochpreisiger ein Produkt ist, desto eher gilt die Umtauschrate nach Wechselkursen und nicht die der Kaufkraftparität. Ungleichheiten bezüglich der Einkommensverteilung sowie die Tatsache, dass Lebensqualität auf subjektiver Beurteilung und individuellen Präferenzen basiert, werden bei der Berechnung der Kaufkraftparität ebenfalls nicht berücksichtigt.

Der Big-Mac-Preisindex der Wirtschaftszeitschrift The Economist ist ein einfaches Modell, bei dem die internationalen Preisunterschiede eines Big Mac ermittelt werden. Wechselkurse zwischen verschiedenen Ländern sind theoretisch im Gleichgewicht, wenn ihre Kaufkraft identisch ist: „The Big Mac PPP is the exchange rate that would leave hamburgers costing the same in each country. Comparing a currency's actual exchange rate with its PPP is one test of weather the currency is undervalued or overvalued."[6]

Ein Big Mac ist in China für 10,44 ¥ und in den USA für 3,00 US$ erhältlich (16.12.2004).[7] Daraus folgt, dass der Big Mac bei einem Wechselkurs von 3,48 ¥/$ in den USA genauso viel kostet wie in China (10,44 ¥ geteilt 3,00 US$ = 3,48 ¥/$). Dieser wird als implizite Kaufkraftparität bezeichnet. Der aktuelle Marktkurs liegt jedoch bei 8,28 ¥/$, und zu diesem Kurs umgerechnet kostet der

Big Mac in China 1,26 US$. Der RMB ist gemessen an der Big-Mac-Kaufkraftparität 58% unterbewertet.[8]

dela Cruz (2003) von Goldman Sachs sieht die Unterbewertung bei 10 bis 15% und Preeg (2003) von der Manufacturers Alliance gibt sie mit 40% an. Die Weltbank (2004) und der Internationale Währungsfonds (2004) kommen auf gut 78%.[9]

> China's PPP is really unknown. We have no statistics on what the purchasing power parity measure of China's GDP should be. What we do have is a rough estimate made under the auspices of the World Bank in the late 1980s, which an internal study I did for the World Bank showed to my satisfaction was already quite an overstatement. It has been brought forward at the wrong growth rates, using official growth rates instead of growth rates adjusted for their PPP status. And so we're looking at a Chinese economy that in PPP terms is much smaller, in my mind, than the numbers that are usually used. We don't know. That's the important thing to say.[10]

Der Marktkurs muss theoretisch langfristig sinken, bis er die PPP-Umtauschrate erreicht und damit die Wechselkurse im Gleichgewicht sind. Der seit 1995 in einer Wechselkursspanne von 8,26 bis 8,28 ¥/$ an den US$ gekoppelte RMB wurde am 21. Juli 2005 um 2,1% aufgewertet. Die Meinungen über eine Aufwertung gehen auseinander: dela Cruz (2003), Goldstein/Lardy (2003, Institute of International Economics) und Preeg (2003) befürworten sie, während Roach (2003) und Xie (2004), beide von Morgan Stanley, Mundell (2004, Columbia University) und McKinnon (2004, Stanford University) davon abraten.[11]

4.2 Preissensibilität und Wertschätzung

Ausländische Produkte zeichnen sich in China oft durch hohe Preise aus. Es stellt sich die Frage, ob chinesische Konsumenten angesichts ihrer Kaufkraft fähig und bereit sind, diese Preise zu bezahlen: „International marketers need to be responsive and patient in a country where the mid- and long-term potential is great but where current per-capita income levels are still quite low."[12]

Allgemein gilt, dass der Preis dem vom Käufer empfundenen Nutzwert des Angebots angemessen sein sollte, da sich dieser sonst für die Produkte der Konkurrenz entscheidet.

Markenloyalität ist in China schwächer ausgeprägt als in Industrienationen. Die Präferenz für ausländische Produkte gilt allgemein und nicht markenspezifisch. Eine ACNielsen-Studie über PKW-Besitz und Markenzugehörigkeit unter 2500 Konsumenten in Běijīng, Shànghăi und Guăngzhōu (广州) unterstreicht die geringe Loyalität: „If some brands have managed to dominate the market, they have not yet succeeded in establishing a strong brand image. Brand loyalty is still a long way off."[13] Die Studie weist auf, dass Autobesitz dort am höchsten ist, wo der durchschnittliche Kaufpreis am niedrigsten ist. 11% aller Haushalte in Běijīng besitzen einen PKW (ø-Preis: 138.725 RMB), in Shànghăi 7% (ø-Preis: 221.180 RMB) und 5% in Guăngzhōu (ø-Preis: 193.530 RMB). Die Kaufentscheidung wird bei 36% der Respondenten durch „Value for money" bestimmt. 17% kaufen nach Marke. Der genannte Auf- und Ausbau von Servicestellen gewinnt an Bedeutung. So lange heißt es: „Price is key for Chinese car buyers."[14]

Ausländische Unternehmen verwenden verschiedene Methoden, um Kunden an ihr Unternehmen bzw. ihre Marken zu binden. KFC verteilt Coupons, welche sich unter anderem in Tüten von Lay's Chips, in Packungen für Colgate-Zahnbürsten oder in Schulbüchern befinden. Letzteres hat zu starken Kontroversen geführt. Starbucks hat eine Karte zum Stempelsammeln herausgegeben und 2004 ein Handy-Gewinnspiel durchgeführt. Ende 2003 gab es einen Jahreskalender 2004, der monatlich einen Gutschein enthielt: „With any purchase of RMB 10 or more, receive a …" In dem Kalender sind zusätzlich die Adressen der Niederlassungen angegeben. Das französische Unternehmen Andros packte seinem Fruchtkompott Puzzleteile und Buntstifte bei. Die Abbildung weiterer Produkte des Sortiments auf der Verpackung ist bereits erwähnt worden. Werbegeschenke werden in 5. behandelt.

Starbucks und McDonald's bieten für eine stärkere Kundenbindung unter anderem im Umkreis einer Niederlassung Lieferung frei Haus. Die folgende Abbildung 4.1 zeigt ein dafür entworfenes McDonald's-Fahrrad.

Abb. 4.1: Kundenbindung durch Serviceleistung: McDonald's-Fahrrad

In 2.1 wurde verdeutlicht, welche Wertschätzung und Erwartungshaltung chinesische Konsumenten gegenüber ausländischen Produkten haben. Diese münden – zusammen mit der geringeren Kaufkraft – bei hochpreisigen Gütern wie Küchen- oder Fernsehgeräten in der Bereitschaft, mehrere Jahre zu sparen, um den Kauf realisieren zu können.

„Chinese households still save about 45% of their income“[15], schreibt The Economist am 25. Januar 2005. „Die Sparquote liegt in China bei 24% des verfügbaren Einkommens der städtischen Bevölkerung (Quote auf dem Land von 10% in 2002 auf 2% in 2003 rückläufig)“[16], meldet dagegen die deutsche Botschaft in ihrer Ausgabe „Wirtschaftsdaten kompakt" am 15. Dezember 2004. McKinsey gab im September 2004 einen Anteil von 30% an.[17] Angaben von Access Asia sehen den Ausgabenanteil am verfügbaren Einkommen eines städtischen Haushalts 2003 bei 85,9%. Daraus ergibt sich eine Haushaltssparquote von 14,1%.[18] Eine hohe Divergenz zwischen verschiedenen Quellen manifestiert sich erneut.

Die Sparquote US-amerikanischer Haushalte ist wesentlich niedriger. Das Bureau of Economic Analysis des US-Handelsministeriums bezifferte diese für 2003 mit 1,4%.[19]

Die Bank of China führt vierteljährlich in fünfzig Städten unterschiedlicher Größe eine Umfrage bezüglich der Erwartung des zukünftigen Einkommens durch. 23,2% der Antworten gehen von einem Einkommensanstieg aus, 5,8% von einem Abfall.[20] Die Folge müsste sein, dass weniger gespart und mehr konsumiert wird. Eine Studie der Weltbank konnte dieses nicht belegen: „For urban households in China, however, expected future income growth has positive, but statistically insignificant, effect on saving.“[21] Für ländliche Gebiete lautet das Ergebnis, dass ein Sinken des angenommenen zukünftigen Einkommens um 1% zu einem Anstieg der Sparquote von mehr als 1% führt. Die entsprechenden Haushalte reduzierten Konsum und erhöhten die Spareinlagen.[22] Schätzungen von McKinsey beziffern die Ersparnisse auf über eine Billion Dollar.[23]

Die gesamtwirtschaftliche Sparquote lag vor der Öffnungspolitik um 30%. Sie stieg zwischen 1981 und 2003 auf ein Niveau von 47,6% des Bruttosozialprodukts (BSP). Zum Vergleich: Die US-Sparquote gab das US-Congressional Budget Office am 06. August 2004 mit 13,5% des BSP an.[24]

Die nationale chinesische Sparquote stieg, obschon der Kontozins kontinuierlich sank. Der Zinssatz reduzierte sich zwischen 1996 und 2004 von 7,47% auf 1,98%. Der Satz beträgt nach der ersten Erhöhung seit 1993, am 28. Oktober 2004, 2,25%.[25] Grafik 4.2 zeigt den Verlauf der Sparquote zwischen 1973 und 2003.

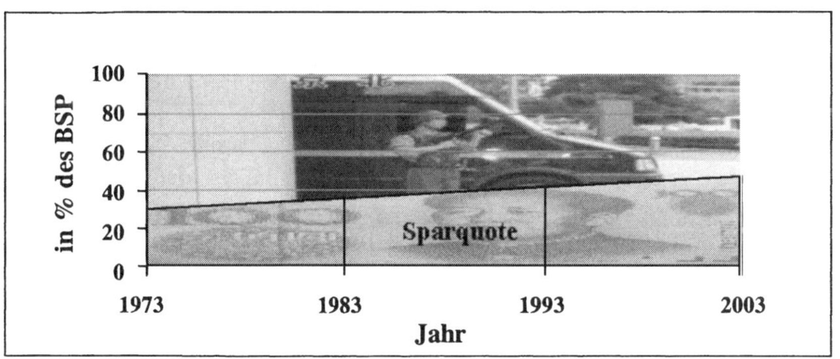

Abb. 4.2: Entwicklung der nationalen Sparquote in China 1973–2003[26]

„In the reform period, the saving rate increased (...), but increases in the investment rate and the rate of capital formation are even larger, indicating that savings were used more efficiently in investment."[27]

Das folgende Beispiel verdeutlicht dies: Die Sino-German-Bausparkasse, ein Joint Venture zwischen der deutschen Bausparkasse Schwäbisch Hall und der China Construction Bank, nahm im Februar 2004 ihre Geschäftstätigkeit auf. Sie ist der erste internationale Finanzdienstleister dieser Art, welcher chinesischen Kunden – vorerst auf die regierungsunmittelbare Stadt Tiānjīn beschränkt – Bausparverträge in RMB anbietet.[28]

Die Gründe für die hohe Sparquote sind vielfältig und nicht einzig auf das Ziel zurückzuführen, zukünftigen Konsum zu finanzieren. Die sich erst im Aufbau befindenden Sozial- und Rentenversicherungssysteme gelten als Haupteinflussfaktor. 60% der städtischen Bevölkerung verfügen über keine Sozialversicherung. Ein Anteil von 90% ist auf dem Land betroffen.[29]

Die Folge: „... even a minor illness can easily push a family into appalling debt."[30] Ein einfacher Arbeiter der Spielzeugindustrie im Perlflussdelta verdient beispielsweise den gesetzlich vorgeschriebenen Mindestlohn von umgerechnet 48 €. Ein Tag in einem Volkskrankenhaus kostet 4,50 € zuzüglich Untersuchungen und Medikamente. „Millions (...) are dying because they cannot afford health care."[31] China rangierte in einer Untersuchung der Weltgesundheitsorganisation, welche 2000 die öffentlichen Sozialsysteme von 191 Mitgliedsländern untersuchte, auf Platz 144. Lediglich 38% der Bevölkerung hatten im Jahr 2000 Zugang zu verbesserten sanitären Einrichtungen. 25% der Bevölkerung – 325 Millionen Menschen – mangelt es am Zugang zu einer verbesserten Wasserquelle.[32]

75% der Bevölkerung haben derzeit keine Rentenversicherung.[33] Kinder gelten als Zukunftsvorsorge. Zukünftig wird es im Krankheitsfall schwierig sein, auf Familienreserven zurückgreifen. Die Einführung der Ein-Kind-Politik 1978 führte zum „4-2-1-Problem": Ein Einzelkind muss für zwei Eltern und vier Großeltern aufkommen. Söhne sind für die Altersversorgung vorteilhafter, da ein Mädchen ab dem Zeitpunkt der Hochzeit zur Familie des Mannes zählt.[34]

Die Bevölkerungspyramide dreht sich um: Der Anteil der Über-60-Jährigen wird von heute 11% auf angenommene 32% im Jahr 2040 steigen. Europäische Länder werden dieses Niveau 2030 erreichen, doch lagen die anfänglichen 11% circa 1930: „Today's great powers became affluent societies before they became aging societies. China may be the first major country to grow old before it grows rich."[35]

Chinesen werden sich angesichts dieser Aussichten nicht davon abbringen lassen, sich weiterhin durch Spareinlagen gegen mögliche zukünftige Risiken wie Krankheit oder Arbeitslosigkeit privat abzusichern. Auf die Konsumquote wirkt sich das negativ aus.

Die Zeitpräferenzrate ist ebenfalls einflussreich auf die Sparquote. In westlichen Gesellschaften ist es üblich, zukünftiges Geld zu nutzen, um heutige Konsumwünsche zu finanzieren. Chinesen zeigten bisher prinzipiell eine konfuzianische Bereitschaft zum Sparen und zur Bescheidenheit. Die junge Generation hat sich indes von dieser Tugend getrennt. So ist eine zum Teil imagebegründete Kreditbereitschaft entstanden, welche der Staat mit dem Aufbau von Kreditstrukturen und Finanzierungsförderungsangeboten seit 1998 forciert. Die Kreditzinsen sanken kontinuierlich von 12,06% (1995) auf 5,31% (2004).[36] Chinesische Konsumenten nutzten diese Entwicklung, da sie ihre Ersparnisse durch den sinkenden Sparzins ohnehin in Gefahr sahen. Sie investierten vornehmlich in Wohnraum („property"). 80% aller Verbraucherkredite wurden dafür verwendet. Fahrzeuge, Erziehung oder Reisen sind weitere Posten.

Verbraucherkredite haben in China im Oktober 2004 eine Höhe von 1,67 Bil. ¥ (202 Mrd. US$) erreicht. Die Chinese Academy of Social Sciences veröffentlichte im November 2004 Ergebnisse einer Untersuchung über Haushaltsverschuldung. Danach liegt das Verhältnis zwischen Verschuldung und verfügbarem Einkommen in Shànghăi bei 155% und in Bĕijīng bei 122%. Die Verschuldung lag nach Angaben von Morgan Stanley fünf Jahre zuvor fast bei Null.[37] Die Taipei Times bezifferte die durchschnittliche chinesische Haushaltsverschuldung am 14. September 2004 mit 2579 US$.[38]

Der Anteil der Verbraucherkredite an allen Warenkrediten liegt in China bei circa 9% und ist damit vergleichsweise niedrig. Er beträgt 40% in den USA und 50% in Hongkong.[39] Aus diesem Grund wird dem Kreditwesen viel Potenzial zugesprochen.

Probleme ergaben sich in Einzelfällen dadurch, dass Autopreise stark fielen und chinesische Debitoren ein neues Auto desselben Modells für einen Preis unterhalb der ausbleibenden Kreditschulden fanden. Die Schuldentilgung wurde unterlassen. Ein unterentwickeltes Rechtssystem verhindert die Durchsetzbarkeit von grundsätzlich mangelhaften Sanktionsregulationen. Lediglich ein Pfänden des alten Fahrzeugs konnte bewirkt werden, wenn der Debitor aufzufinden war. Versicherungen behaupten, dass Banken zu viele Darlehen an ihnen unbekannte Kunden gewähren. Auch könnten die Kreditgeber nicht prüfen, ob der Kreditnehmer ein Konto bei ihnen hat, da Computer fehlten. Der chinesische Versicherer Zhōngguó Píng'ān (中国平安) aus Shànghǎi ließ davon ab, neue Autokreditausfallpolicen auszuschreiben. Die Banken beteuern hingegen, dass lediglich 1% der Konsumentenkredite faul ist.[40] Ende November 2004 räumte die Agricultural Bank of China ein, dass 58% der Autokredite in China nicht einbringbar sind.[41]

Ausländische Autofirmen dürfen neben den Staatsbanken Kauffinanzierungen anbieten. General Motors, Toyota und Volkswagen erhielten im Zuge der Umsetzung der WTO-Konzessionen am 29. Dezember 2003 die Genehmigungen. Ford folgte im August 2004 und DaimlerChrysler im Dezember 2004.[42]

Der Kreditzins wurde mit Wirkung vom 29. Oktober 2004 erstmals seit 1995 erhöht: auf 5,58%. Der Staat tritt „aus Angst vor wirtschaftlicher Überhitzung auf die Kreditbremse."[43] Das Jahr Eins ausländischer Autofinanzierung, 2004, verlief nicht so erfolgreich wie erhofft. 35% aller Autokäufe wurden 2003 über Kredite finanziert. 2004 sank dieser Anteil auf 10%. Die Gründe sind vielfältig. Neben der Erhöhung des Kreditzinses ist festzustellen, dass Staatsunternehmen und Regierungsorganisationen ihre Autokäufe gesenkt haben, um das staatliche Ziel der „Abkühlung" der Investitionen zu forcieren. 40% aller Autokäufe entfielen in der Vergangenheit auf diese Abnehmer. Ein weiterer Grund ist, dass Autohändler vom Hersteller mangels staatlichen Kreditrückgangs weniger Autos abnehmen und versuchen, ihren Bestand zu verkaufen. Schließlich halten Konsumenten ihre Kaufentscheidung zurück, da sie weitere Preissenkungen erwarten.[44]

4.3 Bestimmungen und Normen

Gesetzliche Bestimmungen und gesellschaftliche Normen müssen neben den analysierten volkswirtschaftlichen Größen in den Preisfindungsprozess integriert werden. Dazu zählen Einfuhrtarife und Steuern. Importgüter sind in 1240 Kategorien eingeteilt, denen 7000 Güter zugeordnet sind.

Die Reduzierung des **Importzollsatzniveaus** war eine Konzession für den Beitritt zur WTO. Der durchschnittliche Satz wurde von 15,3% vor WTO-Beitritt auf 10,4% Anfang November 2004 gesenkt. Seit 01. Januar 2005 beträgt der durchschnittliche Zollsatz 10,1%.[45]

Sinkende Zollsätze können anhand des Automobilsektors verdeutlicht werden (s. Abb. 4.3). Diese lagen 1999 zwischen 80% und 100%; ein einheitliches Niveau von 25% soll ab Juli 2006 gelten. Japanische Automobile sind eine Ausnahme. Ein Zollsatz von 100% gilt für diese seit 2001, nachdem ein Zollstreit zwischen den asiatischen Nachbarn vorausgegangen war.[46]

Jahr	**1999**	**2000**	**2001**	**2002**	**2003**	**2004**	**2005**	**1/'06**	**7/'06**
Zoll-Satz	100%	77,5%	61,7%	50,7%	43,0%	37,6%	30,0%	28,0%	25,0%
	80%	63,5%	51,9%	43,8%	38,2%	34,2%	30,0%	28,0%	25,0%

Abb. 4.3: Sinkende Zollsätze für Automobile[47]

Die Reduzierung der Importzölle bewirkt nach Ansicht der Chinese Academy of Social Sciences einen Preisnachlass von jährlich 4 bis 6%.[48] Kostensenkungen ergeben sich für chinesisch-ausländische Joint Ventures und 100%-ige Tochterunternehmen ausländischer Hersteller insofern, dass importierte Rohmaterialien kontinuierlich günstiger werden. Beispielsweise wird im Kosmetikbereich aufgrund der Qualität lokal zu beziehender Rohstoffe ein Anteil von 70% eingeführt.[49]

Außertarifliche Barrieren in Form von **Importquoten**, **Lizenzkontrollen** oder **Importausschreibungen** galten zum Zeitpunkt des WTO-Beitritts in China für 377 Güter in 35 Kategorien. Einfuhrauflagen sind nach Angaben des chinesischen Handelsministeriums ab 2005 nur noch bei bestimmten chemischen Produkten, Chemikalien zur Herstellung von Betäubungsmitteln und ozonschädlichen Substanzen wie FCKW vorgesehen.[50]

Quoten und Lizenzen sind gekoppelt und Importausschreibungen separat.[51] Importeure haben die Pflicht, vor Einfuhr Genehmigungen und Lizenzpapiere einzuholen:

- bei Importquoten für „allgemeine" Wirtschaftsgüter von der State Development Planning Commission;
- bei Importquoten für Maschinen und Elektronikprodukte sowie Exportquoten vom Handelsministerium sowie vom Department of Mechanic and Electronic Products Import and Export.

Aus dem Bericht der Arbeitsgruppe zur Vorbereitung des WTO-Beitritts vom 10. November 2001 geht hervor, dass es zwischen den genannten Behörden zu

Kompetenzüberschneidungen kommt. Entsprechende Bedenken wurden geäußert.[52]

Importquoten können anhand des Bereichs „Maschinen und Elektrische Produkte“ verdeutlicht werden. 2002 lagen diese u. a. bei 7935 Mrd. US$ für Fahrzeuge, 482 Mio. US$ für Uhren, 380 Mio. US$ für Motorräder und 133 Mio. US$ für Fotokameras.[53]

Kontrollen und Sicherheitsuntersuchungen werden je nach Kategorie wahlweise oder auflagengemäß durchgeführt. Ausländische Standards dürfen chinesische nicht unterschreiten. Die Zollverfahren und Inspektionen sind weiterhin problematisch, da die State Administration of Quality Supervision, Inspection and Quarantine Quarantänezertifikate, Qualitäts- und phyto-sanitäre Standards benutzt, um Importe zu blockieren.[54] Der Güterimport bleibt ein komplexes und kompliziertes System: „In spite of the implementations of WTO commitments, the regulatory environment remains complex, as Non-Tariff Barriers increase.“[55]

China hat im Sinne von einheitlichen Wettbewerbsbedingungen die Konzession gemacht, unterschiedliche **Mehrwertsteuersätze** für heimische und ausländische Unternehmen auf ein Niveau zu vereinen. Die USA reichte am 08. März 2004 bei der WTO Klage ein wegen ungleicher Steuersätze auf Computerchips. Chinesische Unternehmen konnten durch Steuerrückzahlungen zum Teil von einem 3%-Satz profitieren. Ausländische Importe wurden hingegen mit 17% belegt. China gab nach Verhandlungen am 08. Juli 2004 bekannt, dass fortan für neue Hersteller oder Produkte ein einheitlicher Steuersatz von 17% gelte und Steuerrückzahlungen an lokale Hersteller bis zum 01. April 2005 eliminiert würden.[56]

17% ist der allgemeine Mehrwertsteuersatz. Ausnahmen gelten für bestimmte Produktgruppen, u. a. bei Lebensmitteln, Wasser, Heizkraftstoffen oder Printartikeln, welche mit 13% besteuert werden.[57] Eine **Verbrauchsteuer**, welche zwischen 3 und 45% rangiert, entfällt auf elf Güterkategorien, z. B. Zigaretten (40–45%), Alkohol (5–25%), Kosmetika (17–30%), Schmuck (10%), Diesel (0,1 ¥/l) oder Motorräder (3–10%).[58]

Preiskontrollen wurden in 128 Kategorien vor Eintritt in die WTO am 01. August 2001 aufgehoben, während 13 Güterkategorien nach WTO-Vertrag (Annex 4) erhalten bleiben.[59] Primärer Zweck ist hier im Gegensatz zu den aufgeführten Barrieren nicht, lokale Unternehmen vor ausländischen Wettbewerbern zu schützen, sondern eine Basisversorgung der Gesellschaft sicherzustellen, regionale Preisdisparitäten gering zu halten und gesellschaftliche Spannungen zu reduzieren. Bestimmte Pharmazeutika, Wasser, Elektrizität, Heizkraftstoffe[60], Post, Telekommunikation oder Erziehung zählen zu diesen Gütern.

Transportpreise, bestimmte landwirtschaftliche Erzeugnisse oder Öl unterliegen Preisrichtlinien („guidance pricing“).[61]

Die US-Handelskammer gab im September 2004 einen Bericht über Chinas dreijährige WTO-Mitgliedschaft heraus. Darin wird der chinesischen Regierung vorgeworfen, weiterhin Preiskontrollen bei medizinischen Produkten durchzuführen: „... forms of discrimination continue to exist."[62]

Unzufriedenheit entsteht auch auf chinesischer Seite. Vertreter der chinesischen Kohleindustrie trafen sich Ende November 2004 in der Provinz Shānxī (山西) und forderten Marktpreise. Mit einer Gewinnmarge von 2,57% (1998–2003) seien weder Kapazitätserweiterungen noch Neuinvestitionen beispielsweise in den Umweltschutz oder in Sicherheitsmaßnahmen möglich. Die Kohleindustrie fühlt sich im Vergleich zur landesweiten durchschnittlichen Gewinnmarge aller Industrien von 6,04% benachteiligt.[63] Es steht weiterhin zur Diskussion, auf welchem Weg und unter welchen Bedingungen Preiskontrollen entfallen sollen.

Die chinesische Regierung hatte mit unverzüglicher Wirkung im Mai 2004 wieder verstärkte Preiskontrollen eingeführt, um ungebremstes Wachstum und wirtschaftliche Überhitzung zu dämpfen. Premierminister Wēn Jiābǎo (温家宝) gab an, dass Preise von Konsumgütern innerhalb von drei Monaten höchstens 4% steigen dürften.[64]

Das Bedürfnis nach Harmonie[65] kommt in China geradezu einer gesellschaftlichen Norm gleich und ist somit durchaus auch bei der Preisfindung zu berücksichtigen. Aggressive Preispolitik steht dem entgegen und mindert das Ansehen eines Produktes: „Pricing must be seen, with the context of brand-consumer relationship and competition, as fair."[66]

4.4 Entwicklung der Preisstrategie

Das zu definierende Preisniveau von Markenprodukten muss sowohl internationalen als auch lokalen Interessen gerecht werden. Ein gehobenes Preisniveau unterstreicht einerseits den Markenwert und verringert die Gefahr von Reimporten, andererseits lassen hohe Preise gute Gewinnmargen vermuten und ziehen deshalb sowohl Konkurrenz als auch Plagiatindustrie an. Der Preis muss sich gegen diese behaupten und das Produkt für die lokale Zielgruppe bezahlbar sein.

Ausländische Unternehmen können aufgrund des Prestigewerts, positiver Preis-Qualitäts-Relationen und einer vorausgesetzten Anzahl von relativ preisunempfindlichen Abnehmern bei der Vermarktung ihrer Produkte auf dem chinesischen Markt die **Abschöpfungsstrategie** („Skimming-Strategy") verwenden: Dazu wird in der Einführungsphase des Produktes ein relativ hoher Preis gesetzt, um zuerst die Käuferschicht mit hoher Zahlungsbereitschaft „abzuschöpfen". Je länger das Produkt auf dem Markt ist, desto stärker sinkt der

Preis und durchschreitet die Zahlungsbereitschaft jeder Käuferschicht, bis er auf ein für das Unternehmen notwendiges Mindestmaß reduziert ist. Dann ist davon auszugehen, dass der Markt mit dem Produkt gesättigt ist.

Die folgenden Preisangaben samt Produktionsländern und Erhebungsorten sind im Preisanhang nachzuschlagen. Die Preise wurden im Zeitraum Januar bis August 2004 erhoben und mit dem 366-Tage-Durchschnittskurs 2004 in Euro umgerechnet. Importierte und lokal produzierte Güter werden vorerst unabhängig voneinander betrachtet.

74,5% der **importierten Produkte** zeichnen sich durch ein höheres Preisniveau im Vergleich zu Deutschland aus. So kosten z. B. die von Bahlsen in Deutschland produzierten Leibnitz- und Messino-Kekse in China 1,81 € und 2,19 €. Die deutschen Vergleichspreise liegen bei 0,89 € und 1,55 €, sodass der Preisunterschied 103,4% und 41,3% beträgt. Gleiches lässt sich bei einem Preisvergleich des Braun-Wasserkochers WK 210 feststellen. Dieser kostet in Deutschland 39,99 € und in China 57,37 €. In Thailand hergestellte Kellogg's Frosties werden in China in der 175g-Packung für 1,70 € angeboten, in Deutschland sind 500g für 2,79 € erhältlich. Der Preis pro 100g liegt somit in China um 74,1% höher. 100g importierte deutsche Haribo Goldbären kosten mit 0,77 bis 0,96 € mehr als 300g in deutschen Supermärkten (0,79 €). Bei dem aus Deutschland importierten Melitta-Kaffee ist der Unterschied exorbitant: Ein Pfund dieser Sorte liegt in Deutschland bei ca. 3 €; in China wird das Produkt mit 13,15 € ausgezeichnet. Der Aufschlag beziffert sich damit auf 338,3%. Die folgende Liste 4.4 gibt weitere Beispiele.

Produkt	**Menge**	**Preis China (in €)**	**Preis Deutschland (in €)**	**+/– (in %)**
Additiva	90g	3,11–3,55	2,30	+35,2– +54,3
Brita 3l (Aluna)	1 St.	38,86	17,95	+116,5
Brita Filter	3 St.	24,25	15,95	+52,0
Evian	1,5l	1,65	0,89	+85,4
Fisherman's Friend	25g	1,74	0,89	+95,5
Milky-Way-Aufstrich	300g	2,04	1,49	+36,9
Nutella	400g	5,65	1,55	+264,5
Président-Weichkäse	200g	3,11	1,79	+73,7
Swiss Thins Lindt	125g	4,86	3,20	+51,9

Abb. 4.4: Preisaufschlag bei Importkonsumgütern

Daneben gibt es importierte Produkte, welche im internationalen Vergleich in China günstiger sind oder ein ähnliches Preisniveau haben. Deren Anteil beträgt 25,5%. Sie sind im Vergleich zu chinesischen Produkten weiterhin der Hochpreisstrategie zuzuordnen.

Ein in den USA hergestellter Gillette-Rasierer mit vier Ersatzklingen kostet in China 4,97 €. In Deutschland beträgt der Preis mit nur zwei Klingen 6,95 €. Rabenhorst-Saft Multivitamin wurde auf einer Promotiontour im Lufthansa-Center in Běijīng für 2,73 € angeboten. Der deutsche Preis liegt bei 2,99 €. Die folgende Tabelle 4.5 enthält weitere Beispiele. Diese zeigt ebenfalls, dass Preise – abhängig vom Einkaufsort – hohen Schwankungen unterliegen können. Sofern eine Abweichung des Gewichtes vorlag, wurde die Preisabweichung anhand des Preises pro 100g berechnet.

Produkt	**Menge**	**Preis China (in €)**	**Preis Deutschland (in €)**	**+/– (in %)**
CIF (Viss)	500ml	1,44–2,14	1,99	-27,6–+7,5
Miracle Whip	237ml	1,03–1,36	1,25 (250ml)	-13,1–+14,8
Nivea Creme-Seife	125g	0,56	0,65 (150g)	+3,4
Pringles	184g	1,08–1,25	1,59 (200g)	-26,2–-14,6
Talcid	20 St.	2,56	4,96	-48,4
tictac	16g	0,19	0,49	-61,2

Abb. 4.5: Importartikel mit geringem Aufschlag oder Preisabschlag

Bei **lokal produzierten Waren** sind Preisabschläge zu erkennen. 90% dieser Produkte werden in China günstiger angeboten als in Deutschland. Tupperware-Produkte sind im Durchschnitt um 61% billiger. Das P&G-Shampoo Pantene Pro-V (400ml) kostet in China mehr als einen Euro weniger (2,72 € zu 3,99 €). Colgate Zahnpasta à 105g kostet in China zwischen 0,23 und 0,34 €. Ein 100g-Produkt wird in Deutschland mit 1,19 € ausgezeichnet. Ein niedrigerer Preis ist auch bei lokal produzierter Coca Cola zu verzeichnen. Der 2l-Preis beträgt in China 0,63 € und in den USA 0,79 € (0,98 US$).

Abbildung 4.6 enthält weitere Beispiele. Die Preisabweichung wurde bei Gewichtsunterschieden wieder anhand des Preises pro 100g berechnet.

Produkt	Menge	Preis China (in €)	Preis Deutschland (in €)	+/– (in %)
head&shoulders	200ml	1,73–2,23	2,69	-35,7– -17,1
Knorr Tütensuppe	35g	0,22–0,23	0,89	-75,3– -74,2
m&m's	45g	0,34	0,49	-30,6
Maggi Tütensuppe	35g	0,23	0,89	-74,2
Mentos	37g	0,19	0,55	-65,5
Nesquik	400g	1,75	2,19	-20,1
Nivea Creme	100ml	1,52–1,70	1,99	-23,6– -14,6
Pritt-Stift	10g	0,57	1,19	-52,1
	40g	1,45	2,69	-46,1
Yakult	500ml	0,88	3,45 (455ml)	-76,8

Abb. 4.6: Preissenkung durch lokale Produktion

Lokale Produktion macht sich im Wettbewerb positiv bemerkbar. In China produzierte Erdnussbutter Skippy von Knorr kostet 0,87 € pro 340g. Mars produziert seine Snickers-Erdnussbutter in Polen und verkauft sie in China für 2,01 € à 300g. 350g Snickers-Erdnussbutter aus Polen kosten in Deutschland nur 1,69 €.

Rückschlüsse sind abhängig vom Referenzland. Der chinesische Preis für Capri Sonne beträgt nach lokaler Herstellung 1,46 € und ist im Vergleich zu Deutschland günstiger. Dort liegt der Preis bei 1,99 €. Ein anderes Ergebnis ergibt eine Gegenüberstellung mit dem in den USA hergestellten Getränk für den US-Markt. Dieses kostet 1,43 € (1,77 US$). Das chinesische ist folglich leicht teurer.

Hochpreisstrategien sind bei Geschenkpackungen zu erkennen. 25% des Wertes aller gekauften „Fast Moving Consumer Goods" entfallen einer Studie[67] nach auf zum Schenken bestimmte Produkte. Einkäufe werden verstärkt um die Nationalferien Frühjahrsfest (Januar/Februar), Tag der Arbeit (Mai) und Nationalfeiertag (Oktober) getätigt, wobei das Frühlingsfest auf den Einzelhandel den größten Einfluss hat.[68] Der Grußkartenhersteller Hallmark verbucht 80% seiner jährlichen Einnahmen während des westlichen Weihnachtsfestes und des chinesischen Frühlingsfestes.[69]

90% der untersuchten Geschenkpackungen sind teurer als regulär verpackte Produkte. 24 Ferrero Rocher kosten umgerechnet zwischen 6,03 und 6,81 €. 25 Rocher in einer pyramidalen Verpackung kosten zwischen 7,78 und 8,37 €. Der Aufschlag pro Stück zwischen dem günstigsten und dem teuersten Angebot beträgt 33,3%. Ein höherer Aufschlag ist bei der Neujahrspackung von m&m's festzustellen. Der Preis für 500g beträgt 5,65 €. Regulär angebotene 100g kosten 0,37 €. Der Preis auf 100g sinkt gewöhnlich bei größeren Produktmengen. In diesem Fall steigt er um 205,4%. Nivea-Angebote zum Valentinstag fallen im Vergleich zu anderen Geschenkpackungen ebenfalls auf, denn auch sie sind mit 31,17 € und 60,78 € relativ teuer. Nicht alle zum Schenken destinierten Produkte sind preislich angehoben. Das Valentinsset von Oral-B ist eine Vorteilsofferte und der Konsument spart 2,32 €.

Ein Risiko von Hochpreisstrategien besteht darin, anfänglich ein zu hohes Preisniveau zu veranschlagen („shooting over the target"), welches eine Korrektur nach unten erfordert, bevor befriedigende Umsätze erzielt werden. Das Siemens-Handy Xelibri kostete zum Zeitpunkt des Markteintritts zwischen 1800 und 3500 ¥. Chinesische Konsumenten waren nicht bereit, diesen Preis zu zahlen: „Xelibri joined the price war shortly after the launch by discounting up to 30 percent off some models."[70]

Auch wenn der Neuheitswert sinkt oder andere Wettbewerber in den Markt einsteigen, muss der Preis angepasst werden. Dem Fast-Food-Konzern KFC wird nachgesagt[71], dass er Mitte der siebziger Jahre in seinen Hongkong-Filialen zu lange an der Einstiegsmarge festhielt. Stagnierende lokale Verkäufe, Probleme im amerikanischen Mutterhaus und die Tatsache, dass Franchise-Systeme noch unbekannt waren, hatten zur Folge, dass KFC seine Marktpräsenz in Hongkong verlor und erst 1985 wieder den Markt betrat.[72]

Preissenkungen sind in allen Produktsektoren zu beobachten. 2003 senkte IKEA das Preisniveau seiner Produkte um durchschnittlich 12%. Der Abschlag ist bei einigen Artikeln wesentlich höher: Das Sofa „Klippan" kostete 1999 2599 ¥; 2004 war es für 795 ¥ erhältlich. Dieses hatte einen positiven Effekt auf die Verkaufszahlen, die 2003 um 35% stiegen.[73] Das Eiskremunternehmen Wall's, seit 1994 in China präsent, positionierte seine Produkte anfangs im mittleren bis hohen Preissegment und höher als lokale Marken. Wall's senkte seine Preise 2004 um 40 bis 50%.[74] Die Fahrpreise für den Transrapid in Shànghǎi wurden im April 2004 gesenkt: eine Einzelfahrt um ein Drittel von 75 ¥ auf 50 ¥, ein Rundticket (hin/zurück) um 50% von 160 ¥ auf 80 ¥. Audi gab im Oktober 2004 bekannt, dass der Preis für das teuerste Produkt um 7850 US$ gesenkt würde. BMW senkte ebenfalls seine Preise. Nachlässe von 50.000 bis 100.000 ¥ (4870–9740 €) gab es am 12. Januar 2005 für fünf Modelle der 3er- und 5er-Serie. Ein Umsatzverzicht zwischen 146 und 292 Mio. € wird bei einem geplanten Absatz von 30.000 Fahrzeugen einkalkuliert.[75] Das Dogma „the higher the price, the better the sell"[76] scheint im Luxussegment nicht mehr uneingeschränkt zu gelten. Ausländische Güter sind keine Selbstläufer per se und Unternehmen müssen strategischer arbeiten, um im steigenden Wettbewerb mithalten zu können.

Alles in allem zeigt sich, dass Preissenkungen u. a. durch Lokalisierung der Produktion, sinkende oder entfallende Importzölle, geschmälerte Gewinnmargen oder hohe Produktionsvolumina erzielt werden.

Die Missachtung des Preisakzeptanzrahmens schadet dem Aufbau des Markenimages. Unternehmen orientieren sich – sofern sie nicht Marktpioniere sind – an den Preisen der stärksten Wettbewerber und situieren ihren Preis einen bestimmten Prozentsatz über oder unter deren Niveau (**wettbewerberorientierte Preisstrategie**), sodass die Kaufbereitschaft sichergestellt ist. Danach verfuhr Nestlé mit seiner Marke Nescafé: 200g Nescafé-Granulat (Sachets) kostet 4,96 €, 200g Maxwell-Kaffee 4,72 €. Die wettbewerberorientierte Preisstrategie ist auch bei den Tütensuppen Knorr (Unilever) und Maggi (Nestlé) zu erkennen. Beide Produkte sind in China für umgerechnet 0,23 € erhältlich. Der Preis liegt in Deutschland einheitlich bei 0,89 €. Die Preise von 350g Waschmittel der ausländischen Marken Tide, Ariel und Omo weichen nur 0,10 € voneinander ab: Tide (0,28 €), Ariel (0,32 €), Omo (0,38 €). Die chinesische Marke Mǎngānzhèng (满干净) kostet in gleicher Menge hingegen 0,10 €.

Originalprodukte und Plagiate sind aufgrund von Qualitätsunterschieden nicht direkt vergleichbar. Eine Preisgegenüberstellung verdeutlicht dennoch den Abstand zwischen ausländischen und chinesischen Produkten. 100g importierte Haribo Goldbären kosten in China 0,77 bis 0,96 €. Das Plagiat Wēnnídùn (温尼顿) ist für 0,66 € (135g) erhältlich. Ferrero Rocher aus Italien wird in China à 300g für 6,03 bis 6,81 € verkauft. Die Konkurrenzmarke Yamsa Chcoc (雅梦莎, yǎ mèng shā) kostet in der gleichen Menge 2,33 €. Ein weiteres Rocher-Plagiat der Marke Golden Dream (金梦, jīn mèng) ist für 4,68 € à 525g erhältlich und damit ebenfalls günstiger als das Original für 300g. Der Preis für Golden Dream pro 300g entspräche 2,67 €.

Importierte Ritter-Sport-Schokolade ist mit 1,23 € (100g) ausgezeichnet. Das gefälschte Produkt Bǎinuò liegt preislich bei 0,76 € (100g). Größer ist der Unterschied bei den Ritter Sport Minis. 150g Original für 2,14 € stehen 144g Plagiat für 0,90 € gegenüber. Lokal produzierte Oreo-Kekse sind schließlich für 0,42 bis 0,51 € pro 150g erhältlich. Der Preis für die Fälschung Àoduōduō (澳多多) à 130g beträgt 0,23 €. Die genannten Vergleiche werden in der folgenden Tabelle 4.7 dargestellt. Die Menge des Originalproduktes wird bei divergierenden Produktmengen als Basis genommen, um den prozentualen Preisunterschied zu berechnen.

Produkt	Menge	Produktionsland	Preis China (in €)	+/– (in %)
Goldbären	100g	Deutschland	0,77–0,96	-
Plagiat 温尼顿	135g	China	0,66	-36,5–-49,1
Oreo-Kekse	150g	China	0,42–0,51	-
Plagiat 澳多多	130g	China	0,23	-36,8–-48,0
Ritter Sport	100g	Deutschland	1,23	-
Plagiat 百诺	100g	China	0,76	-38,2
Ritter Sport Mini	150g	Deutschland	2,14	-
Plagiat 百诺	144g	China	0,90	-56,2
Rocher	300g	Italien	6,03–6,81	-
Plagiat 雅梦莎	300g	China	2,33	-61,4–-65,8
Plagiat 金梦	525g	China	4,68	-55,7–-60,7

Abb. 4.7: Preisvergleich Original und Plagiat

Die gefälschten Produkte werben zum Teil mit Zertifikaten und Siegeln und suggerieren ein identisches Qualitätsniveau. Trotz der eklatanten Preisdifferenz ist die Wahrscheinlichkeit hoch, dass bei einem zum Schenken bestimmten Produkt nicht das günstige chinesische oder gefälschte Produkt gewählt wird, sondern das teure ausländische, denn es gibt dem Empfänger „mehr Gesicht". In Analogie dazu hatte die Geschenkpackung von Oral-B eine falsche Aufmachung, da sie als Vorteilsofferte auf den Markt kam.

Die wettbewerberorientierte Preisstrategie verdrängt bei der Vermarktung ausländischer Produkte in China die **Penetrationsstrategie**. Bei dieser wird versucht, durch einen deutlich unter dem Wettbewerbsniveau liegenden Einstiegspreis schnell einen Massenmarkt zu erobern. Die für ausländische Marken existierenden positiven Preis-Qualitäts-Relationen sowie die Prestigefunktion würden missachtet. Dieses gilt zum Teil auch für chinesische Marken. Das Produkt „Heavy Discount" (大实惠, dà shíhuì) macht bereits im Namen auf seinen niedrigen Preis aufmerksam. 180g kosten umgerechnet 0,32 €.

Die Penetrationsstrategie ist in manchen Sektoren wie dem Eismarkt kaum umzusetzen. 70 bis 80% aller Stieleissorten werden bereits zwischen 1,00 und 1,50 ¥ (0,10 und 0,15 €) verkauft.[77]

Die hohe Wettbewerbsintensität und die niedrigen Preise lokaler Hersteller – darunter begünstigte Staatsunternehmen – machen im Massenmarkt **Niedrigpreisstrategien** erforderlich. Es wurde bereits aufgezeigt, welche Methoden Unternehmen verwenden, um preislich wettbewerbsfähig zu bleiben. Im Einzelfall ziehen sich Unternehmen geschlagen zurück: Dell gab das Einstiegssegment für Computer auf, da es mit den Preisen chinesischer Wettbewerber nicht mithalten konnte. Das eingangs genannte niederländische Milchunternehmen Friesland ist ein weiteres Beispiel. Dieses kündigte im Oktober 2004 an, den chinesischen Markt zu verlassen. Der landesweit drittgrößte Hersteller klagt über schwache Gewinnmargen und erwirtschaftete in den letzten acht Jahren keinen Gewinn.[78] „Damit zeigt sich einmal mehr, dass es für ausländische Hersteller sehr schwierig sein kann, in China Geschäfte zu treiben, wenn man sich nicht auf den preissensitiven Massenmarkt einstellen kann."[79]

Coca Cola und Pepsi verfolgen Niedrigpreisstrategien. Diese liegen auch als globale Marken mit dem chinesischen Konkurrenten Wáhāhā gleich auf. Die Einstiegsgröße von 355ml Cola ist ab 0,16 € erhältlich.

Ausländische Unternehmen erweitern in China ihr Sortiment, um ihre internationalen Marken von lokalen abzuheben und dennoch im Volumensegment zu konkurrieren, z. B. durch den Erwerb lokaler Marken (Akquise, Joint Venture etc.) oder die Entwicklung eigener lokaler Produkte. Der Einzelhandel seinerseits führt Handelsmarken ein. Der Aufkauf lokaler Marken und die Kooperation mit chinesischen Firmen kann nicht nur die Wettbewerbsposition verbessern, sondern auch zu Synergieeffekten führen, indem identische Produktionsstätten oder Distributionskanäle genutzt werden.

So akquirierte der französische L'Oréal-Konzern die in China bekannte lokale Marke Mininurse (小护士, xiǎo hùshì) und verfolgt damit das Ziel, „to set up its whole pyramid product structure in China, from high end to low end, and Mininurse is for the low end base."[80] Die Preisspanne für Mininurse-Produkte liegt im Carrefour Běijīng zwischen 9,90 und 45,00 ¥. L'Oréal-Whitening-Cream-Produkte sind zwischen 99,00 und 160,00 ¥ ausgezeichnet.

Danone ist ein weiteres Unternehmen, welches sein internationales Sortiment mit lokalen Produkten erweitert hat. Der französische Konzern hat in Ergänzung zu seinen Hochpreisprodukten Evian und Volvic die chinesische Marke Wáhāhā aufgekauft. 1,5l Evian und Volvic kosten jeweils 1,65 € und 1,37 €. Die lokale Marke wird für 0,19 bis 0,21 € (1,25l) verkauft. Der Hauptkonkurrent Nóngfū (农夫) ist mit 0,19 € für 1,5l noch günstiger. Eine Verlagerung der Evian- und Volvic-Produktion nach China ist nicht möglich, da die Besonderheit der Produkte ihre Quellen in Savoyen und der Auvergne sind.

Unilever hat die lokal bekannte Zahnpastamarke Zhōnghuá erworben. Das globale Produkt Signal wird in den untersuchten Einkaufsstätten zwischen 0,39 und

0,42 € (115g) angeboten; für 125g Zhōnghuá bezahlt der Konsument 0,36 €.[81] Unilever liegt mit diesem Preis unter dem seiner ausländischen Mitbewerber. Colgate (120g) kostet 0,40 €, Crest (120g) von P&G 0,44 €. Eine weitere chinesische Marke ist halb so teuer: Tiánbǐ (田匕) ist für 120g mit 0,19 € veranschlagt.

Die Entwicklung lokaler Produkte ist eine weitere Möglichkeit für ausländische Unternehmen, im Volumensegment wettbewerbsfähig zu sein. Die Coca-Cola-Marke Tiānyǔdì wurde bereits unter dem Aspekt Geschmacksempfinden aufgeführt. Die Marken „Sensation" (小森活, xiǎo sēn huó) und „Ice Dew" (冰露, bīng lù) gehören daneben zum Wassersortiment von Coca Cola. Tiānyǔdì ist hochpreisiger als die Letztgenannten. 550ml kosten zwischen 0,11 und 0,13 €. Der Preis für die gleiche Menge Sensation beträgt 0,08 bis 0,09 €. Danones Wáhāhā-Marke bietet 596ml zwischen 0,08 und 0,12 € an. Ein weiteres Wassergetränk dieses Herstellers, 纯真年代 (chúnzhēn niándài), ist zum Teil noch günstiger positioniert.

Wettbewerber Nestlé liegt mit seiner Wassermarke „Pure Life" (飘蓝, piāo lán) bei 0,10 € (550ml), diesen Namen trägt das Wasser auch in den USA.[82] Unterschiede liegen in den Quellen: Das US-Produkt wird einer kanadischen Quelle im Kreis Wellington, Ontario, entnommen, die Flüssigkeit für das chinesische Produkt stammt aus der Pánshān-Quelle (盘山) bei Tiānjīn.

Das Sortiment der US-Getränkemarke Great Lakes (大湖, dà hú) wurde in China um die lokale Marke Míngláng (明郎) erweitert. Diese wird nach Unternehmensangaben zum halben Preis verkauft: Ein Liter Saft kostet zwischen 0,56 und 0,60 €. Der chinesische Konkurrent Huábāng (华邦) verkauft seine Saftgetränke à 1,25l für 0,45 €. Der niederländische Elektronikkonzern Philips hat ebenfalls neue Produkte, so genannte „low cost technology" entwickelt, um im Niedrigpreissektor zu konkurrieren.[83] Braun wiederum bietet in einem Kaufhaus auf der Wángfǔjǐng Street (王府井) in Běijīng sechs Rasierer in der Preisspanne zwischen 89 und 150 ¥ (8,67 und 14,61 €) an.

Der Sportartikelhersteller Nike hatte 1999 für kaufschwächere Chinesen Sportschuhe für 15 US$ herausgebracht. Dieses Projekt brachte keinen Erfolg und wurde eingestellt. Nikes Produkte sind Statussymbole und mittelständische Konsumenten sind bereit, mehr als 100 US$ pro Paar zu bezahlen, heißt es in einem Artikel des Time Magazine am 25. Oktober 2004.[84]

Der Einzelhandel setzt Niedrigpreisstrategien um, indem Handelsmarken eingeführt werden, wie am Beispiel Carrefour verdeutlicht werden kann: Eigenmarken werden mit dem Hinweis „Carrefour Product" (家乐福产品, jiālèfú chǎnpǐn) gekennzeichnet und sind im unteren Preissegment angesiedelt. Die folgende Auflistung 4.8 zeigt dieses anhand eines Sortiments Dosenbier. Die Eigenmarke von Carrefour ist günstiger als die ausländischen und einige chinesische Biere. Lediglich die lokale Marke Quánmài (全麦) kostet 10,0% weniger. Die Prozentangaben wurden auf Basis des Produktpreises pro 355ml berechnet.

Biermarke	**Menge**	**Produktionsland**	**Preis (in ¥)**	**+/– (in %)**
Quánmài	345ml	China	1,40	-10,0
Carrefour	**355ml**	**China**	**1,60**	**0,00**
Yànjīng (燕京)	355ml	China	1,85	+15,6
Asahi	350ml	China	2,80	+77,5
Tsingtao	355ml	China	3,90	+143,8
Anheuser	355ml	China	4,55	+184,4
Heineken	330ml	NL/D	6,50	+337,0

Abb. 4.8: Handelsmarken als Niedrigpreisstrategie

Rabatte werden in zunehmendem Maß vergeben, um Kunden zum Kauf zu bewegen. 56% des irrationalen und unnötigen Konsums von jungen Chinesinnen resultiert aus Rabattaktionen.[85] Auch Henkel arbeitet mit dieser Strategie. Auf einem Viererpack Kernseife steht 买三送一 (mǎi sān sòng yī). Dieses kann mit „Buy three, get one free“ übersetzt werden.

Preisunterschiede existieren zwischen Regionen aufgrund divergierender wirtschaftlicher Faktoren. Der Preis muss durch Kontrolle der Zwischenhändler überwacht werden, denn diese machen sich unterschiedliche Preispolitiken der Unternehmen zum Vorteil: „Distributors take advantage of different policies (through cross-region sales) to get higher prices, which gradually destroys market order.“[86] Marktführer haben Interessengemeinschaften gegründet und ein Strafsystem etabliert, um diese Taktiken zu beenden. Der verstärkte Aufbau von Guānxì wird weiterhin als Lösung genannt. Duracell druckt den Endkundenpreis für Batterien zum Teil auf die Verpackung. Zwei AAA-Batterien werden mit „3 ¥“ ausgewiesen. Auch Crest tat dieses für ein Angebot einer rotierenden Kinderzahnbürste und einer Zahnpasta (29 ¥). Der Kaufpreis ist bei 1,3% der Produkte aufgedruckt und wird bei 12,2% der TV-Werbungen genannt. Die Marken Crest, Kodak, Maybelline, Pampers und Rejoice sind einige Beispiele.

5. Kundenansprache und Motivation zum Kauf

5.1 Kommunikationsstrategie

Das Kommunikationskonzept als letztes der vier Marketingelemente setzt sich aus der Kommunikationsstrategie und der Kommunikationsexekution zusammen. Die anvisierte Zielgruppe, die Positionierung, das Leistungsversprechen sowie deren Begründung gilt es bei der Erarbeitung der Kommunikationsstrategie festzulegen. Die Strategie determiniert, „was an wen" kommuniziert werden soll, und bildet die Grundlage für die Kommunikationsexekution im Sinne einer operativen Umsetzung, bei der es um das „Wie" der Kommunikation geht.

Die erläuterte Heterogenität der Einkommensverteilung innerhalb der chinesischen Bevölkerung sowie die Stadt/Land-Diskrepanzen wirken auf die Definition einer Zielgruppe und die Positionierung erschwerend ein. Werbung ausländischer Firmen, insbesondere zum Zeitpunkt des Markteintrittes, konzentriert sich vornehmlich auf städtische Gebiete, um die im Vergleich kaufkräftigere Bevölkerung anzusprechen. Dazu zählen die Kleinen Kaiser. Ein Werbespruch von Pepsi lautet: „The choice of the new generation" (新一代的选择, xīn yīdaì de xuǎnzé).

Die Distribution der Produkte ist in den Metropolen einfacher zu organisieren. Es besteht die Gefahr, zum Erfolg von Substitutionsprodukten und Plagiaten beizutragen, wenn für ein Produkt geworben wird, ohne dass die Distribution gesichert ist. Dieses war der Fall bei dem Getränk Red Bull.[1]

Die Festlegung des Leistungsversprechens beinhaltet konkrete Aussagen über die Vorteile des Produktes. Hier müssen die eingangs erläuterten Aspekte Nutzensicherung, Nutznießung und Zusatznutzen integriert werden. In diesem Zusammenhang ist auch der Anteil an Erstkäufern zu berücksichtigen. Ein stellvertretender Blick in den Automobilmarkt 2002 zeigt, dass dieser mit einem Anteil von 79% durch Erstkäufer dominiert wird. Der japanische Vergleichswert lag bei 5%.[2] Es ist gleichwohl zu kontrollieren, ob die durch eine Marke oder ein Produkt verkörperten Werte in China akzeptiert werden und eine interkulturelle Übertragung möglich ist.

Das strategische Ziel der Kommunikationsmaßnahmen liegt neben der Animation zum Kauf darin, die Bekanntheit des Produktes zu erhöhen, Markenbewusstsein zu entwickeln und Markenloyalität bzw. Guānxì zwischen Käufer und Produkt aufzubauen und zu intensivieren.

5.2 Recht und Staatsmoral

Rechtliche Regelungen können die internationale Standardisierung von Kommunikationsaktivitäten limitieren oder verhindern. Das erste chinesische Gesetz für Werbung trat im Februar 1995 in Kraft. Artikel 7 gibt vor, dass „obszöne" oder „geschlechtsdiskriminierende" Werbemaßnahmen unzulässig sind. Der amerikanische Journalist Edgar Snow (1905–1972) schilderte in dem posthum veröffentlichten Buch „Die lange Revolution" die seinerzeit vorherrschende chinesische Einstellung zu dem Thema „Mann und Frau".

> **vor 1949:**
>
> Im vorkommunistischen China konnte eine unverheiratete Frau ihre Heiratsfähigkeit verlieren (oder sogar gesteinigt und öffentlich mißhandelt werden), wenn sie, sei es auch noch so unschuldig, allein mit einem Mann auf einem Feldweg wandelnd gesehen wurde.
>
> **Sechziger Jahre:**
>
> Haben sich zwei junge Leute ein- oder zweimal zu einer Radtour verabredet, betrachtet man sie als verlobt. Eine solche Verbindung aufzulösen bedeutet in gesellschaftlichen Mißkredit fallen, besonders für den Mann. Bei gemeinsamer Arbeit in einer Kommune mit einem Jungen das Mittagsmahl zusammen unter einem Baum einzunehmen, kann ein junges Mädchen schon kompromittieren.[3]

Die Öffnung des Landes und der Einfluss westlicher Werte und Vorstellungen haben die Konventionen zwar gelockert, jedoch nicht aufgehoben. „Die Moralvorstellungen in der VR China sind strikt. Sex gehört zu den großen Tabu-Themen."[4] Werbeanzeigen dürfen beispielsweise keine Mutter beim Stillen ihres Babys mit der Brust zeigen[5] und zwischen den Hauptessenszeiten 6.30–7.30 Uhr, 11.30–12.30 Uhr und 18.30–20.00 Uhr ist Werbung für Hygieneprodukte (Tampons etc.) untersagt. Anzeigen für Verhütungsmittel wurden mit Inkrafttreten der „Regulation on Banning Advertisements of Products for Sexual Life" 1989 verboten. Die Zunahme von Aids und anderen Geschlechtskrankheiten lässt Forderungen nach einem Aufheben dieses Verbotes laut werden.[6]

Einige Unternehmen widersetzen sich dem chinesischen Moralkodex: Ein Produkt (0,3%), vier Printwerbungen (2,1%) sowie eine Fernsehanzeige (1,2%) greifen auf erotische Elemente zurück. Anfangs wurden nur westliche Darsteller für diese Thematik benutzt. Heutzutage kommen auch chinesische Akteure zum Tragen (s. Abb. 5.1).

Ferner sind Werbungen verboten, welche politische Themen aufgreifen oder in denen der Staat eine Rolle spielt. Die Nutzung nationaler Elemente wie die Staatsflagge oder die Nationalhymne ist untersagt (Artikel 7).

Abb. 5.1: Provokante Freizügigkeit: Esprit und Triumph

Produktanzeigen für alkoholische Getränke dürfen weder Personen beim Trinken zeigen noch ermutigen oder dazu bewegen, diese zu konsumieren. Den Fernsehsendern ist vorgeschrieben, zwischen 19 und 21 Uhr insgesamt nicht mehr als zwei Alkoholwerbungen zu zeigen und in der restlichen Zeit nicht mehr als zehn. Die Zahl der Anzeigen in Printmedien ist pro Ausgabe auf zwei beschränkt.[7]

Gleichfalls verboten sind Zigarettenwerbungen per Radio, Fernsehen, Zeitung oder in regelmäßig erscheinenden Magazinen sowie Plakate an öffentlichen Orten wie Kino, Theater, Stadion oder Warteräumen. Der Hinweis „Rauchen schadet der Gesundheit" (吸烟有害健康, xīyān yǒuhài jiànkāng) ist Pflicht. Der Gebrauch von Superlativen ist ebenfalls untersagt. Artikel 7 des Werbegesetzes verbietet Formulierungen wie „state-level", „top-level" oder „the best". Die Bestimmungen für Lebensmittelwerbungen enthalten in Artikel 6 ein Verbot der Ausdrücke „the newest science", „the latest technology" oder „the most advanced process".[8] Der trommelnde Duracell-Hase, welcher eine endlose Nutzungsdauer der Batterie suggeriert, war nicht gesetzeskonform. Er ist weiterhin auf Batterieverpackungen abgebildet: ohne Trommel, aber als schneller Läufer. Anheuser-Busch setzt für seine Marke Budweiser anstatt des Slogans „King of Beers" die Werbesprüche „Großartiger Geschmack durch großartige Qualität" (非凡品味源于非凡品质, fēifán pǐnwèi yuányú fēifán pǐnzhì) und „Since 1978, This Bud's for you" ein.

Slogans mit Superlativ sind oft amerikanischen Ursprungs. Der von Kellogg's verwendete Cornflakes-Spruch „The Original&Best" entfällt auf der chinesischen Verpackung sowie der Hinweis „America's Richest&Creamiest" für Nestlés Hot Cocoa Mix. Jever Bier ist eine Ausnahme. Eine Broschüre enthält den Spruch „The World's Best from Germany" (世界顶级啤酒 – 德国积发, shìjiè dǐng jí píjiǔ – déguó jī fā).

Die offizielle Begründung dieser gesetzlichen Vorgaben ist der Schutz der Konsumenten. Doch fließen offensichtlich auch kulturelle wie politische Aspekte in den Zulassungsprozess mit ein. Analog zur Vision der politischen Führung sollen in der Werbung Vorbildcharaktere dargestellt werden. So wurde eine Pepsi-Werbung nicht gestattet, da der in der Szene gezeigte Schauspieler nicht die Ampelzeichen beachtet[9], und Pizza Hut durfte eine TV-Anzeige nicht ausstrahlen, in der ein Schüler beim Erzählen von seinem Restaurantbesuch vor Begeisterung auf den Tisch steigt. Vorbildhaftes Verhalten, vor allem in Bezug auf die konfuzianischen Themen Kindespietät, Respekt vor dem Alter und Betonung der Familie, kommt dagegen in einer Anzeige der National Women's Federation (全国妇联, quánguó fùlián) zum Tragen: Eine Frau wäscht ihrer Mutter die Füße. Ihr circa fünfjähriger Sohn sieht dieses, holt eine Schüssel, geht in das Badezimmer und will wiederum seiner Mutter die Füße waschen. Generell müssen Eltern in Werbeanzeigen eine erziehende und führende Rolle einnehmen. Kinder dürfen hingegen nicht gegen ihre Eltern rebellieren oder dominant sein.

Weiterhin ist kollektivistisches Verhalten gefragt. 35,4% der untersuchten Fernsehanzeigen enthalten dergleichen Elemente. Eine Shampoowerbung, welche einen einzelnen wagemutigen Klippenspringer zeigt, ist unerwünscht – im Gegensatz zur TV-Werbung für die Unilever-Zahnpasta Zhōnghuá: Ein Junge wird darin zwar aus einer Gruppe hervorgehoben, doch nutzt das Kind diese Situation, um seinen Freunden von den positiven Erfahrungen mit der Zahnpasta zu berichten. Das eigene Wissen wird der Gemeinschaft zur Verfügung gestellt.

Sport ist ein Werbeelement, welches die Brücke schlägt zwischen dem Wunsch der Konsumenten nach Individualität und dem kollektivistischen Erziehungsprinzip des Staates. Hill&Knowlton spricht von „collective individualism"[10]. 3% der Produkte, 4,2% der Printwerbungen und 17,1% der Fernsehanzeigen haben einen Bezug zum Thema Sport.

In der Annahme, dass Werte wie Nationalstolz, Familiensinn und Achtung vor dem Alter bei den Kleinen Kaisern trotz Wunsch nach Individualität erhalten bleiben, werben westliche Unternehmen mit Familien oder verschiedenen Generationen in Anzeigen oder auf Produkten. Ein KFC-Fernsehspot zeigt eine chinesische Familie mit Tochter beim Restaurantbesuch; in einer Anzeige für einen Kodak-Film ist ein Mädchen mit ihren Großeltern zu sehen. Auch bei Buick kommt eine junge chinesische Familie zum Einsatz. In Allianz-Werbungen heißt es schließlich: „a child, ‚my everything'" oder „Care for Your Family, Let Allianz Dazhong Care for you First."

Die beschriebenen Maßnahmen sind auf das tǐ/yòng-Prinzip zurückzuführen. Kulturelle Substanz „tǐ“ (體 bzw. 体) und ökonomischer Fortschritt durch ausländische Technologie „yòng“ (用) werden danach voneinander getrennt betrachtet. Technologie aus dem Ausland dient allein der praktischen Anwendung, und die chinesische Kultur bildet im Sinne einer Leitkultur die Essenz der chinesischen Gesellschaft. Dèng Xiǎopíng prägte in diesem Zusammenhang den Ausdruck der „geistigen Verschmutzung“: „In essence, spiritual pollution means the spread of all kinds of corrupt and decadent ideas of the bourgeoisie and other exploiting classes and the spread of distrust of socialism, communism and leadership by the Communist Party.“[11]

Für die Aufsicht und Kontrolle der Werbung sind das Ministerium für Außenhandel, die Staatsverwaltungsstelle für Industrie und Handel, das Ministerium für Kultur sowie die Staatsstelle für Radio, Film und Fernsehen zuständig. Deren Beurteilungskriterien sind nicht einheitlich, Guānxì spielt eine große Rolle dabei, was später in den Medien publiziert werden darf. Die Genehmigung einer Anzeige in einer Provinz bedeutet nicht, dass sie in einer Nachbarprovinz zugelassen wird. Der Anteil nicht gestatteter Anzeigen lag in vier Untersuchungen, welche von chinesischen Überwachungsbehörden durchgeführt wurden, bei 17%.[12]

5.3 Anspracherichtung

Unter diesen Rahmenbedingungen gilt es bei der operativen Umsetzung, der Kommunikationsexekution, zu bestimmen, in welcher Anspracherichtung Inhalte und Botschaften vermittelt werden können. Die Anspracherichtung kann sich aus einer Mischung der Dimensionen 1) ernst oder humorvoll, 2) rational oder emotional, 3) direkt oder indirekt, 4) (pseudo-)wissenschaftlich oder auf gesundem Menschenverstand aufbauend sowie 5) mit nationalem, internationalem oder nationalistischem Image zusammensetzen.[13]

1) **ernste oder humorvolle Ansprache:** Vor allem bei Anzeigen mit humoristischen Akzenten können in China Übertragungshindernisse auftreten, wenn eine Werbung in standardisierter Form vom Ausland übernommen wird. Humor ist ein subversives Spiel mit Konventionen und vorherrschenden Vorstellungen, welche zwischen Ländern und Kulturkreisen variieren. Chinesen betrachten Humor als Ventil für die Leiden, denen sie im Laufe der Geschichte ausgesetzt waren: „Die Fähigkeit, Unglück mit Humor zu ertragen, hat den Chinesen ermöglicht, Hungersnöte, Seuchen, innere Unruhen und Invasionen von außen zu überleben.“[14] Es ist davon auszugehen, dass kulturelle Konventionen in Werbeanzeigen nur von Menschen verstanden werden, welche die gleiche Kultur teilen.

2) **rationale oder emotionale Ansprache:** Emotionale Werbung, „Feeling Advertising“[15] oder „non-argument advertising“[16], gab es zur Zeit der Öffnung Chinas noch nicht, Werbung folgte einem einfachen, auf Sachlichkeit ausgerichteten Muster: Das Produkt und seine Anwendung wurden dargestellt und am Ende der Hersteller bzw. die Bezugsadresse genannt. Dieses gilt heute nicht pauschal: Kodak kann als Beispiel für emotionale Elemente in der Werbung gelten. Das Unternehmen integrierte 2004 in mehrere TV-Anzeigen Kindermalheurs und stellte heraus, dass es wert ist, diese fotografisch festzuhalten.

Auch die Marlboro-Werbung ruft, obwohl sie standardisiert übertragen wurde, emotionale Reaktionen hervor und weckt Gefühle wie Freiheit und Unabhängigkeit: „In the eyes of Chinese consumers, Marlboro Country is a foreign country called America. Watching the Marlboro commercial becomes a de facto vicarious cultural experience.“[17]

Eine VW-Werbung zeigt einen weinroten Passat im Grand Canyon, und in einer Red-Bull-Werbung am 17. Januar 2004 auf dem Fernsehkanal CCTV 1 wurde schließlich das Wort „Freedom” (自由, zìyóu) explizit eingeblendet.

Coca Cola appelliert unter anderem an das Individualitätsgefühl und die Selbstverwirklichung. Der 2004 eingeführte Slogan 要爽由自己 (yào shuăng yóu zìjĭ) heißt übersetzt so viel wie „Ich will ganz mir selbst folgen“. Luxus ist ein Element, welches der Individualität nahe steht. Beide unterstützen den Käufer dabei, sich von der Masse zu distanzieren. Volvo wirbt in einem Air-China-Magazin für den XC90 mit den Schriftzeichen 豪华天性 (háohuá tiānxìng). Diese bedeuten, das Auto ist von „luxuriöser Natur“. Der Küchenhersteller Poggenpohl wirbt in der gleichen Ausgabe mit seiner Auszeichnung „Awarded Luxury Superbrands 2003/2004 Hongkong/China.“[18]

3) Darüber hinaus stellt sich die Frage, wie **direkt oder indirekt** Kommunikationsappelle gestaltet werden dürfen, denn auch hier sind kulturell geprägte Kontextbindungen zu beachten. In China wird ein hoher Anteil der Informationen nonverbal – durch Gestik, Mimik und die Atmosphäre – kommuniziert, wohingegen direkte Ansprachen als bedrohlich und beschämend wahrgenommen werden. Als Ursachen dafür werden die kollektivistische Prägung der Gesellschaft, die Angst vor Konsequenzen der Meinungsäußerung und das Gesichtsprinzip gesehen. Letzteres setzt sich aus den Komponenten „miànzi“ (面子) – „Ansehen“, „Würde“ oder „Ehre“ – und „liănzi“ (脸子), das den moralischen Charakter einer Person im Sinne von „Vertrauen“ meint, zusammen.

Der Einsatz nonverbaler Kommunikationselemente schließt Fehler nicht aus: „Verdreckt in die Einbauküche stürmende Kinder eignen sich weder für den Verkauf deutscher Waschmittel noch Suppen oder anderer Fertiggerichte in China. Sie eignen sich eher dafür, erhebliche Erziehungsdefizite bei den Kindern zu demonstrieren.“[19]

Erziehungsdefizite reduzieren das Gesicht der Familie und verhindern den Kauf des Produktes, statt ihn zu fördern. Ähnliches gilt für den Einsatz sonnengebräunter Menschen: Diese wecken Assoziationen mit Landarbeit und fördern nicht das Gesicht eines kaufkräftigen städtischen Konsumenten. Chinesinnen benutzen nicht nur Whitening Cream, sondern laufen im Sommer auch mit Schirmen herum, um Bräunung durch Sonneneinstrahlung zu vermeiden. Weiterhin ist darauf zu achten, dass Gestik in China anders gedeutet werden kann als im Westen. So bedeutet beispielsweise unser Handzeichen für „zwei" in China „acht".

In einer Mischung aus direkter und indirekter Ansprache wird Chinesen in TV-Werbungen gezeigt, wie Konsumenten zur Tat schreiten und ein Produkt erwerben. Die Kaufhandlung (**A**ction) muss nach dem AIDA-Konzept auf Aufmerksamkeit (**A**ttention), Interesse (**I**nterest) und Verlangen (**D**esire) folgen, beispielsweise durch „Wettläufe" im Supermarkt: Personen rennen mit ihrem Einkaufswagen zu einem Regal und versuchen, so viel wie möglich von dem beworbenen Produkt zu ergattern. Diese Szene kommt in 4,9% der TV-Anzeigen vor. Eine Pampers-Werbung zeigt am Anfang ein volles Windelregal. Danach beginnt der Wettlauf, bis das letzte Produkt gegriffen wird. Eine glückliche Mutter mit ihrem Sohn wird schließlich an der Kasse gezeigt, deren Einkaufswagen vollständig mit dem Pampers-Produkt gefüllt ist.

4) **(pseudo-)wissenschaftliche („Endorsement-") oder auf gesundem Menschenverstand aufbauende („Testimonial-") Ansprache:** Die wissenschaftliche Ansprachenrichtung findet in China keinen fruchtbaren Boden, lautete die herrschende Meinung für lange Zeit.[20] Unabhängige Forschung habe keine Tradition, und das Verhältnis der Konsumenten zu dem, was als „wissenschaftliche Erkenntnis" vermarktet wird, sei gebrochen. Der in Deutschland beliebte „professor or physician type – preferably wearing a white coat"[21] rufe in China keine Glaubwürdigkeit hervor. Erneut ist ein Wandel zu konstatieren: In- und ausländische Doktoren und Forschungslaboratorien waren 2004 Bestandteil von 17,1% der aufgezeichneten TV-Werbungen und auf 6,3% der Printanzeigen.

P&G ist ein Beispiel. Das Unternehmen zeigt in seinen Anzeigen für die Zahnpasta Crest oder die Seifenprodukte Safeguard Forschungslabore, Ärzte oder Siegel. Der Anteil wissenschaftlicher Elemente auf Produkten ist geringer. Dieser beträgt 4,3%. Auch Mars verwendet die wissenschaftliche Ansprachenrichtung, z.B. für sein Hundefutter Pedigree. Der Hinweis „Developed with Vets" steht auf den Packungen. Es ist davon auszugehen, dass die Wissenschaftsgläubigkeit in China zunimmt. Der aktuell in China stattfindende Prozess der Retraditionalisierung, welcher eine Rückbesinnung auf – für die Menschheit zum Teil grundlegende – chinesische Forschungserfolge und Erfindungen beinhaltet, trägt dazu bei.

Nach Artikel 15 des Werbegesetzes soll bei Anzeigen für Medizinprodukte die Wirkung vom staatlichen oder provinziellen Gesundheitsministerium zuvor bestätigt werden und bei Therapieprodukten der Zusatz „To seek doctor's advice in the purchasing and application“[22] erfolgen.

Das Staatliche Hauptamt für Industrie und Handel kam 2002 dennoch zu dem Ergebnis, dass 85% der Werbung für Medikamente und medizinische Dienste die Konsumenten täuschten. Der Anteil der abgestraften Unternehmen beträgt 14,7% im Bereich Medikamentenwerbung, 10,4% bei medizinischen Diensten und 6,3% bei Nahrungsmitteln.[23]

Der Einsatz von Anwendern ist bei 9,8% der TV-Anzeigen festzustellen. Eine chinesische Hausfrau, Frau Zhāng (张) aus Běijīng, wäscht in einem TV-Spot für das Waschmittel Tide per Hand einen Hemdkragen mit einem für sie unbekannten Waschmittel. Es wird ihr mitgeteilt, dass sie Tide benutzt, als sie auf Anfrage begeistert von der Anwendung berichtet. Eine weitere Werbung dieses Reinigers zeigt Frauen in einem Haushof, die Handarbeiten durchführen. Tide wird ihnen vorgeführt und Wäsche in einem Zuber gewaschen. Die beiden Werbespots von P&G verdeutlichen die Ansprache unterschiedlicher Einkommenskreise, was hier unter anderem durch Integration lokaler Waschgewohnheiten erfolgt.

Die in der Testimonial-Werbung gezeigten Anwender übernehmen Vorbildcharakter. Eine Werbeanzeige des spanischen Getränkepulverherstellers Cola Cao zeigt in der ersten Blende einen westlichen Haushalt: Eine Mutter gibt ihrem Sohn Cola Cao zum Frühstück. In der zweiten Blende offeriert eine chinesische Mutter ihrem Sohn das Getränk. Eine Fernsehwerbung am 26. Juli 2004 auf CCTV 6 für ein Johnson&Johnson-Babybad zeigt eine chinesische Kinderfrau, die ein ausländisches Kleinkind badet. Ähnliches ist bei Nestlé zu finden. Ein chinesisches Kindermädchen, welches ein westliches Kind hält, wird auf einem Werbeplakat für die Babynahrung Neslac abgebildet. In all diesen Werbungen wird suggeriert, dass dasselbe Produkt auch für chinesische Kinder förderlich ist.

5) **nationale, internationale oder nationalistische Anspracherichtung:** Der Ursprungslandeffekt („Country of Origin Effect“) als eine Ausdrucksform dieser Anspracherichtung wird eingesetzt, wenn nationale Elemente des Ursprungslandes in der Werbung des Ziellandes ein positives Image hervorrufen und prägen. Französische Produkte wie Modeartikel, Wein oder Parfüm stehen in China für Luxus und Romantik. Amerikanische Erzeugnisse vermitteln Freiheit, Lebensgefühl oder Individualität. Chinesen bewundern an deutschen Produkten dagegen Qualität, Zuverlässigkeit und die Solidität. Fahrzeuge, Maschinen und Elektroartikel werden hoch geschätzt. „Les Chinois ont une opinion très positive de l'Allemagne et de la qualité de ses produits technologiques.“[24]

Das Verhältnis zu japanischen Produkten ist ambivalent. Chinesen begeistern sich auf der einen Seite für den technologischen Stand der Produkte, auf der anderen Seite sind Erinnerungen an Kriege und japanische Gewaltherrschaft präsent: „Foreign advertising can be particularly when it oversteps the bounds of cultural sensibilities, awakening not-so-very-deeply buried Chinese memories of foreign domination.“[25]

Der Ursprungslandeffekt kann die Produktwahl beeinflussen, jedoch führt der Ruf eines Landes oder eines Produktes nicht zwangsläufig zum Kauf.

Ein Hinweis auf das Herkunftsland ist in 3,7% der Fernsehwerbungen, auf 9,8% der Produkte und 17,3% der Printwerbungen zu finden. „NEW Imported from Germany“, steht auf einer Nivea-Seife. Eine Verpackung der australischen Milch Aussie (奥喜, ào xǐ, australische Freude) trägt die Slogans „Fresh Milk From Australia“ und „Product of Australia“. Plakate für Citizen-Uhren werben mit „Made in Japan“ und der Küchenhersteller Nobilia macht auf einem Großplakat vor IKEA an der Dritten Ringstraße in Běijīng mit „The best seller in Germany“ auf sich aufmerksam. Jever ist ein weiteres Beispiel. Dieses Unternehmen preist an, dass sein Bier aus dem Königreich der Biere, Deutschland, komme (啤酒王国 – 德国, píjiŭ wángguó – déguó).

Ausstellungsstücke von Bosch – beispielsweise in dem Elektrogeschäft Dàzhōng (大中) – tragen einen Aufkleber in den Farben der deutschen Flagge. Der Zusatz „Germany 100% Wholly Owned Company“ soll die Qualität unterstreichen. Auch der australische Haferflockenhersteller Sea Mild unterstreicht auf den Verpackungen: „Australian Brand – Quality Guarantee“.

Chinesische Firmen bedienen sich ebenfalls des Ursprungslandeffektes, indem die Produkte zum Teil ausländische Namen erhalten. Ein Zahnpflegeprodukt trägt den Namen der deutschen Stadt Heidelberg (海德堡, hăi dé băo) und eine Toastmarke heißt „Mankattan“[27] (曼可顿, màn kĕ dùn). Diese wirbt mit dem Hinweis „American Style“ und verteilte in einer Kampagne Erdnussbutterproben. Der Pariser Triumphbogen ziert eine Käsepackung der Firma Guāngmíng (光明), das Milchpulver Zhèngyuán (正元) von Yáolán (摇篮) wird von einem hellblonden, blauäugigen Mädchen beworben. Die Alpen sind im Hintergrund abgebildet. Die Anwendungsanleitung bezieht sich unverständlicherweise nur auf Jungen: „The Quality of the ZHENG YUAN Calcium Milk Powder for school boys is guaranteed.“

Die folgende Tabelle 5.2 führt weitere ausländische Unternehmen und Produkte auf, bei denen ein Hinweis auf das Ursprungsland zu finden ist.

Produkt	Hinweis auf das Ursprungsland
Act II Popcorn	Made in USA
Andros Fruit Snack	法国名品, fǎguó míngpǐn: französische Marke
Becks	The International Premium Beer From Germany
Brita	Made in Germany
Evian	Natural Mineral Water from the French Alps[26]
Jever	The World's Best From Germany, 世界顶级啤酒 – 德国积发, shìjiè dǐng jí píjiǔ – déguó jī fā; Jever beer – true German taste
La Vache Qui Rit	法國芝士醬, fǎguó zhīshì jiàng: French Cheese Spread
nimm2	德国原装进口, déguó yuán zhuāng jìnkǒu: Deutschland, Originalware, Import
Oral-B	德国制造, déguó zhìzào: Hergestellt in Deutschland
Panrico	Europe's Leading Brand
Ricola	From Switzerland
Tissot	Swiss Watches since 1853
Vichy	法国全进口, fǎguó quán jìnkǒu: Vollständig aus Frankreich importiert
Volvic	Natural Mineral Water from France

Abb. 5.2: Kennzeichnung des Ursprungslandes

Im Rahmen der nationalen oder internationalen Anspracherichtung muss die Entscheidung getroffen werden, welche Merkmale die in der Werbung auftretenden **Darsteller** aufweisen sollen. Ausländische Firmen wählten in den ersten Jahren der Reformpolitik oft chinesische Persönlichkeiten, beispielsweise aus dem Sport. Die chinesische Seite interpretierte dies als ausländisches Herabschauen und Beleidigung. Inzwischen hat ein Wandel diesbezüglich stattgefunden, und alle denkbaren Kombinationen sind anzufinden. Sowohl ausländische als auch chinesische Unternehmen werben mit ausländischen und chinesischen Darstellern, darunter nationalen oder internationalen Persönlichkeiten.

90,2% der TV-Werbungen zeigen Personen. 8,1% davon sind **Ausländer**. Der Anteil beträgt 32% von 8,2% bei Produkten und 34,8% von 60,2% bei Printwerbungen. Ein Plakat für eine Omega-Uhr, eine Werbung für ein Toshiba-TV-Gerät sowie ein Braun-Werbeplakat für einen Fön zeigen eine blondhaarige Frau. Auf einer Softlan-Waschmittelflasche von Colgate-Palmolive ist eine brünette Frau mit einem blonden Kind auf dem Arm zu sehen, und in einer Gillette-Mach3-Werbung rasiert sich ein ausländischer Mann. Für das 2004 neu eingeführte Produkt Pure Zone wirbt L'Oréal mit zwei hellhaarigen und blauäugigen Darstellern. Markencharakteristische Darsteller wie bei Kinder Schokolade oder nimm2 sind hier ebenso zu nennen wie ausländische Models (z.B. Boss, Nivea), die international eingesetzt werden (s. Abb. 5.3).

Abb. 5.3: International verwendete Darsteller: z.B. Nivea[28]

Der Einsatz von ausländischen Darstellern ist sinnvoll, wenn der Ursprungslandeffekt betont werden soll (z.B. Kolumb, Schiesser). Ausländische Darsteller würden dagegen in Werbeanzeigen für lokale oder angepasste Produkte wenig Sinn machen, da diese Produkte in den Heimatländern nicht existieren. Heinz Babynahrung „Fish&Vegetables", Lay's Chips in der Geschmacksrichtung „Beijing Duck", L'Oréal Whitening Cream oder die akquirierte Marke Mininurse werden mit Chinesen beworben.

Lokale Darsteller kommen auf 36% der Produkte, 40,9% der Printwerbungen und in 70,3% der TV-Anzeigen mit menschlichen Darstellern zum Einsatz. Die Marken Buick, Colgate, Crest, Fa, Kodak, Pantene oder Zest sind einige Beispiele. Die Fast-Food-Restaurants KFC, McDonald's oder Pizza Hut ergänzen die Aufzählung. In diesem Kontext muss wiederum darauf geachtet werden, dass chinesische Familien der staatlichen Planung nach nur ein Kind haben sollen.

Ausländische Unternehmen verwenden je nach Produkt **ausländische und chinesische Darsteller**. Dieses trifft für 13% der Printwerbungen, 10,8% der Fernsehanzeigen und 8% der Produktverpackungen mit Personen zu. In Trachten gekleidete Chinesinnen kommen in einer Reklame für die Kaugummimarke Wrigley's vor; das Produkt Wrigley's Extra bewirbt dagegen ein ausländischer Mann. Pampers zeigt auf seinen Verpackungen Menschen unterschiedlicher körperlicher Merkmale. Sowohl westliche als auch chinesische Darsteller werden verwendet. Auch Garnier nutzt für sein Haarprodukt Nutrisse lokale und nichtchinesische Darsteller.

Eine große Bandbreite nationaler und internationaler **Persönlichkeiten** belebt die Werbung (s. Abb. 5.4). Persönlichkeiten sind auf 24% der Produkte, in 10,8% der Fernsehwerbungen und auf 11,3% der Printanzeigen integriert, welche mit Personen werben. Maybelline wirbt für sein Produkt Water Shine 3D Glitters mit dem Model Josie Maran, Red Bull und Coca Cola werben mit Basketballspielern der National Basketball Association (NBA), Tissot mit Michael Owen und Tag Heuer mit Kimi Raikkönen, Tiger Woods und dem chinesischen NBA-Spieler Yáo Míng (姚明). Auch McDonald's, Pepsi und Reebok nutzen diesen als Werbeträger. KFC hat den olympisch ausgezeichneten Kunstturner Lǐ Xiǎopéng (李小鹏) unter Vertrag und Danone für sein Produkt TUC den chinesischen Fußballnationalspieler Qí Hóng (祁宏). Auch die Unternehmen Coca Cola, McDonald's und Nike werben mit chinesischen Sportlern, Letzteres unter anderem mit dem Basketballer Yì Jiànlián (易建聯). Sänger und Bands werden ebenso verpflichtet. Mirinda hat Shakira als Werbestar und Coca Cola die Popgruppe S.H.E aus Táiwān sowie den Sänger Will Pān (潘伟柏). Pepsi kontert mit dem ebenfalls aus Táiwān stammenden Sänger der Gruppe F4 Jerry Yán (言承旭). Die bereits zitierte Studie von Hill&Knowlton bestätigt die Vorliebe für chinesische Interpreten: „... local artists easily outpace foreign acts in music choices of the students quizzed."[29]

Die chinesische Marke Golden Throat-Bonbons (金嗓子) wird schließlich von dem brasilianischen Fußballspieler Ronaldo beworben.

Abb. 5.4: Einsatz prominenter Werbeträger: z.B. Coca Cola

Die nationalistische Anspracherichtung bedeutet eine Integration patriotischer Elemente bzw. die für ausländische Unternehmen in China weniger zum Tragen kommende Rückbesinnung auf Produkte aus der nationalen chinesischen Fertigung. Drei Printwerbungen (1,6%), vier Fernsehanzeigen (4,9%) und vier Produkte (1,3%) werben mit patriotischen Elementen. Kodak verteilte auf einer Präsentationsveranstaltung am 11. Juli 2004 in der Sūn Dōng Ān Plaza (新东安市场)[30] in Běijīng China- und Kodak-Fähnchen aus Papier. Coca Cola gab in einer Olympia-Sonderedition Glasflaschen in den Farben Gold, Silber und Bronze heraus, auf welchen der chinesische Medaillenspiegel zwischen 1984 und 2000 angegeben ist. Eine vierte Flasche in roter Unternehmensfarbe vereint alle drei Medaillen. Nokia zeigt Darsteller in revolutionärer Pose (s. Abb. 5.5), und Nike ließ den ersten chinesischen Olympiagewinner in Männerleichtathletik, Liú Xiáng (刘翔), in einem TV-Spot auf die Fragen „Asians lack muscle?“ und „Asians lack the will to win?“ die Antwort „Stereotypes are made to be broken“ geben.[31] Derselbe Sportler wirbt für Coca Cola.

Ausländische Unternehmen können durch Akquisition chinesische Marken nationalistisch bewerben. Danones Wáhāhā-Marke ist eine „China Top Brand“. Die nationalistische Ansprache ist bei chinesischen Marken sehr beliebt. Die Milchmarke Méngniú (蒙牛) warb lange Zeit damit, dass Gesundheit entscheidend für die Kraft einer Nation ist. Das Unternehmen aus der Inneren Mongolei nutzte die nationale Begeisterung, als der erste Chinese im Weltraum schwebte, und positionierte sich als spezielle Milch für Chinas Raumfahrer (中国航天员专用牛奶, zhōngguó hángtiānyuán zhuānyòng niúnǎi). Der Werbespruch „Raise your right hand, cheer for China“ (举起你的右手, 为中国喝彩, jǔqǐ nǐ de yòushǒu, wèi zhōngguó hēcǎi) kam hinzu. „The campaign created rocketing sales while its image as a strong national brand has been greatly boosted.“[32]

Abb. 5.5: Nationalistische Elemente in der Werbung: z.B. Nokia

5.4 Slogan und Werbebotschaft

Im Rahmen der **verbalen Gestaltung** muss wie bei den Markennamen den Eigenheiten der Sprache, der Prägung des Denkens durch die Sprache sowie zusätzlich den Bildungsniveauunterschieden zwischen den Zielgruppen Rechnung getragen werden, um den Kommunikationserfolg nicht durch Fehlinterpretationen zu gefährden. „Depending on the criteria, there are seven or eight – or as many as several hundred – mutually unintelligible varieties of modern Chinese, which in any other context would be considered languages, but which Chinese people (especially Mandarin speakers) and governments call 'dialects' of a single Chinese 'language'. To most linguists, the claim is utter nonsense.“[33]

Studien verdeutlichen, dass Chinesen, die im täglichen Sprachgebrauch lokale Dialekte verwenden, stärker auf Werbetexte reagieren, die in der gleichen Mundart abgefasst sind.[34] Die Verwendung von Langzeichen ist bei Werbesprüchen im Gegensatz zu Marken- oder Firmennamen nicht erlaubt. Die Werbesprache ist zudem auf Hochchinesisch (普通话, pǔtōnghuà) und Kantonesisch (客家, kèjiā) beschränkt. Die bfai mahnt wiederholt vor dem Einsatz von Fremdsprachen. Entsprechende Kenntnisse seien in der Bevölkerung so gut wie nicht vorhanden.[35]

Der souveräne Umgang mit einer Sprache ist ein imagebildender Faktor in der Kommunikation. Dieser besitzt das Potenzial, einen Beitrag zum Aufbau von Vertrauen und Glaubwürdigkeit bei der Zielgruppe zu leisten. Fehler treten auf, wenn die linguistische Sensibilität bei Eintritt in den chinesischsprachigen Markt fehlt. Der Coca-Cola-Slogan „Coke adds life" wurde 1976 in Táiwān in „Coke will bring back your ancestors from the grave" übersetzt.[36]

Es empfiehlt sich, die Werbebotschaft sinngemäß zu übersetzen, wenn eine direkte Übertragung beispielsweise aufgrund rechtlicher Bestimmungen nicht möglich ist. Die Thematisierung von Individualität ist neben dem bereits erläuterten Verbot von Superlativen ein weiterer Aspekt, der – analog zur „geistigen Zivilisierung" – bei inhaltlichen Übersetzungen problematisch ist. Der Nescafé-Werbespruch „Ich bin so frei, Nescafé ist dabei" wurde zu „The taste is great" (味道好极了, wèidào hǎo jíle). Der Apple-Slogan „Think different" ist dagegen zugelassen: 解放你的思维 (jiěfàng nǐ de sīwéi) und heißt übersetzt „Befreie deine Gedanken". Visa benutzt für seinen Werbespruch eine chinesische Redewendung: 海阔天空 (hǎikuò tiānkōng; unendliches Meer und grenzenloser Himmel). Dieses steht – den deutschen Visa-Slogan zugrunde legend – für die Freiheit, die man sich nimmt. Redewendungen sind in China sehr beliebt. Sie unterstützen die indirekte Ausdrucksweise und unterstreichen dennoch die Bedeutung einer Aussage. Die folgende Auflistung 5.6 enthält eine Auswahl von in China im Jahr 2004 verwendeten Werbesprüchen.

Produkt	**Slogan Englisch**	**Slogan Chinesisch**	**Umschrift**
Adidas	Impossible is nothing	没有不可能	Méiyǒu bùkěnéng
Apple	Think different	解放你的思维	jiěfàng nǐ de sīwéi
Audi	The future is now	预见未来	yùjiàn wèilái

Produkt	**Slogan Englisch**	**Slogan Chinesisch**	**Umschrift**
Centrum	from A to Zinc	补充30种 A-Zinc 维生素和矿物质	búchōng 30 zhǒng A-Zinc wéishēngsù hé kuàngwùzhì
Gatorade	Thirst Quencher	运动饮料	yùndòng yǐnliào
Hewlett Packard	hp invent	hp 变革	hp biàngé
KitKat	Have a break, have a **KitKat**	轻松一刻 **奇巧**時刻	qīngsōng yīkè **qíqiǎo** shíkè
m&m's	The milk chocolate melts in your mouth … not in your hand	牛奶巧克力… 只容在口, 不溶在手	niúnǎi qiǎokèlì… zhǐ róng zài kǒu, bù róng zài shǒu
Marlboro	Come to where the flavour is – **Marlboro** County	光临风韵之境 **万宝路**世界	guānglínfēng yùnzhī jìng, **wàn bǎo lù** shìjiè
Maxwell House	Good to the last drop	滴滴香浓意犹未尽	dīdī xiāng nóng yì yóu wèi jìn
McDonald's	I'm lovin' it	我就喜欢	wǒ jiù xǐhuān
Microsoft	Your Potential. Our Passion.	您的潜力我们的动力	nín de qiánlì wǒmen de dònglì
Nike	Just do it	只管去做	zhǐ guǎn qù zuò

Produkt	**Slogan Englisch**	**Slogan Chinesisch**	**Umschrift**
nimm2	The multi-vitamin sweet for the whole family	全家适用，老少咸宜的多种维生素糖果	quánjiā shìyòng lǎoshǎo xián yí de duō zhǒng wéi-shēngsù tángguǒ
Nissan	Shift_the future	超越未来	chāoyuè wèilái
Panasonic	ideas for life	为生活着想	wéi shēnghuó zhuóxiǎng
Pepsi	Ask for more	渴望无限	kěwàng wúxiàn
	The choice of a new generation	新一代的选择	xīn yīdaì de xuǎnzé
Red Bull	Super Vitamin Drink	维生素功能饮料	wéishēngsù gōngnéng yǐnliào
Samsung DIGI-Tall	everyone's invi-ted	三星数字世界欢迎您	**sān xīng** shùzì shì-jiè huānyíng nín
Visa	It's everywhere you want to be	Visa 在手海阔天空	Visa zài shǒu hǎi-kuò tiānkōng
Wella	Beautiful hair needs an expert	美丽头发需要专家	měilì tóufa xūyào zhuānjiā

Abb. 5.6: Werbesprüche „von A bis Zink“

5.5 Auf der Mauer sitzt ein Affe

Auch die **visuellen Gestaltungselemente** können nur dann verstanden werden, wenn die kulturellen Konventionen der Zeichennutzung bekannt sind. Die chinesische Gesellschaft ist stark symbolorientiert, und die Reichhaltigkeit der chinesischen Symbole und Rituale eignet sich zur Integration in Kommunikationsmaßnahmen sowohl von Konsum- als auch Industriegütern. Weggel teilt fünf Bereiche ein: das Reich der Farben, welches im Bereich der Produktgestaltung in 2.6 analysiert worden ist, das Reich der Tiere, der Pflanzen, der Zahlen und des menschlichen Zusammenlebens.[37]

Hohen Symbolwert haben die zwölf Tiere des zyklischen Tierkreises: Ratte, Büffel, Tiger, Hase, Drache, Schlange, Ziege, Schaf, Affe, Hahn, Hund und Schwein. Die Entstehungsgeschichte, wie es zu diesen zwölf Tieren kam, welche im Gegensatz zu westlichen Tierzeichen nicht nur einen Monat „prägen", sondern Stunde, Tag, Monat und vor allem ein Jahr, ist sagenumwoben. Die in dem jeweiligen Jahr geborenen Menschen stehen ihr Leben lang unter dem Zeichen ihres Tieres. Das älteste Schriftstück, welches von zwölf Tieren zeugt, lässt sich auf die Qín-Dynastie (秦, 221–207 v. Chr.) datieren. Entsprechende Bambushölzer wurden 1975 in der Provinz Húběi (湖北) entdeckt. Die heutigen zwölf Tiere lassen sich bis in die östliche Hàn-Dynastie (汉, 25–220 n. Chr.) zurückverfolgen. Die Meinungen über Wahl und Reihenfolge der Tiere divergieren und bieten Raum für Volksmärchen und Legenden. Eine Erklärung baut auf dem Verhalten der Tiere zur jeweiligen Tages- oder Nachtzeit auf. Diese wird in Abbildung 5.7 dargelegt. Fest steht, dass „les douze animaux désignant les années de naissance occupent une place privilégiée dans la vie culturelle chinoise."[38] Die westlichen Sternzeichen haben in China keine Tradition.

2004 war das Jahr des Affen. Chinesen verbinden dieses Tier mit der Affengestalt Sūn Wùkōng (孫悟空) aus dem chinesischen Klassiker „Journey to the West" (西游记, xī yóu jì) von Wú Chéng'ēn (吴承恩). Dieser Roman aus dem 16. Jahrhundert basiert auf der Geschichte des Mönches Xuán Zàng (玄奘), der sich auf die Reise nach Indien macht, um buddhistische Sutren zu holen. Seine Begleiter sind der ihn beschützende Affe, das Schwein Zhū Bājiè (豬八戒), der Pferdeführer Shā Wùjìng (沙悟净) und das Drachenpferd. Der Affe ist das Symbol des Gewitzten, er ist lärmend, aktiv und kämpferisch.

Sūn Wùkōng besitzt übernatürliche Kräfte, denn im Roman hat er die Pfirsiche der Unsterblichkeit aus dem Garten der Göttin Xī Wángmǔ (西王母) geklaut.[39] Er verfügt zudem über die Fähigkeit, sich in andere Gestalten zu verwandeln: „Sa métamorphose la plus spectaculaire consiste à se transformer en 72 êtres différents. Grâce à ce pouvoir, il peut venir à bout de toutes sortes de monstres et protéger le moine Xuan Zang son maître, lors de son pèlerinage vers l'Ouest."[40]

Tageszeit	Tier	Zeichen	Verhalten des Tieres
23-01	Ratte	鼠 (shŭ)	Die Ratte hat ihre aktivste Phase.
01-03	Büffel	牛 (niú)	Der Büffel kaut wieder.
03-05	Tiger	虎 (hŭ)	Der Tiger ist am wildesten.
05-07	Hase	兔 (tù)	Kurz vor Sonnenaufgang zerstößt der Hase im Mond[41] Pflanzen mit medizinischer Heilwirkung.
07-09	Drache	龙 (lóng)	Der göttliche Drache sorgt für Regen.
09-11	Schlange	蛇 (shé)	Die Schlange wird aktiv.
11-13	Pferd	马 (mă)	Das Yáng, dargestellt durch das Pferd, ist am Maximum angelangt.
13-15	Ziege	羊 (yáng)	Die Ziege weidet.
15-17	Affe	猴 (hóu)	Der Affe hat seine aktive Phase.
17-19	Hahn	鸡 (jī)	Der Hahn kehrt in seinen Stall.
19-21	Hund	狗 (gŏu)	Der Hund beginnt den Wachdienst.
21-23	Schwein	猪 (zhū)	Das Schwein schläft tief und fest.

Abb. 5.7: Erklärungsansatz für die chinesischen Tierkreiszeichen[42]

Die Tiere werden in dem jeweiligen Jahr in Werbemaßnahmen integriert. Der Affe war 2004 auf 4,9% der Verpackungen, 6,8% der Printanzeigen und in 12,2% der TV-Werbungen zu sehen (s. Abb. 5.8). Geschenkboxen von Lego, m&m's, Nescafé oder Rocher zählen dazu. Affenfiguren hingen auch in Modehäusern wie Giordano und in Restaurants wie KFC oder McDonald's. Tupperware gab Behälter mit Affenmotiven heraus, ein Stofftieraffe wurde beim Kauf eines Kodak-Produktes dazugeschenkt und Wrigley's kreierte einen Aufsteller, welcher einen Affen mit einer Kaugummi-Packung zeigt. Ein Affe tanzt ebenso auf der Neujahrsdose von Pepsi und auf Coca-Cola-Flaschen. Baskin Robbins warb mit „Celebrate! Year of the Monkey" und brachte als „Flavor of the month" die Eissorte „Lucky Monkey" heraus.

Bereits die historische Werbeanzeige von Bayer in Abb. 1.1 zeigt einen Affen, welcher gemäß dem klassischen Roman einen Pfirsich hält. Ausländische Unternehmen integrierten schon vor einhundert Jahren die Tiere des chinesischen Horoskops in ihre Marketingstrategie.

Abb. 5.8: Affenjahr 2004: Wrigley's und Dove

Die Tiere sind auch Bestandteil von Redewendungen. Maxwell House verwendete den Spruch 三羊开泰 (sān yáng kāi tài), als 2003 das Jahr der Ziege war (s. Abb. 5.9).

Abb. 5.9: Drei Ziegen wünschen „Frohes Neues"

Der Spruch heißt ursprünglich 三阳开泰 (sān yáng kāi tài) und bedeutet frei: „Wenn die Sonne den Winter vertreibt, folgt Gutes." Die gleich klingenden Schriftzeichen für Sonne (阳, yáng) und Ziege (羊, yáng) wurden vertauscht. Dieses resultiert in „Drei Ziegen bringen Gutes".

Das bereits erwähnte Buch der Wandlungen bildet den geschichtlichen Hintergrund für diese Redewendung. Yīn-Linien (– –) und Yáng-Linien (—) bilden 64 (2^6) Hexagramme, welche nicht nur das Schicksal bestimmen, sondern ebenso mit klimatischen Veränderungen und den vier Jahreszeiten korrespondieren. Der zehnte Mond eines in zwölf Monde eingeteilten Jahres ist dem Schriftwerk zufolge pures Yīn (sechs Yīn-Linien). Yīn steht hier für kaltes Wetter. Die beiden Urkräfte stehen in einem System von Wechselwirkungen und tendieren zum Ausgleich. Die unterste der sechs Linien ist im elften Monat eine Yáng-Linie; die zwei untersten sind es im zwölften Monat. Der erste Mond mit drei Yīn-Linien oben und drei Yáng-Linien (三阳, sān yáng) unten folgt darauf (s. Abb. 5.10). Yīn ist zu diesem Zeitpunkt im Abstieg und Yáng im Aufstieg begriffen. Der Winter wechselt zum Frühling, die Erde erwacht und neues Leben sprießt. Beide Kräfte sind zudem im Ausgleich, welches Harmonie und Frieden bedeutet. 三阳开泰 (sān yáng kāi tài) und in abgewandelter Form 三羊开泰 (sān yáng kāi tài) wurde aus diesen Gründen zum beliebten Neujahrsgruß in dem jeweiligen Jahr.

	10. Mond	**11. Mond**	**12. Mond**	**1. Mond**
Hexagramm	– – – – – – – – – – – –	– – – – – – – – – – —	– – – – – – – – — —	– – – – – – — — —
Name/ Nummer	kūn (坤), 2, das Empfangende	fù (復), 24, die Wiederkehr	lín (臨), 19, die Annäherung	tài (泰), 11, der Friede

Abb. 5.10: Kulturelle Hintergründe eines Neujahrsgrußes[43]

Drache (龙, lóng), Phönix (凤凰, fèng huáng), Schildkröte (龟, guī) und Einhorn (麒麟, qílín) sind weitere besondere Tiere. Diese werden im Buch der Riten (禮記, lǐ jì) als die „vier Herrscher im Tierreich"[44] bezeichnet.

„Bis auf den heutigen Tag gilt der Drache als eine Art Totem der chinesischen Nation und als ein Repräsentant der traditionellen Kultur.“[45] Der **Drache** symbolisiert die Eigenschaften „mächtig“, „edel“, „stark“ oder „lebendig“ und gilt als Schutzgeist und Regen spendendes Wesen. Ausgrabungen belegen, dass Chinesen Drachen bereits vor über sechstausend Jahren, im neolitischen Zeitalter, Respekt zollten. Das Fabelwesen wird seit der Hàn-Dynastie (206 v. Chr.–220 n. Chr.) mit dem Kaiser in Verbindung gebracht. Drachen dienten der Vermarktung ausländischer Produkte bereits um 1920, wie die Werbeanzeige von BASF in Abb. 1.1 verdeutlicht.

Der **Phönix** gilt als Mutter aller Vögel und Glückssymbol seit mehreren tausend Jahren. Das Buch der Lieder (诗经, shī jīng) berichtet, dass die Shāng-Dynastie (商, 1600–1100 v. Chr.) gegründet wurde, als ein schwarzer Vogel vom Himmel auf die Erde kam. Soziale Stabilität folgt – Erzählungen nach – auf die Erscheinung eines Phönix'. Phönix und Drachen wurden in der menschlichen Vorstellung als einander zugehörig angesehen. Der Kaiser galt als Wiedergeburt des Drachens und die Kaisersgattin als Verkörperung des Phönix'.

Schildkröten gelten ebenso wie **Kraniche** als Symbole für langes Leben, **Einhörner** für vorbildhaftes Verhalten. Ihre Erscheinung sagt die Geburt oder den Tod eines aufrichtigen Herrschers voraus.[46]

Die Bedeutung eines Tieres und die Assoziationen, die es weckt, sind vor ihrem Einsatz zu eruieren. Nestlés chinesischer Name „Spatzennest“ (雀巢, què cháo) ist positiv belegt, denn der Spatz gilt als gewitzt, schlau und zudem als „Frühjahrsbote“. Die chinesische Redewendung „Wenn die Gottesanbeterin eine Zikade jagt, lauert der Spatz nicht fern“[47] verdeutlicht die Schlauheit des Spatzes.

Ein **Zentaur** wird von Remy Martin eingesetzt und als Erfolgsfaktor angesehen, denn dieser weckt „positive associations and has much to do with that brandy's dominant market share.“[48]

Der **Hund** gilt bei Chinas Neureichen als Zeichen für Wohlstand und als Statussymbol. Dieses Tier wurde in den untersuchten Anzeigen und auf den Produkten für Werbezwecke vier Mal verwendet. In drei Fällen (75%) wurde die Hunderasse Golden Retriever verwendet. Diese ist auf Toilettenpapier von Kleenex ebenso zu sehen wie in einer Fernsehwerbung der chinesischen Firma 諾貝爾 (nuò bèi ěr).

Auch Toyota wollte ein Tier mit positiver Bedeutung in eine Werbemaßnahme einbauen und wählte den **Löwen**. Dieser ist in China Symbol für Macht, Mut sowie Majestät und gilt als bester Wächter. Steinerne Löwenfiguren sind in China oft vor Palästen oder Residenzen zu finden. Eine Werbeanzeige von Toyota, welche im November 2003 geschaltet wurde, zeigt, wie zwei Löwen das Modell Prado GX begrüßen und sich verbeugen. Doch hatte das nicht die erhoffte Wirkung, sondern weckte bei den Chinesen Erinnerungen an den Japanisch-Chinesischen Krieg, welcher 1937 auf der Marco-Polo-Brücke in Běijīng startete, die mit 485 Löwenfiguren gesäumt ist. Chinesische Konsumenten empfanden die Werbung, in Kombination mit dem übersetzten Namen „bàdaò“ (霸道), welcher „beherrschend“ bedeutet, und dem Slogan „You have to respect Bàdaò“, als Ausdruck japanischer Vorherrschaft und Höherwertigkeit. Toyota hatte dies nicht beabsichtigt, entschuldigte sich und stoppte die Kampagne.[49]

Animationen kommen in 12,2% der TV-Werbungen und auf 12,5% der Produkte zum Tragen: Eine Kaugummipackung von Wrigley's wird in einer Fernsehwerbung mit Armen und Mikrofon gezeigt und die Klebstoffe von Henkel und 3M, Pritt und Scotch mutieren auf der Verpackung zu kleinen Männchen. Auch die zwei Zahnbürsten, welche sich auf der Valentinspackung von Oral-B küssen, das Eiskonfekt von Nestlé, welches Mund und Augen hat (s. Abb. 5.11) und ein weiteres Eis dieser Marke, welches eine Sonnenbrille trägt und einen Mund zum Lächeln hat, wurden zum Leben erweckt. „Lebende“ Lycheefrüchte werben weiterhin für ein Wassereis. Der Biber von Dentagard (Colgate), das Michelin-Männchen Bibendum, der Spee-Fuchs von Henkel, „La Vache qui rit“ (笑牛牌, xiào niú pái), der Goldbär von Haribo oder der Prinz von Danones Prinzenrolle (王子, wángzi) werden in China ebenso verwendet wie in anderen Teilen der Welt, desgleichen Spiderman, Mickey Maus, Winnie the Pooh und der Weihnachtsmann. Eine schwarzhaarige Figur ist auf einer Cornetto-Verpackung mit einem blonden Männchen zu sehen, welches hinter seinem Rücken ein Cornetto-Eis trägt. Diese Szene erinnert an eine Liebeserklärung, wobei das Eis den Blumenstrauß ersetzt. Cornettos chinesischer Name 可爱多 (kě ài duō) trägt dazu bei: „viel lieben können“ oder „sehr liebenswert“.

Abb. 5.11: Lebendige Produktgestaltung: Nestlé-Eiskrem

Pflanzen haben durch die jahrtausendealte Tradition der chinesischen Medizin einen anderen Stellenwert als in westlichen Ländern. Die Vieldeutigkeit der chinesischen Silbensprache führt wiederum dazu, dass bestimmte Pflanzenkombinationen einem Bilderrätsel ähneln, welches versteckte Botschaften enthält. Hunderte kleiner Flaschen, welche mit roter Tinte gefüllt waren, hingen nach der Implementierung der Wirtschaftsreformen durch Dèng Xiǎopíng im Dezember 1978 in den Baumwipfeln am Tiānānmén-Platz (天安门) in Běijīng. Der Betrachter sah eine „kleine Flasche mit rotem Inhalt an höchster Stelle". Der Vorname von Dèng bedeutet „kleiner Friede" (小平, xiǎo píng) und ist homophon mit „kleine Flasche" (小瓶, xiǎo píng). Die Flasche stand als Symbol für die Person und der rote Inhalt sollte verdeutlichen, dass er ein guter Kommunist ist. Dieses war von radikalen Kräften in der KP des Öfteren angezweifelt worden. Die Platzierung in den Wipfeln symbolisierte, dass Dèng wieder zu Einfluss gekommen ist. Dessen Laufbahn gleicht einem Auf und Ab, geprägt durch Absetzung und Rehabilitierung.[50]

Ein weiteres bekanntes Bilderrätsel kommt in dem genannten Klassiker Jīn Píng Méi vor. Dies wird mit „Pflaumenblüten in goldener Vase" übersetzt, die versteckte Unterbedeutung aber lautet: „schöne Frauen in reichem Haushalt."[51]

Die **Bambuspflanze** (竹, zhú) hat in der chinesischen Flora einen besonderen Stellenwert. Sie galt den Chinesen jahrhundertelang als Baumaterial und Rohstoff zur Herstellung von Gebrauchsartikeln wie Stühlen, Körben oder Essstäbchen. Waffen konnten ebenfalls daraus produziert werden. Bambus steht für Glück, Treue und Beständigkeit. Chinesen schätzen „seine Anpassungsfähigkeit an komplizierte Umweltbedingungen wie Sturm und Schnee, ohne daß er sein Selbst verliert oder auch nur zu verändern brauchte. Je mehr man den Bambus niederbeugt, desto energischer und kraftvoller wird er in seine Grundhaltung zurückschnellen."[52] Bambus verkörpert eine ethische und erstrebenswerte Lebenshaltung und ist als Wortspiel ein beliebter Teil eines Bilderrätsels. Das Wort für diese Pflanze (竹, zhú) ähnelt dem Ausdruck für „wünschen, bitten, beten" (祝, zhù).

Der **Lotos** (荷花, hè huā) ist Inbegriff des chinesischen Sommers und wird als romantische Schönheit empfunden. Er gilt als Symbol der Reinheit und Unbestechlichkeit, denn obwohl er im Sumpf steht und sich von ihm ernährt, verliert er nicht seine Schönheit. Diese Qualität wird auch dem Kranich zugesprochen.[53]

Die **Chrysantheme** (菊花, jú huā) ist die Blume des Kaisers und ein Symbol der Stärke. Dieses rührt daher, dass der Korbblütler über die Kräfte des Kalten siegt und trotz Herbstfrösten seine Blüte trägt. Die Chrysantheme gilt als Blume des Herbstes und neunten Monats. Das Hexagramm dieses Monats ist Bō (剝, Nr. 23): die oberste Linie ist eine Yáng-Line, die fünf unteren sind Yīn-Linien. Yīn setzt sich als Zeichen des Kalten gegen das warme Yáng durch. Die Chinesen feiern den neunten Tag des neunten Mondes. Die Zahl Neun gilt dem männlichen und energiereichen Yáng zugehörig – diese Kraft ist in der Chrysantheme, welche sich dem kalten Yīn widersetzt. Das „Doppelte-Yáng-Fest" (重阳, chóngyáng), an dem viele Chrysanthemenprodukte konsumiert werden, wird folglich an diesem Tag gefeiert.[54] Ein Chrysanthemengetränk gehört – wie bereits im Punkt Geschmacksempfinden aufgeführt – zur Nestlé-Serie Vitality.

Ein besonderes Obst ist schließlich der **Pfirsich** (桃, táo). Der bereits vorgestellte Affe in dem Roman „Journey to the West" klaute diese im Garten der Göttin Xī Wángmŭ und die historische Bayer-Werbung in Abb. 1.1 greift diese Geschichte auf: Der Wohnsitz der Göttin soll auf dem Berg des westlichen Paradieses Kūnlún (昆仑) liegen, wo sich der legendäre Pfirsichgarten am Jadesee befindet. Die Bäume blühen nur alle 3000 Jahre. Alle Unsterblichen kommen zur Feier des Anlasses zusammen. Der Gott der Langlebigkeit, welcher auf einer weißen Hirschkuh (dem Überfluss) angeritten kommt und auf einem pfirsichförmigen Schalensessel Platz nimmt, ist einer von diesen. Für ein langes Leben sind beide Urkräfte notwendig: Pfirsiche sind Weiblichkeitssymbole (Yīn) und der Gott der Langlebigkeit ist männlich (Yáng). Der Pfirsich wird in dem Klassiker „Traum der Roten Kammer" (红楼梦, hóng lóu mèng), welcher in den dreißiger Jahren des 18. Jahrhunderts verfasst wurde, als Synonym für „Frau" verwandt.[55] Pfirsiche sind in China zudem beliebte Hochzeitsembleme und werden als Geschenk gereicht. Hochzeiten werden oft in die Zeit der Pfirsichblüte gelegt. Der Kern in dieser Frucht deutet modernen Auslegungen nach auf die Einkindfamilie. Früher wurden bei Hochzeiten **Erdnüsse** geworfen. Deren Name (花生, huāshēng) enthält ein Schriftzeichen, welches identisch ist mit „Leben geben" (生, shēng). Erdnüsse waren damit ein Wunsch für Kinderreichtum.

Im **„Reich der Zahlen"** steht die **Eins** für Fortschritt, denn „eins" (一, yī) klingt ähnlich wie „bewegen, verändern" (移, yí). Aber auch autoritäre Herrschaft oder Einsamkeit werden mit dieser Zahl assoziiert.

Die Zahl **Zwei** (二, èr) drückt Einheit und Gemeinsamkeit aus. Es heißt in China, dass Freude paarweise auftritt. „Doppelte Freude" (双喜, shuāng xǐ oder 喜喜, xǐ xǐ) ist nicht nur eine beliebte chinesische Zigarettenmarke, sondern eine Zeichenkombination, welche besonders bei Hochzeiten verwendet wird.

Die Zahl **Drei** (三, sān) erfährt im Daoismus eine exponierte Stellung. Im Hauptwerk „dào dé jīng" heißt es: „The Dao of the universe created one, one produced two and two made three. Three produced everything in the universe."[56]

Die **Vier** ist eine negative Zahl. Sie gilt als Unglückszahl, denn „vier" (四, sì) klingt ähnlich wie „sterben" (死, sǐ). Die Vier ist zu vermeiden, wenn Preise in der Werbung genannt oder Nummern vergeben werden. Die Zahlenkombination 2 und 4 würde „doppelter Tod" heißen. 7 und 4 bedeutet „sicherer Tod". 1 und 3 ist ebenfalls negativ, da die Quersumme 4 ergibt.

Die **Fünf** (五, wŭ) hat eine bessere Aura. Sie taucht in bedeutendem, historischem Kontext erstmals in der Skizze vom „Brunnenfeld"-System (井田, jĭng tián) auf. Dieses ist eine Anordnung aus neun Feldern, welche dergestalt beziffert sind, dass die Zahlen, ob waagerecht, senkrecht oder diagonal addiert, immer die Summe 15 ergeben. Die Zahl Fünf steht im Zentrum und gilt als Metapher der „Mitte“: „Sämtliche Bereiche des traditionellen chinesischen Lebens unterstanden dem Korrelationsdiktat von Fünferordnungen.“[57] Die aufgeführten Fünf Elemente (五行, wǔ xíng) und die fünf konfuzianischen Beziehungen (五伦, wǔ lún) zählen dazu. Fünf Himmelsrichtungen (N, O, S, W und Mitte) oder fünf legendäre Kaiser (五帝, wǔ dì) kommen hinzu. Das Brunnenfeld-System entwickelte sich zum Weltschema. Dieses zeigt sich im Städtebau. Der Herrscher bewohnt den Platz in der Mitte und ist von acht Vasallenfeldern umgeben. Ein Stadtplan von Běijīng aus der Qīng-Dynastie (清; 1644–1911) zeigt den Kaiserpalast als Zentrum der Macht in der Mitte eines quadratischen Systems. Der Erfolg der britischen Zigarettenmarke 555 wird auf die Allgegenwärtigkeit des Fünfersystems und die gewachsene Beliebtheit für die Zahl Fünf zurückgeführt: „The custom of using wu to signify perfection can be seen everywhere.“[58]

Die **Sechs** (六, liù) wird als die Zahl des problemlosen, zügigen Fortschreitens gesehen, denn sie klingt ähnlich wie „fließen, laufen“ (流, liú).

Der Zahl **Sieben** (七, qī) wird ebenfalls Positives nachgesagt, denn sie erinnert an „Aufstieg“ (起, qǐ; aufstehen, aufrichten). Der Kontext muss dennoch geprüft werden, wie das Beispiel des Getränks 7 Up gezeigt hat.

Die **Acht** (八, bā) ist eine positive Ziffer, weil sie mit „reich werden“ (发财, fācaí) in Verbindung gebracht wird. Nicht nur Privatpersonen, sondern auch Unternehmen versuchen, eine Telefonnummer zu bekommen, welche am Ende eine Acht hat. Die Telefonnummer des deutschen Heizungsbauers Viessmann in Běijīng ist +8610 8049 0888. Wohlklingende Nummern sind bei der Nummernvergabe teurer als ordinäre Zahlenkombinationen. Es liegen beispielsweise beim Kauf einer Handynummer in den entsprechenden Verkaufsstellen Listen aus, welche Telefonnummern in verschiedene Preiskategorien einordnen.

Vatertag wird in China am 08.08. gefeiert, denn die Zahl ist auch homophon mit „Vater“ (爸爸, bàba). Der Wohlklang der Zahl Acht überträgt sich auf weitere Bereiche des Lebens wie Autokennzeichen oder Produktpreise. Pampers zeigt in einem TV-Spot den Preis „8,50“: Wohlstand und Macht. Die Valentinspackung 2004 von Oral-B, welche eine Zahnpasta und zwei elektrische Zahnbürsten enthielt, brachte im Vergleich zu Einzelkäufen eine Ersparnis von 23,80 ¥. Dieses ist auf der Verpackung hervorgehoben. Dieser Preis kann als eine Einheit (2) – Mann (Yáng) und Frau (Yīn) – interpretiert werden, welche ihr Leben um eine dritte Person (3) bereichern, und dass dieses Wohlstand (8) bringt.

Die **Neun** (九, jiǔ) ist nicht nur das Dreifache der Zahl Drei, sondern auch gleichklingend mit „langfristig" (久, jiǔ). Die Kombination 999 steht für „Unendlichkeit" und „langes Leben". Ein chinesisches Pharmaunternehmen, welches unter anderem das deutsche Immunstärkungsprodukt Esberitox von Schaper&Brümmer importiert, trägt diese drei Zahlen als Namen. Auch nimm2 integriert die Neun in seinen Slogan. In Deutschland lautet der Werbespruch „Orangen- und Zitronenbonbons mit wertvollen Vitaminen"; in China wurde dies zu „Soft centered orange and lemon candies with 9 essential vitamins". Neun Vitamine sind in beiden Ländern enthalten. Eine chinesische Bonbonmarke der Firma Yǎkè (雅客) wirbt ebenfalls mit neun Vitaminen (雅客V9). Kodak zeigt im Fernsehen einen Kaufpreis für eine Kamera mit Film. Er ist 99 ¥. Das P&G-Shampoo Rejoice wird im gleichen Medium für 9,90 ¥ angepriesen.

Die **Zehn** (十, shí) wird wiederum wie die Fünf benutzt, um Perfektion auszudrücken. 十全十美 (shíquán shíměi) ist ein Ausdruck für „höchste Vollkommenheit". Ein Produktassortiment wie beispielsweise ein Pralinenkasten heißt „shíjǐn" (什锦). Die Zehn ist auch im negativen Sinn mit dem Superlativ belegt. Die Redewendung „schreckliche Verbrechen begangen haben und keine Gnade verdienen" lautet: 十恶不赦 (shí è bù shè).

Positive Zahlen können in die TV-Werbung integriert werden. 12,2% der analysierten TV-Anzeigen enthalten positive Zahlen.

Chinesen bevorzugen große Zahlen gegenüber kleinen. Dieses Phänomen tritt auch in den USA auf, wie sich am Vorgänger des heutigen Audi A4, dem Audi 80, aufzeigen lässt. Dieses Modell wurde bei Markteinführung in den USA 1982 Audi 4000 genannt. Die Vorgängerversion des Audi A6, Audi 100, hieß Audi 5000. Versionen des Grand Cherokee heißen in China Jeep 2500 und Jeep 4700.

Die Verwendung von Bauwerken und Städten auf Produkten und in Werbeanzeigen ist im **„Reich des menschlichen Zusammenlebens"** zu untersuchen. Diese sind auf vier Produkten (1,3%), in 9 Fernsehanzeigen (11%) und auf 20 Printwerbungen (10,5%) zu erkennen (s. Abb. 5.12). Die Mauer ist als wichtigstes Symbol aufzuführen. Das Reich der „Mitte" (vgl. Zahl Fünf) ist umgeben von einer Großen Mauer, die Städte waren von Wällen umgeben und die privaten Gehöfte von Mauern. Die Große Mauer steht als Symbol für jahrtausendealte chinesische Geschichte und kündigt von der Erhabenheit und dem Stolz der Kultur. Heineken und Olympus haben sie in ihre Kommunikationsstrategie integriert. Ein Kameramodell von Olympus trägt den Namen „Great Wall" und KFC gestaltete zur Eröffnung des tausendsten Restaurants landesweite Tablett-Papierauflagen mit Mauermotiv. Der Kaiserpalast in Běijīng ist ein weiteres beliebtes Werbemonument. Dieser wurde unter anderem von Volkswagen und Cadillac verwendet.

Die Mauer und der Kaiserpalast zeugen für die chinesische Kulturgeschichte. Shànghǎi ist dagegen ein Symbol für das neue China und die Zukunft. Clown Ronnie surft in McDonald's-Restaurants vor Pǔdōng-Kulisse mit einem Surfbrett auf dem Huángpǔ-Fluss (黄浦). Toyota wirbt für sein Modell Corolla und Wrigley's für das Produkt Doublemint mit derselben Perspektive. Chinas höchstes Gebäude, der Jīn-Mào-Tower (金茂), ragt in dieser Skyline hervor. Tissot integrierte ihn in eine Valentinswerbung. Eine Werbekampagne für den VW Gol war 2004 an den neu eröffneten F1-Parcours in Shànghǎi angelehnt.

Abb. 5.12: Monumente als Werbemotive: Heineken und Wrigley's

Auch nichtchinesische Bauwerke kommen in Werbekampagnen vor. 11,1% der TV-Anzeigen, 20% der Printwerbungen und 50% der untersuchten Produkte mit Bauwerken enthalten ausländische Gebäude. Dieses kann im Rahmen einer international ausgelegten Werbung sein (z.B. Heineken). Eine Alcatel-Anzeige enthält den Pariser Eiffelturm, Ford lichtete sein Modell Mondeo vor La Grande Arche im Pariser Viertel La Défense ab und Iveco zeigt seinen Venice Tour Bus auf dem Markusplatz in Venedig. Motive aus Venedig sind auch auf der Cappucino-Verpackung von Nescafé zu erkennen. Maybelline integrierte seine Lippenstifte in die Hochhaussilhouette von New York und eine Werbung für den Audi A8 L zeigt im Hintergrund das Burj-Al-Arab-Hotel in Dubai.

Im „Reich des menschlichen Zusammenlebens" hat die Nahrungsaufnahme einen besonderen Stellenwert inne. Es gibt, wie in jeder Gesellschaft, auch in China einen Kodex, was als anständiges Verhalten beim Essen angesehen wird. Werber müssen mögliche Fehler im Vorhinein eruieren. Interkulturelle Seminare und Veröffentlichungen weisen z. B. darauf hin, dass es gegen die Etikette ist, die Essstäbchen in die Reisschale zu stecken. Dieses wird mit Ahnen- und Götterkult in Verbindung gebracht: Chinesen entzünden in Tempeln Räucherstäbchen und stecken diese in eine dafür vorgesehene Schale. Vereinzelt kommt dieses dennoch als Motiv in Werbeanzeigen vor.[59] Die interkulturelle Inkompetenz der Werbeagentur fällt somit auf das Ansehen des Unternehmens zurück.

5.6 Feste, Feiertage und besondere Anlässe

Bereits in Kapitel 2.8 ist deutlich geworden, wie ausländische Unternehmen die chinesischen Fest- und Feiertage wie das Frühlingsfest oder ausländische Feiertage wie den Valentinstag oder Weihnachten nutzen. Nur Ostern konnte sich noch nicht durchsetzen.

Der **Valentinstag** ist in China nicht unbekannt. Dieser Tag fällt nach dem Mondkalender auf den siebten Tag im siebten Mond. Um dieses Datum webt sich eine Legende aus der Jìn-Dynastie (晋; 256–420 n. Chr.), die Geschichte des Waisenkindes Niú Láng (牛郎) und der jüngsten Tochter der Himmelskönigin, Zhī Nǚ (織女), deren Herzen zueinander fanden, deren Liebe jedoch nicht das Placet der Himmelskönigin fand. Nur einmal im Jahr – am siebten Tag des siebten Monats – dürfen die beiden Liebenden über dem Silberfluss (银河, yín hé; Milchstraße) zueinander finden. Chinesen gehen an diesem Tag nachts raus und betrachten den Sternenhimmel. Im Sommer sind die Sternbilder Aquila, östlich der Milchstraße, und Lyra, westlich davon, besonders hell. Die jeweils hellsten Sterne, Altair und Vega, werden Niú Láng und Zhī Nǚ zugeordnet. Wie Zhī Nǚ, deren Haupttätigkeit im Himmel das Weben von schönen Wolken ist, machen junge Mädchen in China Handarbeiten und hoffen auf einen guten Ehemann. Der chinesische Valentinstag heißt daher „Fest des Bittens um Fähigkeiten" (乞巧节, qǐ qiǎo jié). Emotionale Verbundenheit und liebende Zuversicht stehen im Vordergrund.[60]

Es wurde bereits aufgezeigt, dass ausländische Unternehmen in China zu diesen Anlässen besondere Produkte und Verpackungen auf den Markt bringen. Erhöhte Werbeaktivitäten sind auch bei Restaurants zu verzeichnen. Bei KFC gab es am Valentinstag Chicken Nuggets in Herzform und einen Valentinsfotorahmen, Häagen-Dazs bot ein Fondue mit Eis in Herzform an, und McDonald's lockte die Kundschaft mit einem rosa Becher, aus dem zwei Strohhalme in Herzform schauten (s. Abb. 5.13). Thematisch passen diese zu den Tischen in der hauptstädtischen Filiale an der Chéngfŭ Lù (成府路), welche dauerhaft mit deutsch-englischen Textausschnitten aus Shakespeares „Romeo und Julia" bedruckt sind.

Stände verschiedener westlicher Schokoladenhersteller waren vor dem Valentinstag in dem Einkaufszentrum Sūn Dōng Ān in Běijīng aufgebaut: Cadbury, Dove, Ferrero, Guylian, Hershey's, Le Conté, Maxim's de Paris und Ritter zählten dazu. Süßwaren wurden angeboten und bei Kauf dekorativ verpackt. Eine 100g-Tafel Ritter Sport kostete hier 16,90 ¥ anstatt 12,60 ¥ in einem Carrefour in Shànghăi.

Weihnachten ist das zweite große westliche Fest in China. Es wird allerdings nicht als christlicher Feiertag mit traditionellem Kirchgang gefeiert, sondern dient als allgemeiner Grund zum Feiern, Schenken und Ausgehen. „Die Chinesen wissen nicht, wann Heiligabend ist, aber sie mögen die Farben gold, silbern und rot“[61], hieß es noch 2000. Kleine Chinesen laufen wenige Jahre später mit Weihnachtsmützen herum, Städte sind mit Weihnachtsmännern dekoriert und am Heiligabend ist in chinesischen Städten mit einem noch größeren Verkehrschaos zu rechnen. Nicht nur ausländische, sondern auch chinesische Unternehmen bieten spezielle Weihnachtspackungen und Süßigkeiten an. Die mangelnde kulturelle Verankerung dieses christlichen Festes zeigt sich auch daran, dass chinesische Unternehmen ihre Ware lange vor den ausländischen Anbietern auf den Markt bringen, Weihnachtsanzeigen zum Teil noch im Februar in Bushaltestellen hängen oder ein Belly-Washer-Getränk mit Weihnachtsmannfigur in Shànghăi noch Ende April erhältlich ist.

„Christmas was not an official holiday in China and Santa was not considered as an appropriate celebrity for children due to its religious origin“[62], lautete die staatliche Erklärung dafür, dass eine TV-Werbung mit dem Weihnachtsmann verboten wurde.

Die Weihnachtseinnahmen sind finanziell gesehen weit hinter den von chinesischen Feiertagen. Aus dem Hause IKEA verlautet es: „Although Christmas sales are on the rise every year, it represents only a small share of the overall revenue and its impact is not yet nearly as significant as the Chinese New Year where the notion of gift exchange is long and widely endorsed.“[63]

Abb. 5.13: Valentinstag in China: z.B. McDonald’s

Außerkalendarisch besondere Tage wie die Ernennung von Běijīng zum Austragungsort der Olympischen Spiele 2008 und von Shànghǎi zur Stadt der Weltausstellung 2010, der erste Chinese im Weltall am 15. Oktober 2003 oder der Athen-2004-Fackellauf am 09. Juni 2004 in der chinesischen Hauptstadt nutzen Unternehmen als weitere Möglichkeiten, sich zu profilieren. Coca Cola gab neben der bereits genannten Dose zum Fackellauf auch anlässlich der Olympianominierung eine Sonderedition heraus.

Firmenjubiläen sind ein weiterer Anlass für besondere Werbemaßnahmen. Starbucks verteilte 2004 anlässlich seines „4th Anniversary" ein Pflanzset mit Blumentöpfchen, Erde und Samen. Bayer gab am 100. Geburtstag von Aspirin in Kooperation mit der Chinesischen Post ein limitiertes Briefmarkenset heraus. Dieses zeigt Motive aus der „chinesischen Produktgeschichte". Ein Werbeplakat aus den dreißiger Jahren, auf dem die bekannte Schauspielerin Ruǎn Língyù (阮玲玉) zu sehen ist, gehört dazu. Die Wertzeichen schmücken rote, glücksbringende China-Knoten.

5.7 Der Einsatz von Medien

Über 2000 Zeitungen mit einer kumulierten Gesamtauflage von über 30 Milliarden Exemplaren, 9000 Magazine und 568 Verlagshäuser, 1000 Radiosender und 200 Fernsehanstalten mit insgesamt 2900 Sendern gab es nach Angaben des Staatlichen Hauptamts für Industrie und Handel in China 2004.[64] Die Ausstrahlung ist in national, regional und lokal zu differenzieren.

Die staatliche Fernsehanstalt China Central Television, CCTV, will mit ihren Sendern täglich über eine Milliarde Menschen erreichen und ist daher für die Schaltung von **Fernsehwerbung** besonders interessant.[65] CCTV hatte bezüglich der nationalen Ausstrahlung lange Zeit eine Monopolstellung, doch weitere Kanäle sind mittlerweile über Satellit in ganz China zu empfangen, obwohl Satellitenfernsehen der Staatsführung widerstrebt: „Beijing's reluctance to encourage satellite TV development stems from concerns over its ability to control the flow of information – notably foreign broadcasts – to its massive population."[66]

Die Situation sah in den ersten Jahren der Öffnungspolitik anders aus:

> Until 1977 advertising was considered evil, so there wasn't any. But in 1978 the government endorsed its use. The advertisements look like specification sheets. There are commercials on Chinese TV, most of them for industrial products like electric motors (...). There is no need to advertise consumer products, because most of them are in short supply. The most important advertising medium in China is radio, the communal speaker system reaching 75% of the population. The ads are broadcast twice a day, one after another. There are 40 local newspapers, but they consist of only 2 sheets and their ad

> content is less than 25% and there are billboards in the big cities. There are no less than 67 ad agencies of which 17 are responsible for advertising Chinese goods abroad.[67]

Alle chinesischen Haushalte verfügten nach Angaben des China Statistical Yearbook 2001 über mindestens ein Fernsehgerät. Auf 100 Haushalte kamen bei der Landbevölkerung 101,7 Fernsehgeräte und bei der Stadtbevölkerung 116,6. Diese Zahlen lagen 1990 bei 44,4 (Land) und bei 59,0 (Stadt). 59,3% der städtischen und 61,7% der ländlichen Respondenten einer von Horizon Research durchgeführten Umfrage gaben Fernsehen als größte Freizeitbeschäftigung an.[68]

76% aller Werbeausgaben 2003 von 19,1 Mrd. US$[69] entfielen nach Information von CTR Market Research auf das Medium Fernsehen und 21% auf Printmedien. Die jeweiligen Anteile lagen 2004 in Hongkong bei 36% und 35%. Die US-Werbeausgaben betrugen 2003 149 Mrd. US$.[70] 90% aller Werbeausgaben von P&G in China entfallen auf TV-Werbung. Der amerikanische Konzern ist der größte ausländische Inserent von Werbeanzeigen in China.[71]

Die geographische Allokation fällt zugunsten der Ostküste aus: 46% der gesamten Werbeausgaben werden in Běijīng, Shànghǎi und der Provinz Guǎngdōng (广东) getätigt. Weniger als 10% entfallen auf Inlandsprovinzen.[72]

Der Produktsektor „Kosmetik, Pflegeprodukte" zieht 18,3% der gesamten Werbeausgaben an. An zweiter und dritter Stelle folgen Lebensmittel mit 16,4% und Pharmazeutika mit 12,3%.[73]

Zu den zehn meistbeworbenen Marken gehörten 2003 nach CTR Market Research die drei ausländischen Produkte Olay (Platz 3, 218 Mio. US$), Rejoice (Platz 6, 179 Mio. US$) und Crest (Platz 8, 145 Mio. US$). Danones chinesische Marke Wáhāhā folgt mit einem Werbebudget von 129 Mio. US$ auf Platz 9.[74]

Anzeigen werden innerhalb eines Blocks zum Teil wiederholt, um sicherzustellen, dass sich eine Werbebotschaft bei einem Zuschauer festigt. Es kommt vor, dass eine Anzeige zweimal direkt hintereinander gezeigt wird. Dieses Mittel wurde bei 5 der 82 aufgezeichneten TV-Werbungen eingesetzt (6,1%).

Eine Blende wird zudem oft als Schlussbild gewählt, welche das Produkt dem entsprechenden Unternehmen zuordnet. Diese kommt nach 35,4% der untersuchten TV-Werbungen. Colgate, Kodak und P&G gelten als Beispiele. Auch Toyota verwendet in einer Werbung für das Modell Corolla GLX-S eine Schlussblende. Der Name Toyota wird dabei mit englischer Aussprache genannt und nicht mit „fēng tián" (丰田), wie der Automobilhersteller auf Chinesisch heißt.

Printmedien sind der zweitwichtigste Werbeträger. Die People's Daily steht mit einer Auflage von 3 Millionen an erster Stelle. Diese gehört nach Angaben der

UNESCO zu den zehn meistgelesenen Zeitschriften weltweit. Lediglich 20 der 9000 Magazine haben eine Auflage von mehr als einer Million.[75]

Ausländische Verlage wie Bertelsmann, IDG oder Gruner+Jahr sind zunehmend in China tätig. Hachette publiziert seine Frauenmagazine Elle und Marie-Claire in chinesischer Sprache. Diese werden teilweise durch die Integration lokaler Beiträge für den Gebrauch in China aufbereitet.

Die landesweite Distribution ist problematisch, und auch hier besteht die Gefahr von Plagiaten. Mehrere Versionen von Bill Clintons Memoiren sind beispielsweise in China auf dem Markt, obwohl die Rechte für eine chinesische Ausgabe noch gar nicht verkauft worden sind. Ähnliches gilt für Harry Potter. Die fehlenden Bände der Serie, welche von J.K. Rowling noch gar nicht geschrieben wurden, sind in China bereits erhältlich.

Die Herausgabe von Zeitungen und Zeitschriften mit täglichen Nachrichtenbeiträgen ist für ausländische Verlage weiterhin kritisch.

> Ultimately, of course, the main obstacle to the rapid development of China's media remains political. (...) China will not risk losing ideological control. (...) Local newspapers receive faxes from the propaganda ministry listing stories on which reporting is banned. The State Council's Information Office, another censorship body, controls everything from the colour of the hair dye used by TV presenters to internet postings. Much of China's recent openness may be more apparent than real. The central government has indirectly encouraged exposure of corruption at lower levels, tolerating a degree of media criticism as a safety valve. Recent moves to hold more press conferences at provincial and city levels, far from signifying more openness, are a way to get the official version of events into newspapers.[76]

Das Überwachungsorgan für Printmedien, die State Press and Publication Administration, muss zu der Erkenntnis gelangen, dass „Medien nicht nur Propagandainstrumente darstellen, sondern auch gute Geschäftsmöglichkeiten bieten.“[77]

Radio-, Online- und Außenwerbung sind im Umsatzvergleich zu TV- und Printwerbung marginale Größen. Die Tatsache, dass diese Medien relativ preisgünstig sind, macht sie für viele Unternehmen attraktiv. **Außenwerbung** wird in vielen Varianten eingesetzt. Die historische Abbildung von Nestlé in Abb. 1.1 ist ein Beispiel für Außenwerbung im vormaoistischen China. China erscheint diesbezüglich als ein Land unbegrenzter Möglichkeiten: Volkswagen nutzte 2004 die Blumenkästen auf der Fahrbahnmitte der östlichen Dritten Ringstraße in Běijīng, um Werbung für den VW Gol zu machen. Centrum wirbt für sein Nahrungsergänzungsmittel in Shànghăi auf der Rückseite der Kopfstützen in Taxis (s. Abb. 5.14), Supradyn dekorierte hier die Drehkreuze in U-Bahnen, DBTEL warb auf der Rückseite von Flugzeugsitzen der Shànghăi Airlines, und

Coca Cola plakatierte die gesamte Eingangshalle des Běijīng-Südbahnhofes und belieferte zum chinesischen Neujahrsfest Einzelhändler mit Dekorationsmaterial. Nestlé wirbt auf den Eintrittskarten der Großen Mauer und mit Schirmen und Sitzmöbeln. IKEA Běijīng wiederum gestaltete im Rahmen seiner „Change-is-Easy“-Kampagne zwanzig Aufzüge in alten Wohngebäuden in IKEA-Räume um. Die Poster erfassten den Aufzug vom Boden bis zur Decke.

Buswerbung wird als sehr effektiv angesehen, um städtische Konsumenten zu erreichen. Coca Cola, DHL, Nivea, Red Bull oder Tefal nutzen dies unabhängig von Alter und Zustand der chinesischen Busse, obwohl Produkt und Medium eigentlich von der Qualität kohärent sein sollen. Die Qualität von Nivea-Produkten wird so zwar ebenso wenig betont wie die Mobilität und Zügigkeit von DHL, da aber hohes Alter und technische Pannen bei chinesischen Bussen die Regel sind, werden diese Assoziationen weniger aufkommen. Busse jüngerer Baureihe gibt es allerdings auch, welche prioritär verwendet werden könnten.

Rechtliche Restriktionen für Außenwerbung gibt es beispielsweise bei Tabakwaren (s. 5.2). Ein weiterer Erlass (2002) bezieht sich darauf, dass Außenwerbung von Restaurants unmittelbar am Lokal zu befestigen ist. McDonald’s musste in Běijīng über dreißig seiner frei stehenden meterhohen Hinweisschilder entfernen.[78]

Abb. 5.14: Vielfalt an Werbeflächen: z.B. Centrum

5.8 Messen, Ausstellungen und spezielle Werbeformen

Messen und Ausstellungen ermöglichen durch das persönliche Auftreten von Unternehmensvertretern, analog zu Guānxì Geschäftskontakte aufzunehmen bzw. etablierte Verbindungen zu intensivieren. Darüber hinaus werden die Produkte vorgeführt und interessierten Kunden Gelegenheiten zum Ausprobieren gegeben. „Real business is being done at the fairs in China – they are not simply industry meeting points.“[79]

Die Messeindustrie wurde in China erst vor gut zwanzig Jahren gegründet. Einige Veranstaltungen zählen mittlerweile zu den größten in Asien und den zweitgrößten weltweit. Die China International Building & Decoration Fair in Guǎngzhōu und die Auto China 2004 in Běijīng sind zwei Beispiele. Mehr als 450.000 Personen besuchten Letztere innerhalb von sieben Tagen.

Das unübersichtliche Messeangebot stellt für ausländische Unternehmen ein Problem dar. Fünfzig weitere internationale Motorausstellungen fanden in der Woche vor der Auto China 2004 landesweit statt. Über 1000 Messen werden jährlich in der Provinz Guǎngdōng abgehalten. Das chinesische Rechtssystem ermöglicht auch in diesem Bereich Ideenklau und Nachahmung. Ausländische Unternehmen hatten es leichter, sich zu orientieren, als das China Council for the Promotion of International Trade in den Öffnungsjahren Fach- und Regionalmessen veranstaltete, welche in Abstimmung mit der staatlichen Wirtschaftsplanung organisiert waren und den Bedarf der chinesischen Seite widerspiegelten.[80]

Hausmessen als Ergänzung zu internationalen Fachmessen werden vor allem von mittelständischen Unternehmen organisiert und finden in der entsprechenden Niederlassung vor Ort statt. So hielt das deutsche Heizungsbauunternehmen Viessmann vom 11.–13. März 2004 eine Hausmesse in Běijīng ab, auf die es auf der Internetseite der Deutschen Außenhandelskammer hinwies.

Kleinere Veranstaltungen werden zum Teil von Supermärkten organisiert. Eine International Wine Fair gab es bei Metro zwischen dem 04. Dezember 2003 und dem 07. Januar 2004. Carrefour führte vom 07. März 2004 bis zum 04. April 2004 eine European Food Fair durch.

Die Möglichkeit zum Kennenlernen und Testen eines Produktes wird den chinesischen Kunden auch im Rahmen von **speziellen Werbeformen** gegeben. Probepackungen gelten in China als adäquates Mittel, Konsumenten von der Qualität eines Produktes zu überzeugen. Konsumgüterhersteller fügten bei 8,2% der Produkte Geschenke oder Proben weiterer Artikel ihres Sortiments bei. Tabelle 5.15 enthält eine Auswahl.

Die Testmenge sollte für mehrere Anwendungen reichen, um Zufallsergebnisse aus Sicht des Kunden auszuschließen. Es ist sinnvoll, wenn die Probepackung mit dem Thema der in den Medien geschalteten Werbemaßnahmen übereinstimmt. Nivea warb sechs Monate auf einem Bus für eine Probepackung, die neben dem neuen Produkt einen kostenlosen Spiegel enthielt.

Die Zugabe kann im Sinne von Co-Branding auch von einem fremden Unternehmen stammen. Die folgende Tabelle zeigt beispielsweise, dass ein Nestlé-Schokoladenriegel dem japanischen Elektrolytgetränk Pocari Sweat beigefügt ist. Die chinesische Toastfirma Mankattan, welche ihren Produkten zum Teil Skippy-Erdnussbutter von Knorr anhängt, ist ein transnationales Beispiel. Auch die chinesische Batteriemarke Nánfú (南孚) und Colgate werben zusammen. Co-Branding lässt sich als Qualitätsinstrument verwenden, indem bekannte Unternehmen genannt werden, welche das Produkt als Anwender empfehlen. Dieses kommt bei 11 Produkten vor (3,6%). Das Waschmittel Ariel ist ein Beispiel: Hăiĕr, LG, Little Swan (小天鹅), National (爱妻号), Royalstar (荣事达), Sharp und Whirlpool werden auf der chinesischen Packung als Referenz angegeben.

Unternehmen/Produkt	**Kaufzugabe, Geschenk**
Braun-Rasierer-Valentinsbox	Dove-Schokolade
Campbell Soup	Magnet, Untersetzer
Colgate	KFC-Coupons
Dove-Valentinsbox	Le-Conté-Spardose
Kellog's	Frühstücksschale
Knorr	Suppenschale
Kodak	Stoffaffe, Fotoalbum, Taschentücher
KokoKrunch	KFC-Coupons
Lay's Chips	KFC-Coupons
Lipton-Apfelgetränk-Pulver	Eiswürfelschalen
Lipton Tee	Teedose, Schälchen für benutzte Teebeutel
Maggi	Kochbuch, Maggi-Fläschchen 18ml
Mankattan	Skippy-Erdnussbutter-Proben (Knorr)
McDonald's	Snoopy, Zhōnghuá-Zahnpasta
Nánfú	Colgate-Zahnpasta
Pocari Sweat	Nestlé-Schokoriegel
Unilever-Zhōnghuá-Zahnpasta	Zahnputzuhr, Zahnputzbecher

Abb. 5.15: Kaufzugaben und Werbegeschenke

Persönliche Betreuung am Ort des Verkaufs wird von Unternehmen als essenziell angesehen, um Markenloyalität aufzubauen. Neue Produkte kommen täglich auf den chinesischen Markt, und die Unternehmen müssen den Konsumenten bei seiner Kaufentscheidung „unterstützen" und die Irritation und Verunsicherung reduzieren: Nivea hat für die Präsentation seiner Produkte 250 dauerhafte, von 400 Beraterinnen betreute Ladentische in den 30 größten Städten des Landes installiert.[81] Der relativ günstige Faktor Arbeit in China unterstützt diese Vermarktungsform.

Coca Cola hat zum Aufbau eines Kundenstammes eine einzigartige Maßnahme unternommen, indem Kooperationen mit den Ältesten von Nachbarschaftskomitees in Shànghăi eingegangen wurden. Diese sind im Regelfall Pensionäre, welche die Aufsicht über circa 200 Familien führen. Einige waren gegen ein Entgelt bereit, Coca-Cola-Produkte in ihrem Umfeld zu verkaufen. Die Werbewirkung und nicht der Umsatz steht im Vordergrund.[82]

Sponsoring und Produktpräsentationen als weitere spezielle Werbeformen sind für den chinesischen Markt neu, treffen aber auf hohe Resonanz. Das **Sponsoring** internationaler Veranstaltungen und die Förderung öffentlicher Einrichtungen bieten die Möglichkeit, die Bekanntheit und das Image eines Herstellers zu fördern. Coca Cola, Kodak, Samsung, Swatch und Visa sponsern beispielsweise die Olympischen Spiele in Bĕijīng 2008. Der Übergang zwischen Sponsoring und Bestechung kann im Einzelfall fließend sein. Ein koreanischer Automobilhersteller erhielt keine Importlizenz für China und entschied sich dafür, ein bedeutsames internationales Sportfest in China zu sponsern. Eine PKW-Flotte dieser Marke wurde jedem Offiziellen zur Verfügung gestellt. „Inzwischen ist die Marke überall im Straßenbild Beijings präsent."[83] Siemens Mobile ist ein weiteres Beispiel im Sportbereich. Das Unternehmen sponsert die Chinese Football Association.

Es wird generell empfohlen, Wirtschaftsaktivitäten durch soziales und gesellschaftliches Engagement zu begleiten („Corporate Citizenship") und dadurch Verbundenheit gegenüber dem chinesischen Volk auszudrücken. Coca Cola spendete im Dezember 2003 520.000 US$ an die China Youth Development Foundation. Nike sponserte die Errichtung eines Fußballplatzes im Zentrum von Bĕijīng. Epson wiederum förderte acht chinesische Fotografen und stellte ihre Werke in seiner Niederlassung in der Oriental Mall in Bĕijīng aus.

Engagement im Umweltschutz ist von besonderer Bedeutung. China ist in dieser Frage mit einer besonderen Größenordnung konfrontiert, denn es muss sich gleichzeitig mit Problemen auseinander setzen, die in der Entwicklung der Industriestaaten aufeinander folgten: mit der Ressourcenzerstörung aufgrund vorindustrieller Übernutzung und der Belastung der Umwelt durch Schadstoffemission aus Produktion und Konsum. Umweltprobleme verursachen jährlich Kosten von 8 bis 15% des Bruttosozialprodukts. Weltbankschätzungen sprechen von einer jährlichen Summe von 170 Mrd. US$. Der Prozentsatz beträgt danach 12%, wenn das BSP 2003 von 1,417 Bil.US$ als Basis genommen wird. Die Weltbank geht weiterhin davon aus, dass sich 16 der 20 weltweit am meisten verschmutzten Städte in China befinden.[84]

Unilever engagiert sich im Umweltschutz und fördert Baumpflanzungen. Ein Beitrag kann ebenso durch umweltfreundliche Technologie geleistet werden. Das Heizungsbauunternehmen Buderus schreibt auf seiner chinesischen Internetseite: „Our innovative heating technology solutions reduce pollution and thus make an important contribution to environmental protection and modernization in China."[85] Der französische Baumaterialhersteller Lafarge arbeitet mit WWF China zusammen, um das Umweltbewusstsein seiner Mitarbeiter und an Schulen in der Nähe seiner Niederlassungen zu fördern. Das Unternehmen stellte ferner Baumaterialien zur Restauration der alten Míng-Stadtmauern (明) in Běijīng zur Verfügung und spendete für chinesische Kinderdörfer. Pedigree entwarf schließlich zur Sauberhaltung von Grünflächen kleine Häuschen mit Hundekottüten.

Produktpräsentationen, ggf. mithilfe einer bekannten Persönlichkeit, bieten sich vor allem für die Neueinführung von Waren an. Es ist wichtig, dass die Aktionen mehrere Tage dauern, um den Aufbau von persönlichem Kontakt zu ermöglichen. „... events offer the opportunity to establish direct contact with opinion leaders and innovators. Chinese culture value system places emphasis on uncertainty avoidance."[86] Vor allem bei Konsumgütern erachten es Chinesen als wichtig, ein Produkt wenn möglich schon vor dem Kauf kennen zu lernen und nicht erst bei der Anwendung. Seifenhersteller kommen dieser Anforderung in Supermärkten beispielsweise nach, indem im Regal ausgepackte Seifen vor den Produkten liegen, um sinnliche Wahrnehmung zu ermöglichen und Unsicherheiten zu minimieren. Einkaufszentren, Supermärkte oder Haupteinkaufsstraßen bieten sich je nach Produkt als Austragungsort für Produktpräsentationen an (s. Abb. 5.16).

In Asiens größtem kommerziellen Komplex, dem Oriental Plaza in Běijīng, haben Rolls Royce, Audi und Volkswagen feste Schauräume, und temporäre Präsentationen unterschiedlichster Unternehmen finden dort statt, z. B. nutzten Shell und Heineken 2004 die Lokalität. Pepsi errichtete im August 2004 an der Uferpromenade in Pǔdōng, Shànghǎi, eine Bühne und organisierte ein Konzert.

Abb. 5.16: Produktpräsentationen und Werbeveranstaltungen: Knorr und Porsche

6. Die Wahrheit in den Tatsachen suchen[1]

Ausländische Unternehmen in China setzen „glokale" Konzepte um, dieses korrespondiert damit, dass die chinesische Geistesgeschichte kein Entweder-oder kennt, sondern nur ein Sowohl-als-auch. Standardisierung und Differenzierung befinden sich damit ähnlich wie Yīn und Yáng in einem System von Wechselwirkungen, um ein harmonisches Gesamtkonzept zu bilden. Die Geschichte Chinas führt vor, dass kaum etwas Fremdes Einzug gehalten hat, ohne sinisiert zu werden, wie die Beispiele von den Jesuiten angefangen über historische Werbeanzeigen von BASF, Bayer, Beiersdorf und Nestlé bis zu aktuellen Anpassungen ausländischer Produkte zeigen. „Wenn du aufs Land gehst, folge den Sitten"[2], heißt es in China.

Das Produkt als zentrales Element des Marketingmix ist relativ stark standardisiert. Das Verpackungsdesign und die Qualität des Materials werden in China weitestgehend ohne Veränderungen übertragen. Produkte, welche für den chinesischen Markt verändert werden mussten, haben verdeutlicht, dass oft kleine Anpassungen ausreichen. Die Wiedererkennbarkeit eines Produktes oder Unternehmens in China ist in jedem Fall gewährleistet. Markenspezifische Farben können in China unverändert übernommen werden. Daneben legen die bei Chinesen kulturell tief verankerten Farbpräferenzen deren Integration in Sondereditionen, Geschenkpackungen oder Werbematerial nahe, denn hier besteht die Möglichkeit, eine höhere Wirkung auf Konsumenten auszuüben.

Der Markenname trägt ebenso stark zum hohen Standardisierungsgrad des Marketingmixelementes Produkt bei. Ein chinesischer Markenname ist zwar Pflicht, doch gewährleisten sowohl die Kennzeichnung eines Produktes mit dem chinesischen und ausländischen Namen als auch die Integration der Schriftzeichen in den Markenschriftzug oder das Logo die Wiedererkennung. Eine Beschäftigung mit der chinesischen Sprache respektive den Schriftzeichen ist folglich für ausländische Unternehmen unverzichtbar, denn sie haben einen zentralen Stellenwert im chinesischen Kulturraum und sind ein vereinendes Element in dem von vielen Dialekten gekennzeichneten Vielvölkerstaat. Die Reduzierung der Hemmschwelle gegenüber der fremden Kultur eröffnet neue Potenziale für eine erfolgreiche Marktbearbeitung. Ein sorgfältig ausgewählter Unternehmens- oder Markenname mit positiver Bedeutung trägt dazu bei.

Eine Tendenz zur Differenzierung bzw. „glokalen" Marktbearbeitung ist in der Kommunikationspolitik zu erkennen. Slogan oder Darsteller werden zum Teil standardisiert übertragen. Die Anspracherichtung der Werbung verlangt dagegen ein höheres Maß an kultureller Sensibilität. Gleiches gilt für die landesspezifisch geprägten visuellen Gestaltungselemente. Die derartige Prägung und Wahrnehmung der Gesellschaft sollte von ausländischen Unternehmen nicht als Auflage gesehen, sondern als Chance ergriffen werden.

Die Preisgestaltung erweist sich als stärker differenziert, wobei die Positionierung zur Standardisierung neigt. Chinaengagement ist keinesfalls ein Rettungsanker für Unternehmen, sondern setzt finanzielle Stärke voraus:

> The China market still requires considerable effort, money and time to pay off. Foreign investors need to be aware of the opportunities they envisage, their own competitive advantages and how these can be exploited in China, as well as the long-term nature of investment in China. In conclusion, a cool-headed assessment and in-depth preparation are required, (...) more so than ever before.[3]

Ein stärkeres Infragestellen von Zahlenmaterial über China sowie eine realistischere Einschätzung der Kaufkraft und der landesweiten Anzahl an Konsumenten sind zwingend. In diesem Zusammenhang muss ein Umdenken stattfinden: China verfügt über eine Bevölkerung von 1,3 Milliarden Menschen, ein Unternehmensplan, welcher diese zum jetzigen Zeitpunkt als 1,3 Milliarden Konsumenten bezeichnet, ist allerdings verfehlt.

Schwach standardisierte Strategien sind vor allem in der Distributionspolitik ersichtlich. Die logistische Infrastruktur ist mit der von Industrieländern nicht zu vergleichen; Rechtsunsicherheit, Willkür der Entscheidungen und Bürokratie kommen hinzu. Die Bedeutung des Faktors Mensch zeigt sich in der maßgeblichen Installationsnotwendigkeit von Guānxì in Geschäftsbeziehungen oder beim Vertrieb von Gütern. Ausländische Unternehmen müssen hier viel Zeit einplanen. Darüber hinaus ist eine stärkere Antizipation generell empfehlenswert.

Die hohe Wettbewerbsintensität in China, die zu einer verstärkten Anpassung an den Markt geführt hat, wird zunehmen, denn es liegt im Interesse der chinesischen Regierung, starke eigene Marken aufzubauen. Ein staatliches „Komitee für die Förderung chinesischer Marken" wurde im März 2001 gegründet und hat die Aufgabe, die Bekanntheit und Wettbewerbsfähigkeit lokaler chinesischer Marken in heimischen und ausländischen Märkten zu stärken. „Made in China" soll nicht länger als Zeichen für einen günstigen Produktionsort gedeutet, sondern mit Qualität assoziiert werden. Staatliche Einflussnahme wird zur Zielerreichung befürwortet: „To cultivate top brands is not the only task of the enterprises themselves, but also part of the work of the government."[4]

Hǎiěr, Lenovo, Sinopec oder TCL drängen mit einer Aggressivität auf den Weltmarkt, die zuvor nur japanische oder koreanische Konzerne zeigten, wohingegen Unternehmen aus gesättigten Märkten ihre Chance in China sehen. Die Erfahrungen auf dem chinesischen Markt kommen den chinesischen Unternehmen dabei zugute, wie das Beispiel Hǎiěr illustriert: „China's vast geography, disparate markets, and multiplicity of national and local authorities,

Haier has dealt with many of the problems of globalization without leaving home."[5]

Die Konkurrenz von heute und morgen hat sich aus ehemaligen Partnern entwickelt. Hǎiěr importierte 1984 deutsche Liebherr-Technologie für die Kühlschrankproduktion, Lenovo arbeitete mit IBM und HP zusammen, TCL aquirierte das TV-Geschäft von Thomson, die Handysparte von Alcatel und das insolvente Unternehmen Schneider Electronics. Der Klavierbauer Pearl River Group, einst Joint-Venture-Partner von Yamaha, erwarb schließlich die deutsche Marke Ritmüller. Strategem 12 – im Westen unerkannt – kommt hier zum Zug: „Mit leichter Hand das Schaf wegführen“ (顺手牵羊, shùn shǒu qiān yáng).[6] Die Zahl chinesischer Unternehmen unter den Fortune 500 nimmt kontinuierlich zu.

Da der chinesische Markt für ausländische Unternehmen sowohl Risiken als auch Potenziale birgt, führt Black-Box-Denken zu keinem Erfolg. Der Verlauf von in China vorzufindenden Zickzackbrücken, welche vor bösen Geistern schützen sollen, ist vergleichbar mit der unternehmerischen Vision: Umwege sind auf dem Weg in Richtung Ziel in Kauf zu nehmen, doch bleibt das Ziel klar vor Augen.[7] Andernfalls droht der Misserfolg: „Asien kann gefährlich sein. Für all jene, die sich vor einem Umzug nicht intensiv mit dem Markt und seinen Besonderheiten beschäftigen. Und für alle, die hier bleiben.“[8]

„Bevor die Götter jemanden ins Verderben schicken, machen sie ihn wahnsinnig.“ Dies ist den Chinesen in vielen Fällen gelungen – Meldungen von Unternehmen, in denen die Frustration mit dem chinesischen Markt zum Ausdruck kommt, häufen sich in den letzten Jahren: Von Betrug, Behördenwillkür und Korruption ist die Rede. Eine intensive Vorbereitung wird hier immer wieder angemahnt. Die Aneignung von landesspezifischem sowie interkulturellem und sprachlichem Wissen ist die entscheidende Erfolgskomponente, zu der es in China keine Alternative gibt. Eine Einführung in die strategische Denkweise des fremden Landes ist gerade bei Geschäftsbeziehungen unverzichtbar.

> Das Anwenden und das Durchschauen von List haben im Reich der Mitte seit alters her einen viel höheren Stellenwert als in Europa. (…) Die Bewußtmachung, Bekanntmachung und Ausleuchtung der im Westen weitestgehend ignorierten, unterschätzten und unerforschten List in möglichst all ihren Facetten sind (…) unabdingbare Voraussetzungen zur optimalen Nutzbarmachung dieser nicht ungefährlichen Mini-, sehr oft aber auch Mega-Ressource (…).[9]

Von Senger spricht hier von den 36 Strategemen, von denen das eingangs genannte „Auf einem Baum Blumen blühen lassen“ bei ausländischen Unternehmen zu falschen Kalkulationen geführt hat. Die Nutzbarmachung dieser Strategeme erleichtert es indes, „die Wahrheit in den Tatsachen zu finden“. Die Umsetzung scheitert allerdings häufig durch Vorgaben aus dem weit entfernten

Stammsitz eines Unternehmens. Es wurde einleitend aufgezeigt, dass bereits die Päpste zu Anfang des achtzehnten Jahrhunderts anlässlich der Akkomodation (Interkulturation) der Jesuiten in China diese Haltung einnahmen. Danfoss, Dänemarks größter Industriekonzern, hat bezüglich der Organisation der chinesischen Niederlassung andere Vorstellungen: „... our management team runs on its own, not by headquarters, and every month we hear from them."[10] Eine ähnliche Position vertritt Coca Cola:

> We believe that while Coca-Cola is a truly global company, there is no such thing as a global consumer. Our job isn't to distribute Coca-Cola – or any of our other products -- to billions of people; it's to connect with billions of people, one person at a time. And to do that we must understand their lives. And that means locating decision-making and innovation at the local level, in communities in which we do business. (...) Moving our China operations to Shanghai ensures that our business in China evolves as China evolves. We can serve our consumers more efficiently and effectively; strengthen our business relationships; and stay at the forefront of social and economic trends.[11]

Die lokale Niederlassung wird zum Kompetenzzentrum, welches am ehesten auf die Umwälzungen und Veränderungen auf dem chinesischen Markt reagieren kann und muss.

Die Reduzierung der aufgeführten Marktkosten wie Bürokratie, Ineffizienzen, Zeitanspruch oder Rechtsunsicherheit lässt eine dynamische Entwicklung erwarten. Die Regierung muss unter Präsident Hú Jǐntāo (胡锦涛) und Ministerpräsident Wēn Jiābǎo – analog zu der Maxime von Dèng Xiǎopíng „Be a bit more open-minded in ones thoughts, be a bit more daring in ones actions"[12] – eine Reihe hochkomplexer Probleme bewältigen. „It will be difficult to govern China's huge, powerful, and potentially fractious society during the inevitable disruptions of a major transition."[13]

Ausländische Experten trauen China zu, diese Herausforderungen zu bewältigen. „China's banking problems will not explode thanks to a closed capital account, little foreign debt and ample domestic savings"[14], heißt es beispielsweise zu dem Problem der faulen Kredite im Bankensektor. „The measures aimed at cooling China's economy over the past year have worked"[15], urteilte die Investmentbank Lehman Brothers zur Gefahr einer Überhitzung der Wirtschaft. Dennoch: die Ineffizienzen innerhalb der chinesischen Wirtschaft werden ein hohes Wachstumsniveau halten: „Good growth is here to stay."[16] Deutsche Bank Research sieht das durchschnittliche Wachstum Chinas in einer im Februar 2005 herausgegebenen Langzeitprognose (2006–2020) bei 5,2%.[17]

China will sich der Weltöffentlichkeit vor allem bei den Olympischen Spielen 2008 und der Weltausstellung 2010 als modernes, zukunftsorientiertes Land präsentieren. Neue Flughäfen, zehnspurige Straßen, Autobahnen und U-Bahn-Linien sind im Bau. Über 104 Kilometer neue Gleise für das U-Bahn-Netz sollen allein in Běijīng bis 2008 verlegt werden. Die chinesische Regierung plant bis 2008 eine Investitionssumme von 3,4 Mrd. US$.[18]

Die chinesische Nachfrage hat auf dem Weltmarkt zu einem „Staubsaugereffekt" geführt. China kaufte 2003 55% der weltweiten Zementproduktion. 40% betrug der Anteil bei Kohle, 30% bei Eisenerz und je 25% bei Nickel und Aluminium: die Weltwirtschaft schlüpft in die Rolle des Rohstofflieferanten für die Volksrepublik. Chinas wachsender Bedarf an Energie und Rohstoffen ist auf den Weltmärkten einer der preistreibenden Faktoren.

China ist zunehmend in die Weltwirtschaft integriert. Das Reich der Mitte visiert die Rolle an, die es aus eigener Kraft und ohne ausländische Investitionen vor der militärischen Unterdrückung des Landes im 19. Jahrhundert innehatte. Die folgende Grafik 6.1, welche die Anteile Chinas, Europas und der USA am Welt-BIP im Verlauf zwischen 1700 und 2004 zeigt, bekräftigt diese Vision.

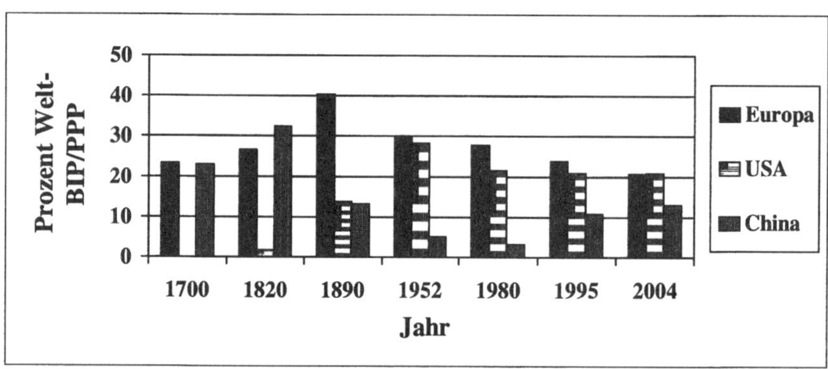

Abb. 6.1: Historische Betrachtung der Anteile am Welt-BIP[19]

Die Verantwortung westlicher Nationen und Unternehmen im Umweltschutz wird umso mehr herausgehoben, je stärker sich China entwickelt. Der heutige Energiekonsum eines Chinesen ist erst 10% dessen, was ein US-Amerikaner verbraucht. Indien mit seiner Milliardenbevölkerung verzeichnet ebenfalls einen steigenden Energiebedarf, sodass von einer „Herausforderung an die globale Umwelt"[20] die Rede ist. Es ist aufgezeigt worden, dass Verantwortung gleichzeitig eine Chance ist und beispielsweise im Rahmen des generell empfohlenen Corporate Citizenship realisiert werden kann.

Die Konzentration auf hohe Investitionen und Ressourceneinsatz lenkt davon ab, dass Deregulierung und das Ende der Mikroüberwachung nötig sind, um beispielsweise eigene chinesische technologische Innovationen hervorzubringen, die nationale Wirtschaft langfristig zu stärken und von ausländischer Technologie unabhängiger zu werden. Ein Wechsel von vertikalen zu horizontalen Netzwerken muss dafür stattfinden: „Firms that can develop strong links to research institutions, financiers, partners, suppliers, and customers have an advantage in acquiring, modifying, and then commercializing new technology. Such horizontal networks are essential conduits for knowledge, capital, products and talent.“[21]

Ein höherer Bildungsstand ist zudem wichtig, um die Arbeitsproduktivität zu erhöhen. Die Kommunistische Partei steht vor der Quadratur des Kreises, denn durch höhere Bildung verliert sie die Macht über das Denken. Reformen müssen jedoch in diesem Bereich durchgeführt werden, um nachhaltiges Wachstum zu erreichen.

Arbeitslosigkeit und die steigende Diskrepanz sowohl zwischen Stadt und Land als auch Arm und Reich sowie die daraus folgenden sozialen Unruhen, der Aufbau von Sozial- und Rentensystemen und juristischen Institutionen, welche die Durchsetzbarkeit von Recht und nicht von Guānxì ermöglichen, sind weitere der genannten Problemfelder, denen sich die regierende Partei stellen muss.

„We are in the midst of a revolution.“[22] Die unausgesprochene Vereinbarung dieser „Revolution“ ist, dass die Partei ihren Machtanspruch so lange erhalten kann, wie es ihr gelingt, die Lebensverhältnisse des chinesischen Volkes zu verbessern. Das Durchschnittseinkommen soll nach Angaben von Deutsche Bank Research bis 2020 um jährlich 4,4% wachsen und China das Niveau von Brasilien oder der Türkei erreichen.[23] Dieses kann weder durch Abgrenzung von anderen Staaten gelingen, noch wird es durch Anbiederung geschehen. Wandel durch Annäherung ist die mögliche Alternative und bedeutet eine Weiterführung des seit Dèng Xiǎopíng eingeschlagenen Weges: „China is a work in progress.“[24]

Gegensätze bleiben trotz Annäherung bestehen. Internationale Produkte mit landesspezifischem Charakter sichern in Zeiten wachsender Globalisierung und gleichzeitiger Individualisierung von Konsumentenbedürfnissen zunehmend Erfolg. Das Wissen um nationale Unterschiede und dessen konsequente Umsetzung in wettbewerbsfähige Handlungen werden auch in China letztlich zur Stärkung international tätiger Unternehmen führen.

Endnoten

1. China – Vision und Wirklichkeit

1 Alle Betriebsformen kumuliert; vgl. de Montalembert, 2003: 62.
2 Vgl. CIIC, 25.04.2005, Internet.
3 Cai, 2003: 167.
4 Vgl. Fiedeler, 2003: 15ff.
5 Mit freundlicher Genehmigung der Unternehmensarchive von BASF (Ludwigshafen am Rhein), Bayer (Leverkusen) und Beiersdorf (Hamburg) sowie der Archives historiques Nestlé (Vevey, Schweiz).
6 Lebens- bzw. Überlebenslist.
7 Nr. 29 von insgesamt 36; vgl. von Senger, 2000a: 515ff.
8 Kahl, 2004: 3.
9 Bartsch, 2003: 56.
10 Vgl. Kahl, 2004: 6f.
11 Vgl. The Economist, 25.04.2005, Internet.
12 Vgl. Studwell, 2002: 338.
13 Griffith, 1997: 85.
14 Wilhelm, 2000: 37.
15 Krugman, 1994: 75,78.
16 Vgl. Wilson/Purushothaman, 2003: 3; vgl. Woetzel, 2004: 17; vgl. Chaponnière, 1995: 36.
17 2003, China: 54 Mrd. US$, USA: 30 Mrd. US$.; 2004, China: 62 Mrd. US$, USA: 121 Mrd. US$.; vgl. UNCTAD, 25.04.2005, Internet.
18 Vgl. Weltbank, 2002: 41; Lardy, 1995: 1067; Harrold/Lall, 1993: 24.
19 Xiao, 2004: 25.
20 Wella, 1998: 20.
21 Vgl. Wella, 2001: 62; 2002: 35.
22 Vgl. CEN, 25.04.2005, Internet; vgl. Tang, 2004: 35; vgl. TDC Trade, 25.04.2005, Internet.
23 Vgl. EMFIS, 25.04.2005, Internet.
24 o.V., 2004i: 7.
25 Vgl. o.V., 2004m: 15.
26 Vgl. Krugman, 1994: 62ff.
27 Vgl. InterChina, 2004: 8.
28 Vgl. Studwell, 2002: 172.
29 Hauter, 2002a: X.
30 Sieren, 2004a: 52.
31 Studwell: 2002: 191.
32 Vgl. Wei, 2004: 31, vgl. CCID, 25.04.2005, Internet.
33 Vgl. InterChina, 2004: 9; eigene Berechnungen.
34 Vgl. Walter, 2004.
35 Vgl. China Statistical Yearbook, 2004: 32.
36 Vgl. Schüller, 2001: 19.

37 Vgl. Lan, 2004a: 36.
38 妈妈我没有水, māma wŏ méi yŏu shuĭ.
39 Vgl. InterChina, 2004: 9; vgl. Weltbank, 25.04.2005, Internet; vgl. Woetzel, 2004: 14.
40 Woetzel, 2004: 14.
41 Vgl. CPIRC, 25.04.2005, Internet; eigene Berechnung.
42 o.V., 2004e: 8.
43 Vgl. Bhaskaran, 2002: 8, vgl. o.V., 2004f: 54.
44 Vgl. Statistical Survey of China, 1997: 72; vgl. Weltbank, 2004: 1ff.; vgl. Flory, 2004: 16.
45 Vgl. UN Population Devision, 2003: 31; vgl. Kloppers, 2004: 7; eigene Berechnungen.
46 Vgl. China Statistical Yearbook, 2004: 32.
47 Vgl. CI, 25.04.2005, Internet.
48 Wünsche, 2003: 8.
49 De Luca/Vougioukas, 2004: 34.
50 Vgl. o.V., 2004f: 6; vgl. Ding, 2004: 12; vgl. Anderlini, 2004: 17.

2. Produktanpassung – fakultativ oder obligatorisch?

1 Vgl. Tang/Reisch, 1995: 187; Autor.
2 Usunier/Walliser, 1993: 9.
3 Der „Große Sprung nach vorn“ sollte die chinesische Industrie in fünfzehn Jahren auf westliches Niveau bringen. Die Fehleinschätzung der wirtschaftlichen Ausgangsbedingungen und die Vernachlässigung des Agrarsektors führten zu Einbrüchen der industriellen und landwirtschaftlichen Produktion. Es kam zu Hungersnöten, die Millionen Chinesen nicht überlebten.
4 Die Zielsetzung der „Kulturrevolution“ bestand in der Zerschlagung der „Vier Alt“. Darunter wurden alte Ideen, alte Sitten, alte Kultur und alte Gebräuche verstanden. Die Produktion in den Staatsbetrieben ging als Auswirkung dieser Kampagne zurück und es kam zu schwerwiegenden Beeinträchtigungen der Infrastruktur. Gesellschaft und Wirtschaft nahmen durch die Verhaftungen und Ermordungen von Intellektuellen, Wissenschaftlern und Fachkräften sowie durch die landesweite Schließung von Schulen und Universitäten nachhaltigen Schaden: „… un désastre humain sans équivalent“ (Deron/Guerrin, 2003: 28).
5 Vgl. o.V., 2004g: 35.
6 Hauter, 2002: 4.
7 Havely, 2004: 14.
8 Zheng et al., 2003: 60.
9 Hoang, 2004a: 43.
10 Palm Beach Post, 1999: 7B.
11 Ambler/Witzel, 2000: 134.
12 Vgl. Access Asia, 2003: 24.
13 Cheng, 2000: 10.
14 Ambler/Witzel, 2000: 131.

15 Vgl. Martinez, 2002: 33.
16 Hauter, 2002: 4.
17 o.V., 2004g: 35, vgl. Hill&Knowlton, 25.04.2005, Internet.
18 Hoang, 2004b: 45.
19 Fan/Pfitzenmeier, 2001: 16.
20 Sun, 1997; eigene Darstellung.
21 Fuchs, 2004: 34.
22 o.V., 2003: 5.
23 Vgl. AFAR, 25.04.2005, Internet.
24 Vgl. Jung, 2004: 68.
25 Vgl. Weiss, 25.04.2005, Internet.
26 Ovomaltine heißt in einigen Ländern Ovaltine, erstmals 1906 in England (vgl. Ovo, 25.04.2005, Internet).
27 Eagle Brand, 25.04.2005, Internet.
28 Lin, 1938: 325; Lord Lytton (1876–1947), Vorsitzender der Völkerbund-Mission in der Mandschurei (Lytton-Komission, 1932).
29 Vgl. China Statistical Yearbook, 2004: 390.
30 Ein Nachwiegen ergibt, dass die auf der Packung angegebenen Grammzahlen falsch sind: Omo wiegt 130g (nicht 135g), Sky Clean 105g (nicht 125g).
31 Audi, 25.04.2005, Internet.
32 Vgl. manager magazin, 25.04.2005, Internet; Autor.
33 Vgl. Audi, A6-Werbebroschüre China, 2004: 32.
34 Sonja Kurono, stellv. Abteilungsleiterin Marketing und Strategie bei SAIC-VW, vgl. Economist Conferences, 2004.
35 o.: Autor; u.: Peugeot, 25.04.2005, Internet.
36 In Běijīng z.B. gab es 2004 2,4 Millionen Autos, 10 Millionen Fahrräder, 1000 Buslinien und zahlreiche weitere fahrbare Vehikel; täglich werden 1000 neue Autos zugelassen (vgl. Strittmatter, 2004: IV).
37 Vgl. Smedberg, 2004: 55.
38 Vgl. Tang/Reisch, 1995: 192.
39 Vgl. Access Asia, 2003: 82; vgl. DESTATIS, 2003: 10, 2004: 11; vgl. McKinsey, 25.04.2005, Internet.
40 Vgl. DESTATIS, 25.04.2005, Internet; vgl. Schwäbisch Hall, 2004: 13; vgl. Tichauer, 2004: 10; vgl. Xinhua, 25.04.2005, Internet.
41 Vgl. CIIC I, 25.04.2005, Internet.
42 Vgl. Ogden, 2004: 2.
43 Kot, 2004: 21.
44 Chinesische Babys trugen vor Einführung von westlichen Einmalwindeln zwischen den Oberschenkeln offene Stoffhöschen, sog. „kāidāngkù“ (开裆裤; offen, Schritt, Hose). Diese sind heute im Stadtbild seltener; auf dem Land weiter stark verbreitet.
45 Kreamer/Bean, 2004: 6.
46 Chen, 2001: 174.
47 Vgl. Baedeker, 2002: 106f.; vgl. Carducci, 2002: 15; vgl. Pleskacheuskaya, 2004: 56f.

48 Vgl. Krott, 1999: 192; vgl. CNN, 25.04.2005, Internet; vgl. China Statistical Yearbook, 2004: 390.
49 Zuckeranteil auf 100g, USA: 70,59g, China: 61,9g.
50 Krott, 1999: 171.
51 Vgl. Tang, 2004: 34.
52 Novis, 25.04.2005, Internet.
53 Vgl. Thornton, 1995: 95.
54 Die Entwicklung lokaler Getränkemarken ist eine Verpflichtung, welche Coca Cola 1993 eingegangen ist. Das Unternehmen erhielt im Gegenzug vom chinesischen Ministry of Light Industry die Genehmigung, zehn weitere Abfüllanlagen zu bauen (vgl. Lin et al., 2000: 16).
55 Löbbert, 2001: 171.
56 Vgl. Fiedeler, 2003: 29f.; vgl. Löbbert, 2001: 42, 169f.; vgl. Weggel, 1997: 318ff.
57 Vgl. Löbbert, 2001: 179; Toyne/Walters, 1993: 543; Weggel, 1997: 320f.
58 Weggel, 1997: 320.
59 Toyne/Walters, 1993: 543.
60 Vgl. Minter, 2003: 19.
61 Vgl. APMF, 25.04.2005, Internet.
62 APMF I, 25.04.2005, Internet.
63 Sieren, 2004: 58.
64 Minter, 2003: 19.
65 Baus, 1999: 30.
66 Vgl. Chang et al., 2002: 531; vgl. Ma, 1998: 377f.
67 Vgl. Zheng et al., 2003: 34.
68 Vgl. bfai, 25.04.2005, Internet.
69 Vgl. Interbrand, 25.04.2005, Internet; vgl. ACNielsen, 2001.
70 Der chinesische Name auf der vormaoistischen Werbeanzeige (Abb. 1.1) ist noch 能维雅 (néng wéi yă; Fähigkeit, Eleganz zu bewahren).
71 Fan/Pfitzenmaier, 2001: 16.
72 nimm2-Bonbonpackung in Deutschland: ein Bonbon verpackt und eines im Querschnitt auf Verpackung unten rechts; kein transparentes Fenster auf der Rückseite.
73 Auf Verpackungen mit losem Tee.
74 Usunier/Walliser, 1993: 11.
75 Konfuzius; Cai, 2003: 213; vgl. Wilhelm, 2000: 45.
76 The Economist I, 25.04.2005, Internet.
77 Vgl. von Lingelsheim-Seibicke, 1985: 79.
78 Zhou, 1978: 20.
79 Kühne, 1978: 71.
80 Original: Zuckeranteil auf 100g, USA: 70,59g, China: 61,9g; Fälschung: 76g.
81 Sieren, 2004a: 54.
82 von Lingelsheim-Seibicke, 1985: 81.
83 Vgl. Xinhua I, 25.04.2005, Internet.
84 Vgl. Schmitt, 2002: 8.

85 Vgl. International Intellectual Property Alliance, 2004: 33.
86 o.V., 2004d: 24.
87 Vgl. bfai I, 25.04.2005, Internet.
88 Chinesisch für James Bond (杰士邦, jiéshì bāng).
89 Vgl. PD, 25.04.2005, Internet.
90 Smedberg, 2004: 54.
91 Frank, 2004: 44.
92 Vgl. Kot, 2004a: 43.
93 Vgl. Tang, 2004a: 40.

3. Distribution als Engpass mit Hoffnung

1 CECC, 25.04.2005, Internet.
2 Vgl. BWA, 25.04.2005, Internet.
3 APMF II, 25.04.2005, Internet.
4 bfai II, 25.04.2005, Internet.
5 Krott, 1999: 21.
6 Griffith, 1997: 66.
7 Vgl. von Senger, 2000a: 486ff.
8 同床异梦, tóng chuáng yì mèng.
9 Wholly Foreign-Owned Enterprise.
10 Vgl. Tetz, 1997: 239f.; vgl. IHK, 25.04.2005, Internet.
11 Vgl. o.V., 2004: 6.
12 Vgl. o.V., 2004c: 8.
13 Lan, 2004: 36.
14 Vgl. AHK, 25.04.2005, Internet.
15 Ambler/Witzel, 2000: 198.
16 Tao, 1996: 16.
17 Chen, 2001: 114.
18 规定是死的, 人是活的; guīdìng shì sǐde, rén shì huóde.
19 Boos et al., 2003: 98.
20 Vgl. Transparency International: 2004: 4.
21 Krott, 1999: 174.
22 Vgl. Timperlake/Triplett II, 1998: 14ff.
23 Chen, 2001: 116.
24 衙门八字开有理无钱莫进来; yámén bā zì kāi, yǒu lǐ wú qián mò jìnlái.
25 1. Samuel 8,3.
26 Vgl. von Senger, 2000: 216ff.
27 Vgl. Yuan, 1999: 187; vgl. PD I, 25.04.2005, Internet.
28 Vgl. Qiang, 2004: 26f.
29 Chung/Sievert, 1995: 179f.; eigene Darstellung.
30 Powers, 2001: 12.
31 Vgl. Schaub, 2004: 43.
32 Audie Wong, Präsidentin Amway China (vgl. Hoang, 2004: 42).

33 A.T. Kearney, 2003: 9.
34 Vgl. Schaub, 2004: 44, vgl. TDC Trade I, 25.04.2005, Internet; vgl. Access Asia, 2004: 23.
35 Vgl. Cheng, 2000: 7; vgl. Körber, 2003: 8.
36 Vgl. Dawar/Chattopadhyay, 2000: 8.
37 APMF III, 25.04.2005, Internet.
38 Vgl. CBR I, 25.04.2005, Internet.
39 Vgl. CNN I, 25.04.2005, Internet; Autor.
40 Vgl. Frahm et al., 2000: 26.
41 Vgl. Sieren, 2004: 58.
42 Zheng et al., 2003: 64.
43 Vgl. CD, 25.04.2005, Internet.
44 宁做鸡头, 不做凤尾; nìng zuò jītóu, bù zuò fèngwěi.
45 Hill&Knowlton I, 25.04.2005, Internet.
46 Vgl. CNNIC, 2004: 3; 2004a: 5.
47 2004: 25%; 2006: 35%; 2007: 49%.
48 Vgl. CEN I, 25.04.2005, Internet.
49 UCLA, 25.04.2005, Internet.
50 Liu/Tao, 2004: 18ff.
51 O'Neill, 2004: 24.
52 Körber, 2003: 8.
53 Austin Lally, Marketing Functional Leader von P&G in China (vgl. Economist Conferences, 2004).
54 CIA CN, 25.04.2005, Internet; CIA US, 25.04.2005, Internet; CIIC II, 25.04.2005, Internet; interex, 25.04.2005, Internet.
55 Vgl. CBR, 25.04.2005, Internet.
56 Vgl. o.V., 2004a: 23.
57 Vgl. A.T. Kearney, 2004: 3.
58 Julie Walton, US-China Business Council (CBR I, 25.04.2005, Internet).
59 Vgl. A.T. Kearney, 2004: 6.
60 Vgl. Tan, 2004: 22.
61 Vgl. CBR I, 25.04.2005, Internet; vgl. A.T. Kearney, 2004: 12.
62 InterChina, 2004: 2.

4. 贵不贵? Guì bù Guì? Teuer oder günstig?

1 Vgl. CD I, 25.04.2005, Internet.
2 Vgl. McKinsey I, 25.04.2005, Internet; vgl. o.V., 2004h: 28.
3 Vgl. Access Asia, 2003: 91; eigene Darstellung.
4 Vgl. o.V., 2004b: 53.
5 Vgl. Weltbank, 2004: 2.
6 The Economist II, 25.04.2005, Internet.
7 Vgl. The Economist III, 25.04.2005, Internet.
8 Vgl. The Economist III, 25.04.2005, Internet.

9 Vgl. dela Cruz, 2003; Grant Thornton, 2002: 6; vgl. IMF, 25.04.2005, Internet; vgl. Preeg, 2003; vgl. Weltbank, 2004a: 1, 2004b: 2.

10 Zitat Dr. Albert Keidel: Senior Associate, China Program, Carnegie Endowment for International Peace, IMF Economic Forum „China In The Global Economy: Prospect and Challenges", Washington, 19. Oktober 2004 (IMF I, 25.04.2005, Internet); China ist – diese Aussage zugrunde legend – derzeit nicht, wie von der Weltbank publiziert, die zweitgrößte Volkswirtschaft der Welt (nach Kaufkraftparitäten).

11 Vgl. Hufbauer/Wong, 2004: 8, 30, 41f.

12 UCLA, 25.04.2005, Internet.

13 ACNielsen, 25.04.2005, Internet.

14 ACNielsen, 25.04.2005, Internet.

15 The Economist, 25.04.2005, Internet.

16 Deutsche Botschaft, 2004: 1.

17 Vgl. Woetzel, 2004: 17.

18 Vgl. Access Asia, 2004: 12; eigene Berechnungen.

19 Vgl. BEA, 25.04.2005, Internet.

20 Vgl. PBC, 25.04.2005, Internet.

21 Kraay, 2000: 560.

22 Vgl. Kraay, 2000: 559.

23 Vgl. Woetzel, 2004: 17.

24 Vgl. Weltbank, 2004c; vgl. Congressional Budget Office, 2004: 2.

25 Vgl. TDC Trade II, 25.04.2005, Internet.

26 Vgl. Wang, 1999: 2; Lau, 2000: 18; Cleveland, 25.04.2005, Internet; eigene Darstellung.

27 Wang, 1999: 2.

28 Vgl. Schwäbisch Hall, 2004: 11ff.

29 Vgl. o.V., 2004l: 20.

30 o.V., 2004j: 11.

31 o.V., 2004l: 21.

32 Vgl. World Health Organization, 2000: 152; vgl. Weltbank, 2004d: 296.

33 Vgl. Jackson/Howe, 2004: 20.

34 Das Schriftzeichen für „gut" (好, hăo) setzt sich aus „Frau" (女, nǔ) und „Sohn" (子, zi) zusammen: „Frau" in Kombination mit „Sohn" wird als „gut" erachtet. Prädiagnostische Geschlechtskontrolle ist zwar nach dem Familienplanungsgesetz verboten, doch die große Überzahl an männlichen überlebenden Säuglingen in China gibt zu denken: auf 100 weibliche Geburten kommen nach Angaben des chinesischen Gesundheitsministeriums 117 männliche: „... the normal newborn sex proportion is 100:104-107, and if China's disproportionate figure is allowed to continue unchecked, there would be 30 to 40 million marriage-age men who would be single all their lives by 2020" (CIIC III, 25.04.2005, Internet).

35 Jackson/ Howe, 2004: 4.

36 Vgl. Yang, 2004: 12; vgl. TDC Trade II, 25.04.2005, Internet.

37 Vgl. Morgan Stanley, 25.04.2005, Internet.

38 Vgl. o.V., 2002: 8.
39 Vgl. Zhang, 2003: 36ff., vgl. Xinhua II, 25.04.2005, Internet.
40 Vgl. CI I, 25.04.2005, Internet.
41 Vgl. CI II, 25.04.2005, Internet.
42 Vgl. PD II, 25.04.2005, Internet; vgl. CEN II, 25.04.2005, Internet; vgl. CIIC IV, 25.04.2005, Internet.
43 Sieren, 2004: 58, vgl. Yang, 2004: 12; vgl. TDC Trade II, 25.04.2005, Internet.
44 Vgl. BWA I, 25.04.2005, Internet.
45 Vgl. MOFCOM, 25.04.2005, Internet.
46 Vgl. PD III, 25.04.2005, Internet.
47 Vgl. United States Department of Commerce, 2003: 41.
48 Vgl. Yang, 2001: 2.
49 Vgl. IN-Cosmetics, 25.04.2005, Internet.
50 Vgl. MOFCOM, 25.04.2005, Internet.
51 Vgl. WTO, 2001: 116ff.
52 Vgl. WTO, 2001: 27f.
53 Vgl. AHK I, 25.04.2005, Internet.
54 Vgl. Miller et al., 2004: 22.
55 InterChina, 2004: 18.
56 Vgl. Conway, 25.04.2005, Internet.
57 Vgl. CBBC, 25.04.2005, Internet.
58 Vgl. Shēnzhèn Guǎngshēn Certified Public Accountants, 25.04.2005, Internet.
59 Vgl. CBR II, 25.04.2005, Internet.
60 Einer Umfrage der China Association of Consumers zufolge heizten und kochten Bauern in 2004 zu 32,5% mit Holz, zu 31,6% mit Kohle und zu 27,8% mit Steinkohlengas. Geringer: Elektrizität 3,5%, Marschgras 0,7% und Andere 0,4% (o.V., 2004b: 53).
61 Vgl. WTO, 2001: 64ff.
62 US-Chamber of Commerce, 2004: 29.
63 Vgl. CD II, 25.04.2005, Internet.
64 Vgl. Handelsblatt, 25.04.2005, Internet.
65 „Tiān rén hé yī“ (天人合一). Das Centre d'Etudes de la Culture Taoïste (CECT) übersetzt diesen Grundsatz der chinesischen Kosmologie mit „L'homme céleste s'unit au Un“ (beide Zitate: CECT, 25.04.2005, Internet).
66 Ambler/Witzel, 2000: 145.
67 Studie des Marktforschungsinstitutes CTR unter 10.000 Haushalten in den zehn chinesischen Städten Běijīng, Chéngdū (成都), Guǎngzhōu, Jǐnán (济南), Nánjīng, Shànghǎi, Shěnyáng (沈阳), Tiānjīn, Wǔhàn, Xī'ān (西安).
68 Vgl. Harlé, 2004: 61.
69 Vgl. Minter, 2003: 19.
70 Hoang, 2004a: 43.
71 Vgl. Ambler/Witzel, 2000: 135.
72 Ambler/Witzel, 2000: 135; vgl. KFC Customer Service, 2005.
73 Vgl. Smedberg, 2004: 54; vgl. CD III, 25.04.2005, Internet.
74 Vgl. Tang, 2004b: 40.

75 Vgl. Business Report, 25.04.2005, Internet; vgl. CIIC V, 25.04.2005, Internet.
76 Havely, 2004: 15.
77 Vgl. Tang, 2004b: 41.
78 Vgl. InterChina, 2004: 10.
79 Vgl. EMFIS, 25.04.2005, Internet.
80 IN-Cosmetics, 25.04.2005, Internet.
81 170g sind je nach Angebot für 3,25¥ (0,32€) erhältlich.
82 Das Produkt heißt in Deutschland Aquarel. Das Logo ist in den drei Ländern identisch (in China auf einer Seite zusätzlich mit chinesischen Schriftzeichen).
83 Lu, 2004: 38.
84 Vgl. Time, 25.04.2005, Internet.
85 Vgl. AHK II, 25.04.2005, Internet.
86 A.T. Kearney, 2003: 9.

5. Kundenansprache und Motivation zum Kauf

1 Vgl. APMF III, 25.04.2005, Internet.
2 Vgl. Blecker, 2004: 9.
3 Snow, 1975: 59f.
4 Vgl. bfai III, 25.04.2005, Internet.
5 Article 8, Provisional Regulations on Food Advertising (vgl. Access Asia, 2003: 110).
6 Vgl. CIIC VI, 25.04.2005, Internet; vgl. bfai IV, 25.04.2005, Internet.
7 Articles 7&9, Measures for Administration of Advertisements of Alcoholic Beverages.
8 Article 18, Advertising Law; vgl. Access Asia, 2003: 98, 110.
9 Vgl. Rutherford, 1994: 124.
10 o.V., 2004g: 34.
11 Zitiert wie Häring, 1998: 6.
12 Vgl. bfai IV, 25.04.2005, Internet.
13 Vgl. Scheffold, 1987: 63.
14 Chu, 1996: 75.
15 Agres, 1990: 4.
16 Deighton/Hoch, 1993: 262.
17 Wang, 2000: 64.
18 Vgl. Air China, 2004: 10-11, 85.
19 Vgl. Tang/Reisch, 1995: 195.
20 Vgl. Tang/Reisch (1995); vgl. de Mooij (1998).
21 de Mooij, 1998: 202.
22 Access Asia, 2003: 99.
23 Vgl. bfai IV, 25.04.2005, Internet.
24 Zheng et al., 2003 : 22.
25 Ambler/Witzel, 2000: 137.
26 Der Name lautet in den USA nicht „Mineral Water“, sondern „Spring Water“. Der Slogan in Japan ist wie in China.

27 Der New Yorker Stadtteil Manhattan wird 曼克顿 (màn kè dùn) geschrieben.
28 Vgl. Shànghǎi Airport Journal, 2004: 71; vgl. Eastern China Connection, 2004: 59.
29 Vgl. o.V., 2004g: 35.
30 Der englische und chinesische Name weichen im ersten Schriftzeichen voneinander ab.
31 Vgl. Time, 25.04.2005, Internet.
32 Zhu, 2004: 40.
33 Hannas, 1997: 6.
34 Vgl. Liu/Pecotich, 2000: 703f.
35 Vgl. bfai, 25.04.2005, Internet.
36 Vgl. Ambler/Witzel, 2000: 136.
37 Vgl. Weggel, 1997: 317.
38 Zhang, 2001: 9f.
39 Vgl. Jenner, 2002.
40 Zhang, 2001 : 76.
41 Es gibt in der chinesischen Mythologie keinen „Mann im Mond", sondern einen Hasen, welcher in seinem Mörser die Pille der Unsterblichkeit dreht (vgl. Fiedeler, 2003. 162f.). P&G hat den Mann im Mond als Unternehmenslogo.
42 Zhang, 2001: 3f.; Übersetzung, Darstellung und Ergänzungen: Autor.
43 Vgl. Jin et al., 1999: 163f.; Li, 1997; Rollé, 2002: 65ff.; eigene Darstellung.
44 Wilhelm, 1997: 65.
45 Weggel, 1997: 317.
46 Vgl. Jin et al., 1999: 125ff.
47 螳螂捕蝉 黄雀在后, tángláng bǔ chán, huángquè zài hòu.
48 Ambler/Witzel, 2000: 133.
49 Vgl. PD IV, 25.04.2005, Internet.
50 Vgl. Beuchert, 1998: 11; vgl. Herrmann-Pillath/Lackner, 2000: 575ff.
51 Kuhn, 1977: 904.
52 Beuchert, 1998: 70f.
53 Vgl. Beuchert, 1998: 81ff.
54 Vgl. Beuchert, 1998: 72; vgl. Li, 1997: 154.
55 Vgl. Kuhn, 1995: 235.
56 Li, 1997: VI.
57 Weggel, 1997: 319.
58 Jin et al., 1999: 28.
59 Vgl. WirtschaftsWoche, 2004: 61.
60 Vgl. CD IV, 25.04.2005, Internet.
61 IKEA-Běijīng-Chef Birger Lund (Die Zeit, 25.04.2005, Internet).
62 Chan/McNeal, 2003: 12.
63 Xǔ Lìdé (许丽德), PR-Managerin IKEA; Kot, 2003: 22.
64 Vgl. The Economist IV, 25.04.2005, Internet; vgl. Access Asia, 2003: 47.
65 Ambler/Witzel, 2000: 137; vgl. The Economist IV, 25.04.2005, Internet.
66 Access Asia, 2003: 43.
67 Ogilvy, 1983: 187.

68 Vgl. AHK II, III, 25.04.2005, Internet.
69 Schätzungen von Nielsen Media Research geben die Ausgaben für Werbung 2003 mit 14,5 Mrd. US$ an, die chinesische Zeitung „China Daily" mit 18,6 Mrd. US$. Je nach Datenlage ist China der fünft- bis drittgrößte Werbemarkt der Welt (vgl. AHK IV, 25.04.2005, Internet).
70 Vgl. O'Neill, 2004a: 32ff., vgl. AdForum, 25.04.2005, Internet; vgl. AHK IV, 25.04.2005, Internet.
71 Austin Lally, Marketingchef Greater China von P&G, vgl. Economist Conferences, 2004.
72 Vgl. Access Asia, 2003: 42.
73 O'Neill, 2004a: 32ff.; eigene Darstellung.
74 Vgl. O'Neill, 2004a: 35; eigene Berechnung.
75 Vgl. bfai V, 25.04.2005, Internet; vgl. PD V, 25.04.2005, Internet; vgl. Ambler/Witzel, 2000: 137.
76 The Economist IV, 25.04.2005, Internet.
77 bfai VI, 25.04.2005, Internet; vgl. EuroBiz, 25.04.2005, Internet.
78 Vgl. The Guardian, 25.04.2005, Internet.
79 Steven Buurma, Geschäftsführer Messe Frankfurt in Hongkong (Buurma, 2004: 42).
80 Vgl. O'Neill, 2004b: 40.
81 Vgl. Beiersdorf, 2001.
82 Vgl. CBR, 25.04.2005, Internet.
83 Tang/Reisch, 1995: 198.
84 Vgl. Betke, 2000: 356.; vgl. Weltbank, 2004; vgl. o.V., 2004j: 11.
85 Vgl. Buderus, 25.04.2005, Internet.
86 Fan/Pfitzenmaier, 2001: 16.

6. Die Wahrheit in den Tatsachen suchen

1 Das ursprünglich auf Marx zurückgehende und von Máo übernommene „Die Wahrheit in den Tatsachen suchen" (实事求是, shíshì qiú shì) wurde zum Credo der Reformer um Dèng (vgl. Deng, 1985: 144).
2 入乡随俗, rù xiāng suí sú.
3 InterChina, 2004: 2.
4 Lín Zōngtáng (林宗棠), Komiteevorstand (CIIC VII, 25.04.2005, Internet).
5 Fortune, 25.04.2005, Internet.
6 Vgl. von Senger, 2000: 203ff.
7 Vgl. Hinterhuber, 1996: 85f.
8 Koch, 2004: 40.
9 von Senger, 2002: 10f.
10 Jorgen Claussen, Vorstandsvorsitzender (Chen, 2003: 14).
11 Doug Daft, Vorstandsvorsitzender Coca Cola, Ansprache Hong Kong-U.S. Business Council Meeting 2001 (Coca Cola, 25.04.2005, Internet).
12 Lazowski, 2002: 2.

13 Gilboy/Heginbotham: 2001: 37.
14 Finance Asia, 25.04.2005, Internet.
15 o.V., 2004k: 61.
16 Prof. Dr. Norbert Walter, Chefvolkswirt Deutsche Bank Gruppe (vgl. Walter, 2004).
17 Vgl. Schneider, 2005: 4.
18 Vgl. Ludwig, 2004: 2.
19 Maddison, 1998: 40; IMF II, III, 25.04.2005, Internet; eigene Darstellung.
20 Fischer, 2004.
21 Gilboy, 2004: 41.
22 Craig Branigan, Vorstandsvorsitzender Landor Associates (Economist Conferences, 2004).
23 Vgl. Schneider, 2005: 5.
24 Gilboy, 2004: 47.

Literatur- und Quellenverzeichnis

Access Asia, Advertising in China: A market analysis, Shanghai/Bristol (UK), 2003

Access Asia, China's Consumer Market 2004, Shanghai/Bristol (UK), 2004

ACNielsen, Reaching the Billion Dollar Mark – A Review of Today's Global Brands, New York, 2001

Agres, S.J., An Agency Point of View, in: Agres, S.J. et al. (Hg.), Emotion in Advertising, Theoretical and Practical Explorations, New York, 1990, S. 3-18

Air China, Inflight Magazine Wings of China (中国之翼), No. 6, Vol. 115, Beijing, 2004

Ambler, T., Witzel, M., Doing Business in China, London, 2000

Archives historiques Nestlé, Historische Werbeanzeigen und Produktetiketten, Vevey

A.T. Kearney, Winning the China FMCG Market, Chicago, 2003

A.T. Kearney, China Distribution Redesign, Greater China Supply Chain Forum, Michigan State University, East Lansing, 22.10.2004

Audi, A6 Werbebroschüre China, Changchun, 06/2004

Baedeker, Reiseführer China, 5. Aufl., Ostfildern, 2002

Bartsch, B., China – Drache oder Dino?, in: brand eins, 5. Jg., Heft 04, Mai 2003, S. 52-61

BASF, Unternehmensarchiv, Historische Werbeanzeigen und Produktetiketten, Ludwigshafen am Rhein, 2005

Baus, W., Schriftreform in China, in: Becker, W. (Hg.), China – Kunst, Kultur, Wirtschaft –, Soester Beiträge zur Geschichte von Naturwissenschaften und Technik, Heft 6, Soest, 1999, S. 29-37

Bayer, Unternehmensarchiv, Historische Werbeanzeigen und Produktetiketten, Leverkusen, 2005

Beiersdorf, China: Q10-Firming Lotion sehr beliebt, Hamburg, 18.12.2001

Beiersdorf, Unternehmensarchiv, Historische Werbeanzeigen und Produktetiketten, Hamburg, 2005

Betke, D., Umweltkrise und Umweltpolitik, in: Herrmann-Pillath, C.; Lackner, M. (Hg.), Länderbericht China – Politik, Wirtschaft und Gesellschaft im chinesischen Kulturraum, Bonn, 2000, S. 325-357

Beuchert, M., Die Gärten Chinas, Frankfurt Main/Leipzig, 1998

Bhaskaran, M., Chinas innenpolitische Herausforderung, China Spezial, Deutsche Bank Research, Frankfurt, 31.10.2002

Blecker, J., Shanghai Volkswagen Analyst Meeting, Shanghai, 28.09.2004

Boos, E. et al., Nachhaltiger Erfolg, in: WirtschaftsWoche Sonderausgabe China, 2003, S. 96-101

Buurma, S., Exhibiting in China: An International Perspective, in: China International Business, Nr. 200, Juli 2004, S. 42

Cai, X., Quotations from Confucius, Chinese Sages Series, Beijing, 2003

Carducci, L., Eleven Years in China – And Counting, Beijing, 2002

Congressional Budget Office, The Decline in the U.S. Current-Account balance since 1991, Congressional Budget Office, Economic and Budget Issue Brief, Washington, 06.08.2004

Chan, K., McNeal, J.U., Regulation of Children's Advertising in China, Australia and New Zealand International Business Academy Annual Conference, November 7/8, Dunedin, 2003

Chang, E. et al., A system for Spoken Query Information Retrieval on Mobile Devices, in: IEEE Transactions on Speech and Audio Processing, Vol. 10, Nr. 8, 11/02, Piscataway, NJ, S. 531-541

Chaponnière, J.-R., L'Europe et la montée en puissance de l'Asie – Faux débats et vrais problèmes, in: futuribles, Nr. 196, 3/95, Paris, 1995, S. 35-57

Chen, H., Kultur Schock, 4. Aufl., Bielefeld, 2001

Chen, W., Jorgen Claussen, «Our goal in the long term is to have only Chinese management», in: China International Business, Nr. 193, Beijing, Dezember 2003, S. 12-14

Cheng, T., Nestlé in China – A New Era, Hongkong, 2000

Chu, C.-N., China-Knigge für Manager, Frankfurt, 1996

Chung, T.-Z., Sievert, H.-W., Joint Ventures im chinesischen Kulturkreis – Eintrittsbarrieren überwinden, Marktchancen nutzen, Wiesbaden, 1995

CNNIC, 13th Statistical Survey Report on the Internet Development in China, Beijing, Januar 2004

CNNIC, 14th Statistical Survey Report on the Internet Development in China, Beijing, Juli 2004a

China Statistical Yearbook, Vol. 23, National Bureau of Statistics of the People's Republic of China (Hg.), Beijing, 2004

Dawar, N., Chattopadhyay, A., Rethinking Marketing Programs for Emerging Markets, Working Paper Nr. 320, London (Kanada)/Fontainebleau (F), Juni 2000

Deighton, J., Hoch, S.J., Teaching Emotion with Drama Advertising, in: Mitchell, A.A. (Hg.), Advertising Exposure, Memory, and Choice, Hillsdale, NJ, 1993, S. 261-281

dela Cruz, R., Goldman Sachs: China's Yuan Is Only 'Mildly Undervalued', in: Dow Jones International News, 15.09.2003

De Luca, C., Vougioukas, J., Der muntere Drache, in: Capital, Nr. 14, 2004, S. 30-34

de Montalembert, G., Un extreme eldorado, in: Le Figaro magazine, Cahier N°3, 27.09.2003, S. 62-63

de Mooij, M., Global Marketing and Advertising – Understanding Cultural Paradoxes, Thousand Oaks, 1998

Deng, X., Porter haut levé le drapeau de la pensée de Mao Zedong et persister à rechercher la vérité dans les faits, in: Bureau de Compilation et Traduction des Œuvres de Marx, Engels, Lénine et Staline près le Comité central du Parti communiste chinois, Deng Xiaoping, Textes choises (1975–1982), Beijing, 1985, S. 144-147

Deron, F., Guerrin, M., Révolution culturelle: les premières images de la terreur maoïste, in : Le Monde, Paris, 26.06.2003, S. 28

DESTATIS, Leben und Arbeit in Deutschland – Ergebnisse des Mikrozensus 2002, Statistisches Bundesamt, Wiesbaden, 2003

DESTATIS, Leben und Arbeit in Deutschland – Ergebnisse des Mikrozensus 2003, Statistisches Bundesamt, Wiesbaden, 2004

Eastern China Connection, On Bord-Magazine, China Eastern, Nr. 138, April 2004

Economist Conferences, China Branding Roundtable – Launch, build and leverage, Shanghai, 21.–22.04.2004

Fan, Y., Pfitzenmaier, N., How to reach '1.3 billion consumers' in China? A survey of event sponsoring, in: German-Chinese BusinessForum, Nr. 1, 2001, S. 15-19

Fiedeler, F., Yin und Yang – Das kosmische Grundmuster in der Kultur Chinas, DG 174 China, München, 2003

Fischer, J., Vortrag AHK, Beijing, 16.07.2004

Flory, J., The Barefoot Bankers, in: China International Business, Nr. 199, Beijing, Juni 2004, S. 16-21

Frahm, A., et al., Dräger Medical Technology, After-Sales Service in China, in: Deutsch Chinesisches WirtschaftsForum, Nr. 3, 2000, S. 24-26

Frank, S., Die menschliche Seite – Gute Vorarbeit ist die halbe Miete, in: ChinaContact, Januar/Februar 2004, S. 42-44

Fuchs, H.J., How to Build a Brand in China?, in: BusinessForum China, 01/04, Shanghai, 2004, S. 32-34

Gilboy, G., The Myth Behind China's Miracle, in: Foreign Affairs, Juli/August 2004, S. 33-48

Gilboy, G., Heginbotham, E., China's Coming Transformation, in: Foreign Affairs, Vol. 80, Nr. 4, Washington, Juli/August 2001

Goldstein, M., Lardy, N., Two-Stage Currency Reform for China, in: The Asian Wall Street Journal, 12.09.2003

Grant Thornton, Doing Business in the People's Republic of China, Hongkong, 2002

Griffith, T., (Hg.), Tao Te Ching – Lao Tzu, Wordsworth Classics of World Literature, übersetzt von Arthur Waley, Ware, 1997

Hannas, W., Asia's Orthographic Dilemma, Honolulu, 1997

Häring, V., The closing of the Chinese Mind? Die Debatte um den 'Aufbau der geistigen Zivilisation' in China, Berlin, 1998

Harlé, E., Taking to Chinese Tastes, in: EuroBiz, Beijing, Mai 2004, S. 61-62

Harrold, P., Lall, R., China, Reform and Development in 1992–93, World Bank Discussion Papers 215, Washington, D.C., 1993

Hauter, F., Devenue adulte, la génération choyée des enfants uniques constitue désormais une «avant-garde égoïste», Les «petits empereurs» sont devenus grands, in: Le Figaro étudiant, Rubrik: International, 07.11.2002, S. 4

Hauter, F., Comment le Parti communiste chinois va se brancher sur le secteur privé, in: Le Figaro économie, 07.11.2002, Rubrik: Chances et Risques du Monde, 2002a, S. X

Havely, J., Driving Ambition, in: EuroBiz, Beijing, Juni 2004, S. 14-15

Herrmann-Pillath, C., Lackner, M. (Hg.), Länderbericht China – Politik, Wirtschaft und Gesellschaft im chinesischen Kulturraum, Bonn, 2000

Hinterhuber, H.H., Strategische Unternehmensführung, Bd.1: Strategisches Denken – Vision, Unternehmenspolitik, Strategie, 6. Aufl., New York, 1996

Hoang, M., Amway Survives Ban On Direct Sales, in: China International Business, Nr. 194, Beijing, Januar 2004, S. 42-43

Hoang, M., A Fashion for Phones, in: China International Business, Nr. 196, Beijing, März 2004a, S. 42-43

Hoang, M., Making Diamonds Last Forever, in: China International Business, Nr. 200, Beijing, Juli 2004b, S. 44-45

Hufbauer, G.C., Wong, Y., China Bashing 2004, International Economics Policy Briefs, Nr. PB4-5, Institute for International Economics, Washington, September 2004

International Intellectual Property Alliance, 2004 Special 301, Report on global copyright protection and enforcement submitted to the United States trade representative, Appendix A, Country Report People's Republic of China, Washington, 13.02.2004

InterChina, China: Business Perspectives 2005, Beijing, 2004

Jackson, R., Howe, N., The Graying of the Middle Kingdom, Center for Strategic and International Studies, Global Aging Initiative, Washington, 25.05.2004

Jenner, W.J.F., Journey to the West, Wu Cheng'en, Foreign Languages Press (Hg.), Beijing, 2002

Jin, N., et al., A Hundred Questions On The Chinese Culture, Beijing Language And Culture University Press, 1999, Beijing

Jung, A., Sprung auf den Drachen, in: Spiegel Magazin, Nr. 34, Hamburg, 2004, S. 66-68

Kahl, J., VR China – Großmacht mit Handicaps, Pekings Außenpolitik zwischen Gestaltungsanspruch und Risikobegrenzung; Friedrich-Ebert-Stiftung (Hg.), Berlin, 2004

KFC Customer Service, Email Market Entry KFC Hongkong, Hongkong, 06.01.2005

Kloppers, M., China – will demand overwhelm supply?, bhb billiton, Präsentation UBS Global Basic Materials Conference, London, 07.06.2004

Koch, T., If you can make it there, in: McK Wissen, Nr. 10, 3. Jg., Hamburg, 2004, S. 40-42

Körber, H.-J., International Distribution? Opportunities & Challenges in China, Vortrag AHK Beijing, 04.11.2003

Kot, J., Selling the Season, in: China International Business, Nr. 193, Beijing, Dezember 2003, S. 22

Kot, J., Luxury Lingerie: A Rising Demand, in: China International Business, Nr. 194, Beijing, Januar 2004, S. 20-21

Kot, J., Brand Protection, in: China International Business, Nr. 199, Beijing, Juni 2004a, S. 42-43

Kraay, A., Household Saving in China, in: The World Bank Economic Review, Vol. 14, Nr. 3, September 2000, S. 545-570

Kreamer, R., Bean, R., China Exporter Guide 2003, GAIN Report CH4824, United States Department of Agriculture, Foreign Agricultural Service, Shanghai, 08.10.2004

Krott, M.F., Marktmacht China – Global Players lernen das Schattenboxen, Wien, 1999

Krugman, P., The myth of Asia's miracle, in: Foreign Affairs, Vol. 77, Nr. 6, Nov./Dez., New York, 1994, S. 62-78

Kühne, I., Zur Entwicklung des Außenhandels in der VR China, in: Akademie für Gesellschaftswissenschaften beim ZK der SED, Institut für Internationale Arbeiterbewegung, Aktuelle China-Information, Informationsbulletin Nr. 3, Berlin, 1978, S. 71-75

Kuhn, F., Kin Ping Meh oder die abenteuerliche Geschichte von Hsi Men und seinen sechs Frauen, Frankfurt/M., 1977

Kuhn, F., Der Traum der Roten Kammer, Frankfurt/M., 1995

Lan, X., Who's the King of Beers?, in: Beijing Review, Vol. 47, Nr. 31, Beijing, 05.08.2004, S. 36-38

Lan, X., Rise in Poverty, in: Beijing Review, Vol. 47, Nr. 32, Beijing, 12.08.2004a, S. 36-37

Lardy, N., The Role of Foreign Trade and Investment in China's Economic Transformation, in: China Quarterly, Nr. 144, London, 1995, S. 1065-1082

Lau, L.J., The East Asian Recovery, Stanford, 2000

Lazowski, F.J., Marketing U.S. Business in China, ReeseMcMahon, Chicago, 2002

Leibnitz, K., Sun Tsu über die Kriegs-Kunst, Karlsruhe, 1989

Li, Y., The Illustrated Book of Changes, Foreign Languages Press, Beijing, 1997

Lin, Y., My Country and my People, Cheap Edition, London, 1938

Lin, Y., et al., Economic Impact of the Coca-Cola System on China, Beijing/Columbia (SC), 2000

Liu, F., Pecotich, A., Culture, Language and Advertising in China: A Preliminary Explication of the Chinese Context, in: ANZMAC 2000 Visionary Marketing for the 21st Century: Facing the Challenge, Gold Coast, 2000, S. 703-707

Liu, L., Tao, J., Buyer's Market – Ranking Results, in: China International Business, Nr. 198, Beijing, Mai 2004, S. 18-23

Löbbert, F.J., Feng Shui für Manager – Erfolg durch innere und äußere Harmonie, München, 2001

Lu, R., Philips in China: Fishing with a Long Line, in: China Today, Vol. 53, Nr. 6, Beijing, Juni 2004, S. 37-39

Ludwig, J., China: Wachstum ohne Ende?, Germany Tour, Beijing, 2004

Ma, Z., A Brief Translation History of China, Beijing, 1998

Maddison, A., Chinese Economic Performance in the Long Run, OECD Development Centre Studies, Paris, 1998

Martinez, H., Kamps AG, Recherche Crédit, La lettre des Marchés, Natexis Banques Populaires, Paris, 18.03.2002

McKinnon, R., China and the East Asian Dollar Standard: The Problem of Conflicted Virtue, Washington, März 2004

Miller, T. et al., China's trade trends and WTO compliance, in: China Economic Review, Q3, Hongkong, 2004, S. 20-23

Minter, A., Greeting the Xmas Market, in: China International Business, Nr. 193, Beijing, Dezember 2003, S. 18-19

Mundell, R., China's Exchange Rate: The Case for the Status Quo, IMF/People's Bank of China High-Level Seminar On China's Foreign Exchange System, Dalian, Mai 2004

Ogden, C.L. et al., Mean Body Weight, Height, and Body Mass Index, United States 1960–2002, Advance Data From Vital and Health Statistics, Nr. 347, National Center for Health Statistics, Hyattsville, Maryland (US), 27.10.2004

Ogilvy, D., Ogilvy On Advertising, Toronto, 1983

O'Neill, M., Waiting Game Over for Carrefour, in: China International Business, Nr. 198, Mai 2004, S. 24

O'Neill, M., Ad Spend Boom, in: China International Business, Nr. 199, Juni 2004a, S. 32-36

O'Neill, M., Exhibiting Strength, in: China International Business, Nr. 200, Juli 2004b, S. 38-42

o.V., Bubbling cauldron ready to explode, in: Taipei Times, Editorial, 14.09.2002, S. 8

o.V., Les maux de la modernité, La violence des jeunes, in : Le Monde Dossiers & Documents, Nr. 324, Chine, un colosse émerge, Oktober 2003, S. 5

o.V., BNP Paribas Limited – Niederlassung in China eröffnet, in: ChinaContact, Januar/Februar 2004, S. 6

o.V., Coca-Cola to set up more factories, in: EuroBiz, März 2004a, S. 23

o.V., Peasants' Consumption, in: China International Business, Nr. 196, März 2004b, S. 53

o.V., Avon to Purchase Partner's Stake, in: China International Business, Nr. 198, Mai 2004c, S. 8

o.V., Crocs face off, in: EuroBiz, Mai 2004d, S. 24

o.V., Urban-rural Income Gap Widens, in: China Today, Vol. 53, Nr. 5, Mai 2004e, S. 8

o.V., China's Selected Basic Indicators, in: China International Business, Vol. 200, Juli 2004f, S. 54

o.V., Cool Customers, in: EuroBiz, Juli 2004g, S. 34-35

o.V., Middle class swell, in: EuroBiz, Juli 2004h, S. 28

o.V., Philips to retreat From Production Base, in: Beijing Review, Vol. 47, No. 29, Juli 2004i, S. 7

o.V., China's growing pains, in: The Economist, Vol. 372, Nr. 8389, August 2004j, S. 11

o.V., Dim sums – China may have invented the abacus, but its statistics are dreadful, in: The Economist, Vol. 372, Nr. 8389, August 2004k, S. 60-61

o.V., Where are the patients?, Special Report China's health care, in: The Economist, Vol. 372, Nr. 8389, August 2004l, S. 20-24

o.V., Deutsche Investitionen – Erst ein Prozent, in: WirtschaftsWoche Sonderheft China, September 2004m, S. 15

Palm Beach Post, Mercedes Benz Werbeanzeige, 25.07.1999, Miami, 1999, S. 7B

Pleskacheuskaya, I., Eating for Health, in: China Today, Vol. 53, Nr. 7, Juli 2004, Beijing, 2004, S. 56-57

Powers, P., Distribution in China – The End of the Beginning, in: International Trade Administration, US Department of Commerce (Hg.), Export America, Vol. 2, Nr. 13, Washington, 2001

Preeg, E.H., Chinese Currency Manipulation and the US Trade Deficit, Statement before the Commission on US-China Economic and Security Review, Washington, 25.09.2003

Qiang, Z., Telecom's Uneasy Bedfellows, in: China International Business, Nr. 199, Beijing, Juni 2004, S. 26-27

Roach, S. S., Getting China Right, Statement before the Commission on US-China Economic and Security Review, Washington, 25.09.2003

Rollé, D. F., SIMPL-I-GING, Aarau, 2002

Rutherford, P., The New Icons? The Art of Television Advertising, Toronto, 1994

Schaub, M., First Steps to PRC Trade Liberalization, in: BusinessForum China, 2/04, Shanghai, 2004, S. 43-46

Scheffold, T., Möglichkeiten und Grenzen der Standardisierung internationaler Werbekonzeptionen in multinationalen Unternehmen, Mannheim, 1987

Schmitt, S., Der Arzneimittelmarkt der VR China, in: German-Chinese BusinessForum, Nr. 2, 2002, S. 7-12

Schneider, S., Globale Wachstumszentren 2020, Formel-G für 34 Volkswirtschaften, Deutsche Bank Research, Aktuelle Themen – Globale Wachstumszentren, Nr. 313, Frankfurt, 09.02.2005

Schüller, M., Wirtschaftspolitik und Wirtschaftswachstum, Bonn, 2001

Schwäbisch Hall, Bausparen international. Der Exportschlager aus Schwäbisch Hall, Schwäbisch Hall, 2004

Shanghai Airport Journal, Nr. 55, Shanghai, 2004

Sieren, F., Wuchtiges Heck, in: WirtschaftsWoche, Nr. 22, 20.05.2004, S. 58

Sieren, F., Völlig neue Strukturen, in: WirtschaftsWoche, Nr. 40, 23.09.2004a, S. 52-54

Smedberg, U., The Elk in China, in: BusinessForum China, Nr. 2, Shanghai, 2004, S. 54-55

Snow, E., Die lange Revolution, China zwischen Tradition und Zukunft, München, 1975

Statistical Survey of China, Beijing, 1997

Strittmatter, K., Anweisungen für den Straßenkampf, in: Süddeutsche Zeitung, Nr. 117, München, 22./23.05.2004, S. IV

Studwell, J., The China Dream – The quest for the last great untapped market on earth, New York, 2002

Sun, J., Generation Gap: The Background of Transition Period (1991-1994), Shanghai, 1997

Tan, W., Moving the Goods, in: Beijing Review, Vol. 47, Nr. 29, Beijing, 22.07.2004, S. 38-40

Tang, T., Ice Cream Wars, in: China International Business, Nr. 197, April 2004, S. 34-36

Tang, Y., As Good As Old, in: Beijing Review, Vol. 47, Nr. 27, Beijing, Juli 2004a, S. 40-41

Tang, Y., Multi-Flavoured Price Wars, in: Beijing Review, Vol. 47, Nr. 32, Beijing, August 2004b, S. 40-41

Tang, Z., Reisch, B., Erfolg im China-Geschäft, Frankfurt, 1995

Tao, J., The Moral Foundation of Welfare in Chinese Society: Between Virtues and Rights, in: Becker, G.H. (Hg.), Ethics in Business and Society: Chinese and Western Perspectives, Berlin, 1996, S. 9-24

Tetz, S., Rechtsschutz in China für ausländische Investoren, in: Taube, M., Gälli, A., (Hg.), Chinas Wirtschaft im Wandel – aktuelle Aspekte und Probleme, München, 1997, S. 225-248

Thornton, E., McManaging Supplies, in: Far Eastern Economic Review, Vol. 158, No. 47, Hongkong, 23.11.1995, S. 76

Transparency International, Corruption Perceptions Index 2004, Berlin, 2004

Tichauer, P., Der Fuchs erobert Tianjin – Globalisierung des Bausparens, in: China-Contact, Juni 2004, S. 10

Timperlake, E., Triplett II, W.C., Year of the rat – How Bill Clinton Compromised U.S. Security for Chinese Cash, Washington, 1998

Toyne, B., Walters, P., Global Marketing Management – A Strategic Perspective, Boston, 1993

UN Population Division, World Population Prospects – The 2002 Revision, New York, 2003

US-Chamber of Commerce, China's WTO Report: A three-year Assessment, Washington, 2004

United States Department of Commerce, Compilation of Foreign Motor Vehicle Import Requirements, United States Department of Commerce, International Trade Administration Office of Automotive Affairs, Washington, 2003

Usunier, J.C., Walliser, B., Interkulturelles Marketing, Mehr Erfolg im internationalen Geschäft, Wiesbaden, 1993

von Lingelsheim-Seibicke, Das China-Geschäft heute und morgen, Chancen und Risiken neuer Marketing-Konzeptionen, Köln, 1985

von Senger, H., Strategeme, Lebens- und Überlebenslisten aus drei Jahrtausenden, Band 1: Strategeme 1-18, 1. Aufl., Bern, 2000

von Senger, H., Strategeme, Lebens- und Überlebenslisten aus drei Jahrtausenden, Band 2: Strategeme 19-36, 1. Aufl., Bern, 2000a

von Senger, H., Die Kunst der List, Strategeme durchschauen und anwenden, 2. Aufl., München, 2002

Walter, N., China – boom forever?, Vortrag AHK Beijing, 28.05.2004

Wang, X., Sustainability of China's Economic Growth, National Center for Development Studies, Canberra, 1999

Wang, J., Foreign Advertising in China – Becoming Global, Becoming Local, Ames, 2000

Weggel, O., Das nachrevolutionäre China – Mit konfuzianischen Spielregeln ins 21. Jahrhundert, Hamburg, 1997

Wei, X., A Wait for the Next Generation of Mobile Phones, in: China International Business, Nr. 195, Beijing, Februar 2004, S. 30-31

Wella, Business Year 1997, Darmstadt, 1998

Wella, Geschäftsbericht 2000, Darmstadt, 2001
Wella, Geschäftsbericht 2001, Darmstadt, 2002
Weltbank, Box 2.3: Round-tripping of capital flows between China and Hong Kong, Global Development Finance, Washington, 2002
Weltbank, GNI per capita 2003, Atlas method and PPP, World Development Indicators database, Washington, September 2004;
Internet: www.worldbank.org/data/databytopic/GNIPC.pdf
Weltbank, PPP GDP 2003, World Development Indicators database, Washington, September 2004a ; Internet: www.worldbank.org/data/databytopic/GDP_PPP.pdf
Weltbank, Total GDP 2003, World Development Indicators database, Washington, September 2004b; Internet: www.worldbank.org/data/databytopic/GDP.pdf
Weltbank, China at a glance, Washington, 2004c;
Internet: www.worldbank.org/data/countrydata/aag/chn_aag.pdf
Weltbank, Weltentwicklungsbericht 2004 – Funktionierende Dienstleistungen für arme Menschen, Sonderausgabe Bundeszentrale für politische Bildung, Bonn, 2004d
World Health Organization, The World Health Report 2000, Genf, 2000
Wilhelm, R., Li Gi – Das Buch der Riten, Sitten und Bräuche, München, 1997
Wilhelm, R., Kungfutse Gespräche LunYü, München, 2000
Wilson, D., **Purushothaman, R.**, Dreaming with BRICs: The Path to 2050, in: Goldman Sachs Global Economics Paper Nr. 99, New York, 01.10.2003
WirtschaftsWoche, Sonderheft China, 30.09.2004
Woetzel, J. R., Dichtung und Wahrheit, in: McK Wissen, Nr. 10, Hamburg, 2004, S. 14-17
WTO, Report of the Working Party on the Accession of China, Protocol On The Accession Of The People's Republic Of China, WT/L/432, Genf, 23.11.2001
Wünsche, D., China bricht zu neuen Ufern auf – Shanghai gibt sich ultramodern, in: Westfalen Blatt, Bielefeld, 1./2.11.2003, S. 8
Xiao, G., China's Round-Tripping FDI: scale, causes and implications, Asian Development Bank, Discussion Paper No. 7, Hongkong, Juni 2004
Xie, A., China: The Yuan Peg Will Stay, Morgan Stanley Global Economic Forum, Hongkong, 18.02.2004
Yang, F., Analysis and Strategic Study of Advantages/Disadvantages of China's Entry into the WTO in Various Industries, Beijing, 2001
Yang, Y.-H., Development and Problems in China's Financing System, Taipei, 2004
Yuan, X., Industrielle Beziehungen Chinas am Scheideweg – Der wirtschaftlich-soziale Strukturwandel und das Beispiel von VW Shanghai, Frankfurt, 1999
Zhang, F., Les douze animaux et leur place dans la culture chinoise, Beijing, 2001
Zhang, J., Banks push borrowing drive, in: China International Business, Nr. 193, Beijing, Dezember 2003, S. 34-39
Zheng, L. et al., Comment les Chinois voient les Européens, Paris, 2003
Zhou, E., Warum importiert China technische Anlagen?, in: Beijinger Rundschau, Nr. 26, 04.07.1978, S. 20
Zhu, E., China's Commercial Milestones, in: China International Business, Nr. 199, Juni 2004, S. 40-41

Internet-Quellen (Stand: 25.04.2004)

ACNielsen: http://www2.acnielsen.com/news/20040512_ap.shtml
AdForum: www.adforum.com/specialevents/asiansummit04/mccann.asp
AFAR: www.asianresearch.org/articles/1697.html
AHK: www.china.ahk.de/gic/biznews/investment/deutsche-firmenstruktur.htm
AHK I: www.china.ahk.de/gic/biznews/trade/wto/importquota-machinery-electrical-products.htm
AHK II: www.china.ahk.de/gic/biznews/investment/konsumenten-profil-china.htm
AHK III: www.china.ahk.de/gic/biznews/investment/konsumenten-china.htm
AHK IV: www.china.ahk.de/gic/biznews/bfai/bfai-werbeausgaben-september2004.htm
APMF: www.apmforum.com/columns/china15.htm
APMF I: www.apmforum.com/columns/china20.htm
APMF II: www.apmforum.com/colums/china16.htm
APMF III: www.apmforum.com/colums/china23.htm
Audi: www.audi.com/de/de/neuwagen/a6/limousine/innenansicht/innenansicht.jsp
BEA: www.bea.gov/bea/newsrel/gdpnewsrelease.htm
bfai: www.china.ahk.de/gic/biznews/bfai/bfai-werbung-china-landestypisch-januar2004.htm
bfai I: www.china.ahk.de/gic/biznews/bfai/bfai-erstmals-auslaendische-marken-mai2004.html
bfai II: www.bfai.com/botdb_rec_MKT20040608130457.html
bfai III: www.china.ahk.de/gic/biznews/bfai/bfai-kondome-august2002.html
bfai IV: www.china.ahk.de/gic/biznews/bfai/bfai-werbung-in-china-april2004.htm
bfai V : www.china.ahk.de/gic/biznews/bfai/bfai-werbung-werbetraeger-medien-januar2004.htm
bfai VI: www.china.ahk.de/gic/biznews/bfai/bfai-Medienlandschaft-januar2003.htm
Buderus: www.buderus.com.cn/EN_index.htm
Business Report: http://www.busrep.co.za/index.php?fArticleId=2280065
BWA: www.businessweekasia.com/magazine/content/04_49/b3911065.htm
BWA I: www.businessweekasia.com/magazine/content/04_38/b3900074.htm
CBBC: www.cbbc.org/market_intelligence/tlb/tariffs.html
CBR: www.chinabusinessreview.com/public/0107/weisert.html
CBR I: www.chinabusinessreview.com/public/0409/walton.html
CBR II: www.chinabusinessreview.com/public/0201/goldstein.html
CCID: www.ccidconsulting.com/detail?record=1&channelid=23&presearchword=ID=423&channelin=456
CD: www.chinadaily.com.cn/english/doc/2004-10/20/content_383961.htm
CD I: www.chinadaily.com.cn/english/doc/2004-03/30/content_319105.htm
CD II: http://www2.chinadaily.com.cn/english/doc/2004-11/28/content_395408.htm
CD III: www.chinadaily.com.cn/english/doc/2004-04/06/content_320931.htm
CD IV: www.chinadaily.com.cn/english/doc/2003-08/01/content_359336.htm
CECC: www.cecc.gov/pages/virtualAcad/gov/stateconst.php

CECT: www.cect-sanyuan.org/docs/alchimie.htm
CEN: http://en.ce.cn/subject/RetailinginChina/Cosmetic/200409/29/t20040929_1881357.shtml
CEN I: http://en-1.ce.cn/Business/Macro-economic/200411/18/t20041118_2324483.shtml
CEN II: http://en.ce.cn/Industries/Auto/200412/10/t20041210_2539370.shtml
CI: www.chinaintern.de/article/Wirtschaft_Hintergrundberichte/1081237462.html
CI I: www.chinaintern.de/article/Wirtschaft_Presseberichte/1082878560.html
CI II: www.chinaintern.de/article/Wirtschaft_Hintergrundberichte/1101717859.html
CIA CN: www.odci.gov/cia/publications/factbook/geos/ch.html
CIA US: www.odci.gov/cia/publications/factbook/geos/us.html
CIIC: http://big5.china.com.cn/german/147227.htm
CIIC I: www.china.org.cn/english/China/89774.htm
CIIC II: www.china.org.cn/english/features/China2004/106913.htm
CIIC III: www.china.org.cn/english/China/94958.htm
CIIC IV: www.china.org.cn/english/2004/Aug/102982.htm
CIIC V: www.china.com.cn/german/153957.htm
CIIC VI: www.china.org.cn/english/BAT/54725.htm
CIIC VII: www.china.org.cn/english/BAT/84074.htm
Cleveland: www.clevelandfed.org/Research/ET2004/1104/household.pdf
CNN: www.cnn.com/interactive/specials/9908/china.glance/content.html
CNN I: http://archives.cnn.com/2000/FOOD/news/11/29/forbidden.city.frapp.ap/
Coca Cola: www2.coca-cola.com/presscenter/viewpointshongkong_include.html
Conway: www.conway.com/ssinsider/incentive/
CPIRC: www.cpirc.org.cn/en/e-policy5.htm
DESTATIS: www.destatis.de/basis/d/bauwo/wositab2.php
Die Zeit: www.zeit.de/archiv/2000/52/200052_ikea_peking.xml
Eagle Brand: www.eaglebrand.com/history.asp
EMFIS: http://emfis.com/Index.1+M5d3009f23f3.0.html
EuroBiz: www.sinomedia.net/eurobiz/v200409/publishing0409.html
Finance Asia: www.financeasia.com/articles/6B0E7954-814B-11D4-8C130008C72B383C.cfm
Fortune: www.fortune.com/fortune/print/0,15935,370860,00.html
FX Converter: www.oanda.com/convert/fxhistory
Handelsblatt: www.handelsblatt.com/pshb/fn/relhbi/sfn/buildhbi/cn/GoArt!200013,200051,736868/SH/0/depot/0/
Hill&Knowlton: www.hillandknowlton.com.cn/Newsroom/news1
Hill&Knowlton I: www.hillandknowlton.com.cn/Newsroom/news5
IHK: www.ihk-koeln.de/Navigation/International/Markterschliessung/ChinaLaenderschwerpunkt2004.jsp

IMF:
www.imf.org/external/pubs/ft/weo/2004/02/data/dbcoutm.cfm?SD=2001&ED=2005&R1=1&R2=1&CS=3&SS=2&OS=C&DD=0&OUT=1&C=924&S=NGDPD-PPPWGT&CMP=0&x=44&y=12
IMF I: www.imf.org/external/np/tr/2004/tr041019.htm
IMF II:
www.imf.org/external/pubs/ft/weo/2004/02/data/dbcoutm.cfm?SD=1980&ED=2005&R1=1&R2=1&CS=3&SS=2&OS=C&DD=0&OUT=1&C=924-111&S=PPPWGT-PPPSH&CMP=0&x=47&y=7
IMF III:
www.imf.org/external/pubs/ft/weo/2004/02/data/dbcoutm.cfm?SD=2004&ED=2004&R1=1&R2=1&CS=3&SS=2&OS=C&DD=0&OUT=1&C=946-137-122-181-124-138-964-182-423-935-128-936-961-939-184-172-132-134-174-144-944-178-136-112-941&S=PPPWGT&CMP=0&x=61&y=5
IN-Cosmetics: www.in-cosmetics.com/presentations/2003/Presentation_for_In_Cosmetics.doc
Interbrand: www.interbrand.de/d/presse/presse.asp?anc=bestglobalbrands04
Interex: www.interex.be/ATLAS/interex2/marche_11.html
McKinsey: www.forbes.com/business/2004/11/04/cx_1104mckinseychina7.html
McKinsey I:
www.mckinseyquarterly.com/article_page.aspx?ar=1493&L2=19&L3=67&srid=7&gp=1
manager magazin:
http://service.manager-magazin.de/digas/servlet/find/DID=29235247
MOFCOM: http://english.mofcom.gov.cn/article/200412/20041200321656_1.xml
Morgan Stanley: www.morganstanley.com/GEFdata/digests/20041108-mon.html#anchor6
Novis: www.foodanddrinkeurope.com/news/news-ng.asp?id=15300-nestle-ambitions-for
Ovo: www.ovo.ch/cgi/welcome/frameset_index.asp?redirurl=/cgi/welcome/index.asp
PBC: www.pbc.gov.cn/english/detail.asp?col=6710&ID=75
PD: http://english.people.com.cn/200301/29/eng20030129_110911.shtml
PD I: http://english.people.com.cn/200208/07/eng20020807_101086.shtml
PD II: http://english.people.com.cn/200312/30/eng20031230_131538.shtml
PD III: http://english.people.com.cn/english/200106/23/eng20010623_73324.html
PD IV: http://english.people.com.cn/200312/05/eng20031205_129766.shtml
PD V: http://english.peopledaily.com.cn/about/aboutus.html
Peugeot: www.peugeot.de/ihr_peugeot/modelle/modell.php?ppdb_id=199
Shenzhen Guangshen Certified Public Accountants:
www.szcpa.com.cn/lawen/consumption.html
TDC Trade: www.tdctrade.com/imn/imn190/cosmetics05.htm
TDC Trade I: www.tdctrade.com/alert/cba-e0406h-1.htm
TDC Trade II: www.tdctrade.com/econforum/tdc/tdc041102.htm
The Economist: www.economist.com/agenda/displayStory.cfm?story_id=3597367
The Economist I: www.economist.com/PrinterFriendly.cfm?Story_ID=1780818

The Economist II:
www.economist.com/markets/bigmac/displayStory.cfm?story_id=581914
The Economist III:
www.economist.com/markets/bigmac/displayStory.cfm?story_id=3503641
The Economist IV:
www.economist.com/business/displayStory.cfm?story_id=3403242
The Economist V:
www.economist.com/markets/bigmac/displayStory.cfm?story_id=1730909
The Guardian:
http://media.guardian.co.uk/marketingandpr/story/0,7494,659719,00.html
Time: http://www.time.com/time/globalbusiness/article/0,9171,725113-1,00.html
Time I: www.time.com/time/asia/features/china_cul_rev/advertising.html
UCLA: www.anderson.ucla.edu:7777/research/globalwindow/china/t3/sup2art.htm
via www.anderson.ucla.edu:7777/research/globalwindow/china/index2.html
UNCTAD:
http://www.unctad.org/Templates/webflyer.asp?docid=5700&intItemID=1634&lan
g=1
Weiss: http://www.weiss.de/157.0.html
Weltbank: www.worldbank.org/data/countrydata/aag/chn_aag.pdf
Xinhua: http://news.xinhuanet.com/english/2004-03/30/content_1391521_2.htm
Xinhua I: http://news.xinhuanet.com/english/2004-10/01/content_2044358.htm
Xinhua II: http://news.xinhuanet.com/english/2004-10/21/content_2119650.htm

Ergebnisse der quantitativen Analyse

1. Produkt

	Häufigkeit	
	absolut	**relativ (%)**
Produkte	305	100
Geschenkpacks	10	3,3
• Farbanpassung	7	70,0
Kleinere Produkteinheiten	36	11,8
Lebensmittel	256	83,9
• Gesundheitsaspekt betont	42	16,4
- Trittbrettfahrer	2	4,8
• Geschmack angepasst	36	14,1
• Importiert	31	12,1
- Geschmack standardisiert	28	90,3
- Geschmack angepasst	3	9,7
Markenfarbe angepasst	1	0,3
Markennamen	80	-
• Phonetische Übersetzung	56	70,0
- Ohne besondere Bedeutung	5	8,9
• Übersetzung nach Bedeutung	23	28,8
• Kombination	1	1,2
Plagiate	17	5,6
Produkte mit Kaufzugaben/ Werbegeschenken	25	8,2
Verpackung	305	100
• Importiert	37	12,1
- Standardisiert	35	94,6
- Angepasst	2	5,4
• Lokal produziert	268	87,9
- Standardisiert	237	88,4
- Angepasst	31	11,6
• Standardisiert (Total)	272	89,2
• Angepasst (Total)	33	10,8

1. Produkt (Fortsetzung)

	Häufigkeit	
	absolut	relativ (%)
Verpackung	305	100
• Material günstiger	4	12,1
• Beschriftung	305	100
- Nur chinesisch	21	6,9
- Nur englisch	18	5,9
- Doppelte Kennzeichnung auf Front	164	53,8
- Chin./engl.Kennzeichnung auf unterschiedlichen Fronts	102	33,4
• Regionale Aufmachung	12	3,9
• Genutzt als Werbefläche für weitere Produkte des Sortiments	14	4,6
• Glas	5	1,6
• Inhaltsdarstellung/ piktographische Hinweise	110	36,1

2. Preis

	Häufigkeit	
	absolut	relativ (%)
Preise	101	100
Geschenkpacks	10	-
• Preislich angehoben	9	90,0
• Vorteilsangebot	1	10,0
Importware	51	50,5
• Preise höher als in Deutschland	38	74,5
• Preise vergleichbar bzw. niedriger als in Deutschland	13	25,5
Lokal produzierte Ware	50	49,5
• Preise höher als in Deutschland	5	10,0
• Preise niedriger als in Deutschland	45	90,0
Preise höher (Total)	43	42,6
Preise vergleichbar bzw. niedriger (Total)	58	57,4

3. Kommunikation	Produkt (Σ: 305)		Printwerbung (Σ: 191)		Fernseh-werbung (Σ: 82)	
	Häufigkeit					
	abso-lut	relativ (%)	abso-lut	relativ (%)	abso-lut	relativ (%)
Affenabbildung	15	4,9	13	6,8	10	12,2
Animationen	38	12,5	-	-	10	12,2
Anspracherichtung						
• Erotisch	1	0,3	4	2,1	1	1,2
• Wissenschaftlich	13	4,3	12	6,3	14	17,1
• Testimonial	-	-	-	-	8	9,8
• Kollektivistisch	-	-	-	-	29	35,4
• Patriotistisch	4	1,3	3	1,6	4	4,9
Baudenkmäler, Städte	4	1,3	20	10,5	9	11,0
• Ausländische Lokalitäten	2	50,0	4	20,0	1	11,1
Co-Branding	11	3,6	-	-	-	-
Familienbezug	4	1,3	8	4,2	18	22,0
Hunde (davon Golden Retriever)	2 (2)	0,7	1 (0)	0,5	1 (1)	1,2
Personen	25	8,2	115	60,2	74	90,2
• Ausländer	8	32,0	40	34,8	6	8,1
• Chinesen	9	36,0	47	40,9	52	70,3
• Ausländer und Chinesen	2	8,0	15	13,0	8	10,8
• Persönlichkeiten	6	24,0	13	11,3	8	10,8
Preisaufdruck, positive Zahl	4	1,3	-	-	10	12,2
Schlussblende	-	-	-	-	29	35,4
Sportbezug	9	3,00	8	4,2	14	17,1
Ursprungslandkennzeich-nung	30	9,8	33	17,3	3	3,7
Werbung mehrmals hinter-einander	-	-	-	-	5	6,1
Wettläufe, Kaufaufforde-rung	-	-	-	-	4	4,9

Preisuntersuchung

Produkt	Hersteller	Menge	Herst.-Land	Kaufort	Preis China (¥)	Preis China (€)	Preis D (€)
Additiva Brause-tabletten	Dr. Scheffler	90 g	Deutsch-land	Watson's BJ	31,90	3,11	2,30
				CRC Shunyi	36,40	3,55	
Alpenliebe Bonbons	Perfetti van Melle	180 g	China	CRC BJ	4,75	0,46	-
				Luoyang	6,50	0,63	
				LM, Shunyi, BJ	7,00	0,68	-
Anheuser	Anheuser-Busch	355 ml	China	CF BJ	4,55	0,44	-
Aoduoduo (Oreo Plagiat)	Zhongshan Meihua Foods	130 g	China	Yuxiang Market, Shunyi, BJ	2,40	0,23	-
Ariel	Procter& Gamble	350 g	China	CF SH	3,30	0,32	-
		2 kg	China	CF SH	17,80	1,73	4,49 (1,35 kg)
Asahi Bier	Asahi	350 ml	China	CF BJ	2,80	0,27	-
Aussie Milk	Murray Goulburn	1 l	Austra-lien	Jenny Lu, Chao-yang, BJ	10,80	1,05	-
Bainuo (Ritter Sport Plagiat)	BaiNuo	100 g	China	24 alldays Super-markt SH	7,80	0,76	-
Bainuo (Ritter Sport Plagiat, Mi-nis)		144 g	China	CF SH	9,20	0,90	-
Bainuo (Ritter Sport Plagiat, Mega Minis)		170 g	China	CF SH	9,50	0,93	-
Band-Aid Pflaster	Johnson& Johnson	10 Stück	China	CF BJ	5,50	0,54	-

Produkt	Hersteller	Menge	Herst.-Land	Kaufort	Preis China (¥)	Preis China (€)	Preis D (€)
Bitburger Bier	Bitburger	5 l-Fass	Deutschland	CF BJ	136,80	13,32	9,49
Bounty Schokoriegel	Mars	57 g	China	Jenny Lou, Chaoyang, BJ	6,90	0,67	-
Braun Rasierer	Procter& Gamble	Sortiment	China	Wangfujing Department Store, BJ	89-150	8,67-14,61	-
Braun Rasierer 350		1	China	CF BJ	78,00	7,60	-
Braun Rasierer 355					99,00	9,64	-
Braun Wasserkocher AquaExpress WK 210 11			Deutschland	Wangfujing Department Store, BJ	589,00	57,37	39,99
Brita Filter	Brita	3	Deutschland	LH Center BJ	249,00	24,25	15,95
Brita Gefäß Aluna		3 l	Deutschland	LH Center BJ	399,00	38,86	17,95
Budweiser Bier	Anheuser-Busch	355 ml	China	CF SH	4,55	0,44	-
				CF BJ	4,60	0,45	
Campbell Dosensuppe	Campbell Soup	2 Stück à 305 g	USA	Watson's BJ	18,90	1,84	-
Capri-Sonne Tütensaft	Kraft Foods	10 x 20 ml	China	CF BJ	15,00	1,46	1,99
Carrefour Baguette	Carrefour (Handelsmarke)	1	China	CF SH	2,80	0,27	-
				CF BJ	3,00	0,29	
Carrefour Bier		Dose 355 ml	China	CF SH	1,60	0,16	-
Carrefour Croissants		2	China	CF SH	5,00	0,49	-
				CF BJ	5,20	0,51	
Carrefour Eau de Source de Montagne		1,5 l	Frankreich	CF BJ	6,40	0,62	-
				CF SH	7,90	0,77	
Carrefour Shampoo		1 l	China	CF BJ	17,50	1,70	-
Carrefour Waschmittel		350 g	China	CF SH	1,50	0,15	-

Produkt	Hersteller	Menge	Herst.-Land	Kaufort	Preis China (¥)	Preis China (€)	Preis D (€)
Charm Me (head& shoulders Plagiat)	Fademei Group	200 ml	China	Yang-shuo	16,80	1,64	-
Cif Scheuermittel	Unilever	500 ml	Italien	COFCO BJ	14,80	1,44	1,99
				LH Center BJ	22,00	2,14	
Coca Cola	Coca Cola	Dose 355 ml	China	CF BJ	1,65	0,16	0,75 (0,33 l)
				CF SH	1,65	0,16	
				Luoyang	1,70	0,17	
				Watson's SH	1,70	0,17	
				CRC Shunyi, BJ	1,80	0,18	
				Yang-shuo	2,00	0,19	
				LM, Shunyi, BJ	2,00	0,19	
		1,25 l	China	CF BJ	4,50	0,44	0,79 (1 l)
		2 l	China	Luoyang	6,50	0,63	1,05 (1,5 l)
		2,25 l	China	CRC BJ	5,20	0,51	-
Coca Cola Spezial Olympia Athen 2004	Coca Cola	200 ml	China	Kedi SH	9,00	0,88	-
Cola Cao Kakao Pulver	Cola Cao	200 g	China	CRC BJ	7,95	0,77	-
		500 g	China	CRC BJ	25,90	2,52	-
Colgate Familienpack	Colgate-Palmolive	3 Bürsten + 105 g Zahnpasta	China	Jinkelong, Chaoyang, BJ	6,70	0,65	-
Colgate Zahnbürstenset		3 Stück	China	Jinkelong, Chaoyang, BJ	7,50	0,73	-

Produkt	Hersteller	Menge	Herst.-Land	Kaufort	Preis China (¥)	Preis China (€)	Preis D (€)
Colgate Zahnpasta	Colgate-Palmolive	105 g	China	CRC BJ	2,40	0,23	1,19 (100 g)
				Yuxiang, Shunyi	3,50	0,34	
Colgate Zahnpasta		120 g	China	LM, Shunyi	4,10	0,40	-
		360 g	China	CF SH	3,60	0,35	-
Cornetto Eis	Unilever	20 g x 12	China	CRC BJ	8,75	0,85	-
Cornflakes	Kellogg's	340 g	Thailand	Jenny Lou, Chao-yang, BJ	28,80	2,81	1,99 (375 g)
Crest Zahnpasta Grüner Tee Geschmack	Procter& Gamble	120 g	China	LM Shunyi, BJ	4,50	0,44	-
Crest Zahnpasta + Bürste Kin-derset		165 g	China	Watson's BJ	25,90	2,52	-
Dove Flüssigseife	Unilever	750 ml	-	Watson's BJ	38,90	3,79	-
Dove Schokoherzen Valentinstag	Mars	32 g	China	LM, Shunyi	8,50	0,83	-
Dove Schokoriegel		47 g	China	LM, Shunyi	6,00	0,58	-
Dove Schokolade + Le Conté Spardose		96 g	China	Yuxiang Market BJ	29,80	2,90	-
Dole Saftgetränke	Dole	250 ml Glasfla-sche	China	LM, Shunyi	5,20	0,51	-
		1 l	China	CF SH	10,78	1,05	-
				CRC BJ	11,50	1,12	
				LM, Shunyi	16,90	1,65	
Dr.Bang Flüssigseife	-	500 ml	China	CRC BJ	9,50	0,93	-
Duofuduo Toiletten-papier	-	48 Rollen	China	CRC BJ	9,60	0,94	-

Produkt	Hersteller	Menge	Herst.-Land	Kaufort	Preis China (¥)	Preis China (€)	Preis D (€)
Duracell Batterien AAA	Procter& Gamble	2	China	Preis-fixierung auf Packung	3,00	0,29	4,99 (4 St.)
Duracell Batterien AA		5	China	CF SH	9,90	0,96	4,99 (4 St.)
Dutch Lady Milch	Friesland Coberco Dairy Foods	250 ml	China	CF SH	2,30	0,22	-
				LM, Shunyi	3,00	0,29	
		1 l	China	CF BJ	5,60	0,55	-
				LM, Shunyi	8,20	0,80	
Dutch Lady Schokomilch		250 ml	China	LM, Shunyi	2,60	0,25	-
Enlighten (Lego Plagiat)	Enlighten	Box+ Bonbons	China	Watson's BJ	13,90	1,35	-
Esberitox	Schaper& Brümmer	20 Tabletten	Deutsch-land	Tongren-tang Apothe-ke BJ	40,30	3,93	6,75 (50 St.)
Evian	Danone	330 ml	Frank-reich	CF SH	6,70	0,65	0,59 (500 ml)
		500 ml	Frank-reich	CF SH	7,20	0,70	0,59
				CRC Shunyi	9,30	0,91	
		1,5 l	Frank-reich	CF SH	16,90	1,65	0,89
Fanta	Coca Cola	600 ml	China	CF SH	2,20	0,21	0,69 (500 ml)
				Yuxiang, Shunyi	2,60	0,25	
		2 l	China	COFCO BJ	5,70	0,56	1,05 (1,5 l)
		2,25 l	China	CRC BJ	5,10	0,50	-
Fisherman's Friend Bonbons	Lofthouse	25 g	England	Watson's BJ	17,90	1,74	0,89
Frosties	Kellogg's	175 g	Thailand	LH Cen-ter BJ	17,50	1,70	2,79 (500 g)
Fruitella	Perfetti van Melle	1 Stange	China	CRC BJ	2,80	0,27	-
		3 Stan-gen	China	CF SH	4,70	0,46	-
				Watson's BJ	5,90	0,57	

Produkt	Hersteller	Menge	Herst.-Land	Kaufort	Preis China (¥)	Preis China (€)	Preis D (€)
Future Cola Wahaha	Danone	Dose 355 ml	China	Luoyang	1,70	0,17	-
				CF BJ	1,80	0,18	
		1,25 l	China	CRC Shunyi	4,00	0,39	-
Gaoda Batterien AA	-	10	China	CF BJ	7,90	0,77	-
Gatorade	PepsiCo	500 ml	China	CF SH	3,50	0,34	0,99
Gerolsteiner Wasserge-tränk	Bitburger	330 ml	Deutsch-land	Ikea BJ	6,00	0,58	-
Gillette Geschenkbox	Procter& Gamble	Mach 3 Rasierer, Gel, Klingen-set	China/ USA	CF BJ	98,00	9,55	-
Gillette Mach3		Rasierer + 4 Klin-gen	USA	Watson's BJ	51,00	4,97	6,95 (nur 2 Klin-gen)
Gillette Mach3 Turbo		Rasierer	USA	Jinke-long, Chao-yang, BJ	69,80	6,80	8,99
Gillette Vector		Rasierer/ 50 g Rasier-schaum	China	LM, Shunyi	17,90	1,74	-
Goldbären	Haribo	100 g	Deutsch-land	Watson's BJ	7,90-9,90	0,77-0,96	0,79 (300 g)
				Jenny Lou, Chao-yang, BJ	8,60	0,84	
				Dong An Plaza BJ	9,60	0,94	
Great Lakes Saft	Great Lakes	255 ml Glasfla-sche	China	CRC BJ	4,35	0,42	-
		2 l	China	CF BJ	9,90	0,96	-
				CF SH	11,60	1,13	
Great Lakes Minglang Saft		1 l	China	CF SH	5,80	0,56	-
				LM, Shunyi	6,20	0,60	-

Produkt	Hersteller	Menge	Herst.-Land	Kaufort	Preis China (¥)	Preis China (€)	Preis D (€)
Green Cloud Seifenstück	-	100 g	China	CRC BJ	0,99	0,10	-
Häagen-Dasz Cookies & Cream Crunch Eis	General Mills	80 g	Frankreich	LM, Shunyi	35,00	3,41	-
Hallmark Karten	Hallmark	-	China	Watson's BJ	5,00-19,00	0,48-1,85	-
head& shoulders	Procter& Gamble	5 ml	China	Hutong BJ	0,50	0,05	-
		200 ml	China	Luoyang	17,80	1,73	2,69
				CF SH	18,40	1,79	
				Yangshuo	19,00	1,85	
				Watson's BJ	22,90	2,23	
		400 ml	China	CF SH	32,20	3,14	3,99 (300 ml)
Heineken Bier	Heineken	330 ml	Niederlande/ Deutschland	CF SH	6,50	0,63	-
Heinz Babynahrung	Heinz	225 g	China	Kenzo BJ	13,90	1,35	-
Heinz Baked Beans		420 g	England	CF	9,60	0,94	-
Hi-NRG Batterien AA	-	4	China	Watson's BJ	8,90	0,87	-
HP 3538	Hewlett Packard	1	China	CF BJ	299,00	29,12	-
HP Invent 3558					339,00	33,02	-
Huabang Green Orchard Apfelsaft	Huabang	1,25 l	China	CF BJ	4,60	0,45	-
Ikea Hotdog	Ikea	1	China	Ikea BJ	3,00	0,29	1,00
Ikea Scheren TROJKA		3	-	Ikea BJ	9,00	0,88	1,99
Ikea Teelichter GLIMMA		100	-	Ikea BJ	25,00	2,44	1,89

Produkt	Hersteller	Menge	Herst.-Land	Kaufort	Preis China (¥)	Preis China (€)	Preis D (€)
Ikea Quadratischer Tisch LACK	Ikea	1	-	Ikea BJ	129,00	12,56	9,99
Ikea Auslieferung		Eingang Bestellung bis 16h, Auslieferung in 48h		innerhalb Stadtzone	60,00	5,84	-
				jeder weitere km	3,00	0,29	-
Jiajiafu Toilettenpapier	-	10 Rollen	China	CRC BJ	15,50	1,51	-
Jinmeng (Rocher Plagiat)	Golden Dream	525 g (42 Stück)	China	CRC BJ	48,00	4,68	-
Kewpie Mayonnaise	Kewpie	200 g	China	COFCO BJ	5,90	0,57	-
Kinder Bueno	Ferrero	1 (2er)	Italien	CF SH	4,70	0,46	0,55
				Watson's BJ	5,90	0,57	
		3 (2er)	Italien	CF SH	16,40	1,60	-
				Watson's BJ	16,90	1,65	
		30 Stück Promo	Italien	Watson's BJ	177,00	17,24	-
Kinder Schokolade		50 g	Italien	Watson's BJ	4,90	0,48	0,79 (100 g)
KitKat	Nestlé	17,5 g x 4 Neujahrsbox	China	CRC BJ	36,40	3,55	-
		280 g + 1 Winterschal	China	Watson's BJ	29,90	2,91	-
Kleenex Pocket Taschentücher	Kimberly& Clark	10	China	LM, Shunyi, BJ	4,50	0,44	-
Kleenex Toilettenpapier		4 Rollen	China	CF SH	7,40	0,72	-
		10 Rollen	China	LM, Shunyi	25,00	2,44	-
Knorr Gemüsebrühe	Unilever	270 g	China	CF BJ	14,00	1,36	-
Knorr Tütensuppe		35 g	China	CF BJ	2,30	0,22	0,89
				Luoyang	2,40	0,23	

Produkt	Hersteller	Menge	Herst.-Land	Kaufort	Preis China (¥)	Preis China (€)	Preis D (€)
Koala Marron Snack	Lotte	49 g	China	LM, Shunyi, BJ	4,00	0,39	-
KokoKrunch	Nestlé	2 x 30 g	China	LM, Shunyi	4,80	0,47	-
		150 g	China	CRC BJ	9,05	0,88	-
				CF BJ	10,20	0,99	
Kühne Apfelessig	Kühne	500 ml	Deutschland	LM BJ	26,50	2,58	1,69
La Crémeria	Nestlé	340 g	China	CF SH	10,80	1,05	-
La vache qui rit Käse	Bel Fromagerie	140 g	Frankreich	Kenzo BJ	23,10	2,25	1,69
Lay's	PepsiCo	1 Rohr 120 g	China	Jinkelong, Chaoyang, BJ	6,90	0,67	-
				LM, Shunyi	8,20	0,80	
				CRC Plaza	8,50	0,83	
		80 g Tüte	China	Luoyang	4,60	0,45	-
		110 g Tüte	China	CF SH	8,00	0,78	1,19 (175 g)
Lay's Beijing Duck		90 g Tüte	China	CF SH	5,30	0,52	-
Lay's Cool Cucumber		100 g Tüte	China	CF BJ	5,40	0,53	-
Le Conté Schokolade Weihnachtsbox	Chocolat Le Conté	100 g	China	Dong An Plaza BJ	32,00	3,12	-
Leibnitz Kekse	Bahlsen	200 g	Deutschland	CRC BJ	18,60	1,81	0,89
Levi's 501	Levi's	1	China	Sport, Oriental Plaza	798,00	77,73	59,95
Lipton Apfelgetränk-Pulver	Unilever	400 g Pulver + Eiswürfel-Schale	China	Kenzo BJ	13,30	1,30	-
Lipton Grüner Tee		50g (25 x 2 g)	China	Kenzo BJ	10,40	1,01	-

Produkt	Hersteller	Menge	Herst.-Land	Kaufort	Preis China (¥)	Preis China (€)	Preis D (€)
Lipton Iron Buddha Tea	Unilever	100 g	China	CF BJ	15,90	1,55	-
Lipton Jasmintee	Unilever	50 g (25 x 2 g)	China	LM, Shunyi	10,50	1,02	-
		100 g (lose)	China	CF BJ	12,90	1,26	-
		200 g + 40 g	China	CRC BJ	34,20	3,33	-
Lipton Maofeng Tea		75 g	China	CF BJ	18,50	1,80	-
Lipton Pfefferminz-tee		10 Beu-tel (20 g)	Import	Sure Save Super-market BJ	14,50	1,41	-
Longliqi Shampoo	-	400 ml	China	CF BJ	17,00	1,66	-
L'Oréal Whitening Cream	L'Oréal	Preis-spanne Sorti-ment	China	CF BJ	99,00-160,00	9,64-15,58	-
m&m's	Mars	Mini Pack 4,5 g	China	Nanjing Lu Deli, SH	0,42	0,04	-
		30,6 g Röhr-chen	China	LM, Shunyi, BJ	3,50	0,34	-
		45 g	China	LM, Shunyi, BJ	3,50	0,34	0,49
		100 g	China	alldays Super-market SH	3,80	0,37	0,69 (75 g)
m&m's Neujahrsbox		500 g	China	CF BJ	58,00	5,65	-
Maggi Gemüsebrühe	Nestlé	100 g	China	CF SH	6,90	0,67	-
Maggi Tütensuppe		35 g	China	CF BJ	2,40	0,23	0,89
Maggi Würze		100 ml	China	LM, Shunyi	7,50	0,73	1,19 (125 ml)

Produkt	Hersteller	Menge	Herst.-Land	Kaufort	Preis China (¥)	Preis China (€)	Preis D (€)
Manganzhen Waschmittel	-	350 g	China	CRC BJ	0,99	0,10	-
Maxwell House Caffé Latte	Kraft Foods	11 x 14 g	China	LM, Shunyi	12,50	1,22	-
Maxwell House Kaffeepulver		200 g	China	CF SH	48,50	4,72	3,49
Melitta German Premium Style Coffee	Melitta	500 g	Deutschland	LH Center BJ	135,00	13,15	2,99
Mentos	Perfetti van Melle	37 g	China	LM, Shunyi	2,00	0,19	0,55
Messino	Bahlsen	125 g	Deutschland	CRC BJ	22,50	2,19	1,55
Milky Way Brotaufstrich	Mars	300 g	Polen	CF SH	20,90	2,04	1,49
Mininurse Cleansing Milk	L'Oréal	50 ml	China	CF BJ	9,90	0,96	-
Mininurse		Preisspanne Sortiment	China	CF BJ	9,90-45,00	0,96-4,38	-
Minute Maid Orangensaft	Coca Cola	500 ml	China	Watson's SH	2,30	0,22	-
				Kedi SH	3,00	0,29	
Miracle Whip	Kraft Foods	237 ml	USA	CF SH	10,60	1,03	1,25 (250 ml)
				LH Center BJ	14,00	1,36	
Mirinda Limonade	PepsiCo	355 ml	China	CRC Shunyi, BJ	1,63	0,16	-
		600 ml	China	Kenzo BJ	2,30	0,22	
Mon Cherie (bzw. Ferrero Küsschen)	Ferrero	4 Stück	Italien	Watson's BJ	5,90	0,57	0,55
Nescafé Cappucino	Nestlé	8 x 13 g	China	CF BJ	17,00	1,66	-
Nescafé Dosierte Tütchen		200 g	China	CF SH	50,90	4,96	-

Produkt	Hersteller	Menge	Herst.-Land	Kaufort	Preis China (¥)	Preis China (€)	Preis D (€)
Nescafé Frühjahrsfest Box	Nestlé	Nescafé Granulat 100 g, Milch-pulver 200 g, diverse Samples (231 g)	China	CRC BJ	89,90	8,76	-
Nescafé Granulat		500 g	China	Jenny Lou, Chao-yang, BJ	83,00	8,08	-
Nescafé Kaffeedrink in Dose		180 ml	China	CF BJ	2,20	0,21	
Nesquik		400 g	China	LM, Shunyi	18,00	1,75	2,19 (400 g) 2,79 (800 g)
Nestea Drink		500 ml	China	CF SH	2,40	0,23	-
Nestea Ice Crush Lemon Green Tea		480 ml	China	CF BJ	4,30	0,42	-
Nestlé Babynahrung Rice with Vegetables		225 g	China	Kenzo BJ	12,90	1,26	-
Nestlé Eis Rote Boh-nen/Grüner Tee		70 g Stiel	China	LM, Shunyi	1,00	0,10	-
Nestlé Erdbeereis		255 g Behälter	China	LM Shunyi	6,00	0,58	-
				CF SH	6,05	0,59	
Nestlé Schokoeis		255 g Behälter	China	CF SH	5,95	0,58	-
Nestlé Milch Hi-Calcium Low Fat		1 l	China	LM, Shunyi	9,90	0,96	-

Produkt	Hersteller	Menge	Herst.-Land	Kaufort	Preis China (¥)	Preis China (€)	Preis D (€)
Nestlé Valentinsbox Schokolade	Nestlé	18 x 5 g	China	CF SH	38,00	3,70	-
				CF BJ	40,00	3,90	
nimm2 Bonbons	Storck	110 g	Deutschland	LH Center BJ	10,00	0,97	0,99 (145 g)
		3 Rollen (3 x 50 g)	Deutschland	LM, Shunyi	16,50	1,61	1,35 (3 x 0,45,-)
		454 g (Behälter)	Deutschland	CRC Pudong, SH	29,00	2,82	-
Nivea Bath Care Honey&Oil	Beiersdorf	250 ml	China	LM, Shunyi, BJ	22,50	2,19	2,19
Nivea Body Intensiv Feuchtigkeitsmilch		200 ml	China	Watson's BJ	30,80	3,00	-
Nivea Whitening Body Lotion		200 ml	China	Watson's BJ	33,90	3,30	-
Nivea Creme		50 ml	China	Watson's BJ	10,50	1,02	-
		100 ml Dose	China	CF SH	15,60	1,52	1,99 (Tube)
				LM, Shunyi, BJ	17,50	1,70	
Nivea Feuchtigkeitscreme		100 ml Dose	China	Watson's BJ	33,90	3,30	-
Nivea Gentle Toner		200 ml	China	Watson's BJ	42,90	4,18	-
Nivea Geschenkbox Valentinstag		blau	China	Wangfujing Department Store BJ	320,00	31,17	-
		weiß	China		624,00	60,78	-
Nivea Lip Care		3,8 g	China	CF SH	15,80	1,54	1,25 (4,8 g)
			China	LM, Shunyi	18,50	1,80	
Nivea Seife Avena		125 g	Deutschland	CF SH	5,80	0,56	0,65 (150 g)
				Watson's BJ	7,50	0,73	

Produkt	**Hersteller**	**Menge**	**Herst.-Land**	**Kaufort**	**Preis China (¥)**	**Preis China (€)**	**Preis D (€)**
Nivea Sun LF 20	Beiersdorf	150 ml	China	Jinke-long, Chao-yang, BJ	79,90	7,78	7,99 (200 ml)
Nivea Whitening Cream		50 ml	China	Watson's BJ	28,00	2,73	-
		100 ml	China	CF SH	34,30	3,34	-
Nongfu Spring Wasserge-tränk	Nongfu Spring	1,5 l	China	CF BJ	2,00	0,19	-
Nutella	Ferrero	220 g	Austra-lien	CF BJ	16,80	1,64	-
				CRC BJ	19,80	1,93	
				LH Center	23,60	2,30	
		400 g	Austra-lien	Watson's BJ	58,00	5,65	1,55
Omo Kernseife	Unilever	135 g	China	Wangfu-jing De-partment Store, BJ	1,00	0,10	-
				Luoyang	2,50	0,24	
Omo Waschpulver		350 g	China	CF SH	3,90	0,38	-
		700 g	China	CRC BJ	4,30	0,42	-
				CF SH	4,60	0,45	
				COFCO BJ	5,20	0,51	
		750 g	China	LM, Shunyi	10,20	0,99	-
		1,2 kg	China	CF SH	7,50	0,73	-
		2 kg	China	CF BJ	17,80	1,73	-
Oral-B Crossaction	Procter& Gamble	1	Irland	Jinke-long, Chao-yang, BJ	12,90	1,26	1,99
Oral-B Crossaction Power		1	Deutsch-land/ China	Watson's Sun Dong An Plaza, BJ	49,90	4,86	7,99
Oral-B Valentinsset		2 Cross-action Power, 1 Zahn-pasta	Deutsch-land/ China/ Nieder-lande	Watson's BJ	99,00	9,64	-

Produkt	Hersteller	Menge	Herst.-Land	Kaufort	Preis China (¥)	Preis China (€)	Preis D (€)
Oreo	Kraft Foods	150 g	China	Yuxiang, Shunyi, BJ	4,30	0,42	-
				CF SH	4,60	0,45	
				LM, Shunyi, BJ	5,20	0,51	
				Luoyang	5,20	0,51	
		600 g (4er Pack)	China	CF BJ	11,80	1,15	-
Ovaltine Drink	Associated British Foods (ABF)	250 ml	China	LM, Shunyi, BJ	2,50	0,24	-
Ovaltine Pulver		400 g	China	CF SH	21,20	2,06	3,98 (500 g)
Ovo Lutschbonbons		8 g	China	24 all-days SH	1,50	0,15	-
Pampers Größe M	Procter& Gamble	64 Stück	China	CRC Shunyi	94,00	9,16	-
				Watson's SH	109,90	10,70	
Pantene ProV		400 ml	China	Watson's BJ	27,90	2,72	3,99
Pepsi Cola	PepsiCo	Dose 355 ml	China	Kenzo BJ	1,70	0,17	-
				Luoyang	1,80	0,18	
		600 ml	China	Luoyang	2,30	0,22	-
		1,25 l	China	CF BJ	4,15	0,40	0,79 (1,5 l)
		2 l	China	COFCO BJ	5,90	0,57	-
				Luoyang	6,50	0,63	
Perrier Wassergetränk	Nestlé	330 ml	Frankreich	CF SH	7,20	0,70	-
Philadelphia Käse	Kraft Foods	250 g	Australien	LM, Shunyi	24,00	2,34	0,99 (200 g)
Philishave 8825	Philips	1	Niederlande	Wangfujing	1595	155,35	-
				CF BJ	1468	142,98	

Produkt	Hersteller	Menge	Herst.-Land	Kaufort	Preis China (¥)	Preis China (€)	Preis D (€)
Président Brie	Président	200 g	Frank-reich	CF BJ	31,90	3,11	1,79
Président Butter		200 g	Frank-reich	CF SH	19,80	1,93	-
Président Camembert		250 g	Frank-reich	CF BJ	35,90	3,50	1,99
Pringles	Procter& Gamble	50 g (Rohr)	Belgien	April Gour-met, BJ	5,50	0,54	-
		184 g (Rohr)	Belgien	COFCO BJ	11,10	1,08	1,59 (200 g)
				CRC BJ	12,50	1,22	
				Jinke-long, Chao-yang, BJ	12,80	1,25	
Prinzenrolle	Danone	85 g	China	CF BJ	2,20	0,21	-
		120 g	China	CF SH	2,50	0,24	0,99 (150 g Minis)
		360 g	China	CRC Shunyi	7,70	0,75	-
Prinzenrolle Erdbeerkekse		120 g	China	CRC BJ	2,70	0,26	-
Pritt Klebstoff	Henkel	10 g	China	CF SH	5,90	0,57	1,19
		40 g	China	CF SH	14,90	1,45	2,69
Pure Life Wasser	Nestlé	330 ml	China	CF SH	0,95	0,09	-
		550 ml	China	CF SH	1,05	0,10	-
		600 ml	China	LM, Shunyi	1,20	0,12	-
		1,5 l	China	LM, Shunyi	2,90	0,28	0,75
Pure Milk Candy (Milka Plagiat)	Huizhen Foods	108 g	China	Jenny Lou, Pinnacle, BJ	3,50	0,34	-
Qoo Saft	Coca Cola	500 ml	China	CRC BJ	2,45	0,24	0,59 (0,33 l)
Quanmai Bier	-	345 ml	China	CF BJ	1,40	0,14	-
Rabenhorst Multivitamin-saft	Rabenhorst	750 ml	Deutsch-land	LH Center	28,00	2,73	2,99

Produkt	**Hersteller**	**Menge**	**Herst.-Land**	**Kaufort**	**Preis China (¥)**	**Preis China (€)**	**Preis D (€)**
Red Bull Getränk	Red Bull	250 ml	China	CF SH	5,70	0,56	1,39
Rejoice Shampoo	Procter& Gamble	400 ml	China	COFCO BJ	24,50	2,39	-
Reward Spülmittel	-	500 ml	China	CRC BJ	5,80	0,56	-
Ricola Bonbons	Ricola	40 g Stange	Schweiz	Watson's BJ	7,50	0,73	-
		100 g Dose	Schweiz	Watson's BJ	15,90	1,55	2,79 (250 g)
Ritter Sport	Ritter	100 g	Deutschland	CF SH	12,60	1,23	0,65
Ritter Sport Mini „Schlitten“		150 g	Deutschland	CF SH	22,00	2,14	1,04
Ritz	Kraft Foods	118 g	China	LM, Shunyi	3,30	0,32	1,19 (200 g)
Rocher	Ferrero	3 Stück (Plastikpack)	Italien	Watson's BJ	6,50	0,63	0,69 (4er)
		8 Stück (Herz-Schachtel Valentinstag)	Italien	Watson's BJ	29,90	2,91	-
		16 Stück (Plastikpack)	Italien	CF SH	32,20	3,14	2,59
		16 Stück (Schachtel)	Italien	COFCO BJ	35,90	3,50	-
		24 Stück (Schachtel)	Italien	CF	61,90	6,03	-
				Watson's BJ	69,90	6,81	
		25 Stück (Pyramide) 312,5 g	Italien	COFCO BJ	79,90	7,78	-
				Watson's BJ	85,90	8,37	
Safeguard Seife	Procter& Gamble	125 g	China	COFCO BJ	3,70	0,36	-
Safeguard Seife (flüssig)		500 ml	China	Watson's BJ	14,90	1,45	-

Produkt	**Hersteller**	**Menge**	**Herst.-Land**	**Kaufort**	**Preis China (¥)**	**Preis China (€)**	**Preis D (€)**
Salatfix Balsamico Dressing	Kühne	250 ml	Deutschland	CF BJ	14,90	1,45	1,59 (500 ml)
				Jenny Lou, BJ	16,80	1,64	
Schwartau Extra Marmelade	Dr. Oetker	340 g	Deutschland	CF BJ	17,20	1,68	1,49
				CRC BJ	23,90	2,33	
Scotch Brite Schwamm	3M	1	China	CF SH	3,70	0,36	-
Scotch Brite Schwämme		2	China	LH Center BJ	7,20	0,70	-
Scotch Klebstoff		12,7 g	China	CF SH	7,20	0,70	-
Seba Med Baby Bath	Sebapharma	100 ml	Deutschland	Watson's SH	32,90	3,20	-
Sensation Wassermarke	Coca Cola	380 ml	China	CF SH	0,65	0,06	-
		550 ml	China	Watson's SH	0,80	0,08	-
				CF SH	0,90	0,09	
7-Up Limonade	PepsiCo	600 ml	China	CRC Shunyi	2,35	0,23	0,79 (1 l)
Signal Zahnpasta	Unilever	115 g	China	Luoyang	4,00	0,39	-
				LM, Shunyi, BJ	4,30	0,42	
Skippy Knorr Erdnussbutter	Unilever	340 g	China	CF SH	8,90	0,87	-
Sky Clean Spülmittel	Henkel	900 ml	China	CRC BJ	3,20	0,31	-
Snickers Brotaufstrich	Mars	300 g	Polen	CRC BJ	20,60	2,01	1,69 (350 g)
Snickers Schokoriegel		59 g	China	Watson's BJ	3,50	0,34	-
		3 x 50 g (150 g)	China	Dong An Plaza BJ	10,00	0,97	-
Softlan Flüssigwaschmittel	Colgate-Palmolive	2 l	China	COFCO BJ	17,90	1,74	-
Sprite	Coca Cola	600 ml	China	CRC BJ	2,80	0,27	0,69 (500 ml)
				CF BJ	4,50	0,44	
		2,25 l	China	CRC BJ	5,20	0,51	-

Produkt	Hersteller	Menge	Herst.-Land	Kaufort	Preis China (¥)	Preis China (€)	Preis D (€)
Starbucks Coffee of the day	Starbucks	small	-	Star-bucks BJ	12	1,17	1,50
		tall			15	1,46	1,90
		grande			18	1,75	2,30
Starbucks Hot Chocolate		small			14	1,36	2,50
		tall			17	1,66	2,90
		grande			20	1,95	3,30
Starbucks Hot Tea		small			12	1,17	-
		tall			15	1,46	2,50
		grande			18	1,75	2,90
Swiss Thins	Lindt & Sprüngli	125 g	Schweiz	Watson's BJ	49,90	4,86	3,20
Taijixing (Wrigley's Plagiat)	-	13,5 g	China	Xiao-maibu, BJ	1,20	0,12	-
Talcid	Bayer	20 Tabletten	Deutsch-land	Apothe-ke Hang-zhou	26,30	2,56	4,96
Tchibo Mocca Kaffeebohnen	Tchibo	500 g	Deutsch-land	CF BJ	23,40	2,28	-
TDK Videokassette	TDK	240 Minuten	Japan	CF BJ	35,00	3,41	-
Tianbi Zahnpasta	-	120 g	China	CRC BJ	1,99	0,19	-
Tianyudi Wassermarke	Coca Cola	550 ml	China	CF BJ	1,10	0,11	-
				CF SH	1,25	0,12	
				Watson's SH	1,30	0,13	
		1,5 l	China	CRC BJ	3,30	0,32	-
TicTac	Ferrero	16 g	Austra-lien	CF SH	1,90	0,19	0,49
Tide	Procter& Gamble	350 g	China	LM, Shunyi	2,90	0,28	-
		650 g	China	CF SH	4,60	0,45	-
		1,2 kg	China	LM, Shunyi	9,90	0,96	-
		5 kg	China	CF SH	27,80	2,71	-
Tokai Chips	-	110 g	China	CF BJ	4,80	0,47	-
Trebor Jasminkau-gummi	Trebor Wuxi Confectionary	16,2 g	China	Yuxiang Market BJ	2,00	0,19	-

Produkt	Hersteller	Menge	Herst.-Land	Kaufort	Preis China (¥)	Preis China (€)	Preis D (€)
Tsingtao Bier	Tsingtao Brewery	355 ml	China	CF SH	3,90	0,38	-
Tupperware Behälter Affenmotiv 2004	Tupperware	1 x 1 l (hoch), 1 x 1,25 l (breit)	China	Tupper-ware Shop, BJ	58,00	5,65	12,90
Tupperware Eidgenosse Oval		0,5 l	China	Tupper-ware Shop, BJ	38,00	3,70	8,90
		1,1 l	China	Tupper-ware Shop, BJ	46,00	4,48	12,90
		1,7 l	China	Tupper-ware Shop, BJ	54,00	5,26	13,90
Tupperware Gewürz-Riesen	Tupperware	270 ml	China	Tupper-ware Shop, BJ	48,00	4,68	12,90
Tupperware Microplus Kasserollen Set, rund		2,25 l	China	Tupper-ware Shop, BJ	148,00	14,42	45,90
Tupperware Mix-Fix		500ml	China	Tupper-ware Shop, BJ	62,00	6,04	13,90
Vichy Normaderm Reinigungs-lotion	L'Oréal	200 ml	Frank-reich	Wangfu-jing De-partment Store, BJ	128,00	12,47	11,00
Vienetta Eis	Unilever	336 g	China	CF SH	8,90	0,87	1,35 (500 g)
Vileda Schwamm	Freudenberg	1	China	LH Cen-ter BJ	6,50	0,63	-
Vinda Toiletten-papier	Vinda Paper	10 Rollen	China	CF BJ	17,80	1,73	-
Vivil Friendship Bonbons	Vivil A. Müller	25 g Dose	Deutsch-land	Hotel Chong-qing	16,00	1,56	0,99
Volvic	Danone	500 ml	Frank-reich	CF SH	6,20	0,60	-
				CRC Shunyi, BJ	8,50	0,83	
		1,5 l	Frank-reich	CF SH	14,10	1,37	0,89

Produkt	Hersteller	Menge	Herst.-Land	Kaufort	Preis China (¥)	Preis China (€)	Preis D (€)
Wahaha Wasser	Danone	596 ml	China	CF BJ	0,82	0,08	-
				LM, Shunyi, BJ	1,10	0,11	
				Watson's SH	1,10	0,11	
				Yang-shuo	1,20	0,12	
		1,25 l	China	CF BJ	1,90	0,19	-
				LM, Shunyi	2,20	0,21	
Wall's Eis Vanille	Unilever	270 g	China	CF SH	6,00	0,58	-
Watson's Hygienebin-den	Watson's	2 x 25 Stück	-	Watson's BJ	11,90	1,16	-
Watson's Zahnbürste Power		1	-	Watson's BJ	39,90	3,89	-
Weishuang Trinkjoghurt	Danone	250 ml	China	CF SH	2,80	0,27	-
				LM, Shunyi	4,20	0,41	
Wennidun (Haribo Pla-giat)	Baoherui	135 g	China	Jenny Lou, Chao-yang, BJ	6,80	0,66	-
Yakult	Yakult Honsha	5 x 100 ml	China	CF SH	9,00	0,88	3,45 (455 ml)
Yanjing Bier	Yanjing Brewery	355 ml	China	CF BJ	1,85	0,18	-
Yamsa Chcoc (Rocher Plagiat)	Yamsa	300g (24 Stück)	China	CRC BJ	23,90	2,33	-
Yoco Getränk	Nestlé	245 ml	China	CF SH	2,85	0,28	-
Zhenwei Bonbons	Zhenwei Candy	468 g	China	Dong An Plaza BJ	16,00	1,56	-
Zhonghua Zahnpasta	Unilever	125 g	China	LM, Shunyi	3,70	0,36	-
		170 g	China	CRC BJ	3,25	0,32	-
		2 x 170 g	China	CF BJ	6,60	0,64	-

BJ=Beijing; CF=Carrefour; CN=China; D=Deutschland; LM=Lion Mart; SH=Shanghai